Wilfried Kühn

Einführung in die Metaphysik: Platon und Aristoteles

Meiner

Bibliographische Information der Deutschen Nationalbibliothek

Die Deutsche Nationalbibliothek verzeichnet diese Publikation in der Deutschen Nationalbibliographie; detaillierte bibliographische Daten sind im Internet über ‹http://portal.dnb.de› abrufbar.

ISBN 978-3-7873-3006-5
ISBN eBook: 978-3-7873-3007-2

www.meiner.de

 Satz: Type & Buch Kusel, Hamburg. Druck und Bindung: Druckhaus Nomos, Sinzheim. Werkdruckpapier: alterungsbeständig nach ANSI-Norm resp. DIN-ISO 9706, hergestellt aus 100% chlorfrei gebleichtem Zellstoff. Printed in Germany.

Inhalt

Einleitung

1. Begriffe der Metaphysik ... 11
2. Zum Beispiel Platon und Aristoteles ... 15
3. Gesichtspunkte der folgenden Interpretationen ... 18

A. Grundzüge von Platons Ideenlehre

I. Allgemeine Ideenlehre ... 23

1. Wozu Ideenlehre? ... 23
2. Der Sinn nominaler Prädikate ... 26
3. Funktionen der Form ... 28
4. Erkenntnis der Form durch Definition ... 29
5. Abhebung der Ideen von allem Wahrnehmbaren ... 32
6. Ideenerkenntnis als Erinnerung ... 35
   a) Der Bezug auf die Wahrnehmungen ... 35
   b) Empirische Erinnerungen als Modell ... 35
   c) Erinnerung von Ideen ... 36
   d) Eine nachgetragene sprachphilosophische Begründung ... 39
   e) Ideenerkenntnis in zwei Etappen ... 40
   f) Intuitive oder diskursive Ideenerkenntnis? ... 41
7. Ideenwissen als Relation ... 43
8. Was heißt: von den Ideen abhängen? ... 45
   a) Drei denkbare Verhältnisse von Ideen und SGP ... 45
   b) Kritik am Teilhabebegriff ... 46
   c) Nachahmung ... 47
9. Selbstprädikation der Ideen ... 49

10. Beziehungen von Ideen aufeinander 52
a) Verschiedene Beziehungsarten 52
b) Geteilte Ideen 54
c) Wie denkt Platon die Ideenbeziehungen? 55

11. Aristoteles' Kritik an der Ideenlehre 56
a) Substantielle Prädikate beziehen sich nicht auf Ideen 56
b) Die Ideen unterscheiden sich nicht in substantielle und akzidentelle 58

II. Die Idee des Guten (IdG) 60

1. Existenz impliziert Wert 60

2. Was teilt die IdG den anderen Ideen mit? 62

3. Wirklichkeit des Schlechten? 65
a) Schlechte Ideen? 65
b) »Gut« und »schlecht« heißt: »bestimmt« und »unbestimmt« 66
c) Das Schlechte ist Menschenwerk 67
d) Die Inkonsistenz der IdG 68

4. Der eudämonistische Sinn des Guten 69

5. Das Glück inhaltlich definieren 71

6. Schein und Wirklichkeit unterscheiden 73
a) Wirklicher vs. scheinbarer Nutzen 74
b) Aus Interesse organisierter Schein 75

7. Protagoras kassiert die Wirklichkeit 76

8. Protagoras' Theorie der politischen Rede 79

9. Nützlichkeit ist keine Frage der Meinung 81

10. Verwendet Platon das Nützlichkeitskriterium korrekt? 83
a) *Wer* hat Nutzen oder Schaden? 84
b) Der Doppelsinn von »nützlich sein für« 85
c) Auch das Schlechte ist praktisches Prinzip 86

11. Wirklichkeit und Theorie kontextualisiert 87
a) Wirklichkeit als Korrelat 87
b) Theorie von Praxis abhängig 88

12. Die IdG als Prinzip der Ideen ... 89
a) Leistungen der IdG ... 90
b) Die IdG stiftet Erkenntnis und Wahrheit ... 91
c) Die IdG begründet das Sein der Ideen ... 92
d) Die IdG begründet das Wesen der Ideen ... 92
13. Wie begründet die IdG die Ideen? ... 94

B. Grundzüge der aristotelischen Metaphysik

I. Einleitung ... 97
1. Womit haben wir es zu tun? ... 97
a) Eine schwer zu fassende Theorie ... 97
b) Ein erfolgreiches Grundkonzept ... 98
2. Parmenides ... 99
a) Wissen nur vom »Seienden« ... 99
b) Wissen nur vom Ewigen ... 101
3. Platon ... 103
4. Aristoteles' Konzeptionen der Metaphysik ... 104

II. Begriffe von Kausalität und Abhängigkeit ... 108
1. Die vier Typen von Ursachen ... 108
2. »Früher - später«, die Formel der Hierarchisierung ... 112
3. Begrenzung der Reihen von Ursachen ... 113

III. Metaphysik als Theologik ... 114
1. Eine Planskizze ... 114
2. Elemente der aristotelischen Theologik ... 116
a) Gottesbeweis ... 116
b) Gott ist Intellekt ... 119

IV. Metaphysik als Ontologie 122

1. Sinn und Sinne von »sein« 122
   a) Wissen vom »Seienden« 122
   b) Unterscheidungen der Sinne von »sein« 124
2. Haupt- und Nebenthemen der Metaphysik 126
3. Das Prinzip der Widerspruchsfreiheit (PWF) 128
   a) Funktionen des PWF 128
   b) Das PWF als logisches Prinzip 130
   c) Objektive Widerspruchsfreiheit 131
   d) Widerspruchsfreiheit erfordert Grundbestimmungen 133
   e) Widerspruchsfreiheit impliziert die Unterscheidung der Seinssinne 135
4. »Sein« als Kopula 136
   a) Die Form der Aussage und die größten Gattungen (Kategorien) 136
      (1) Die logische und die historische Funktion der Kategorien 136
      (2) Kategorien statt Transzendentalien 139
   b) Die Verknüpfung in den Aussagen durch »sein« 140
      (1) »Sein« als Kopula und die Doppeldeutigkeit von »Seiendes« 140
      (2) Akzidentelles »Etwassein« vs. »etwas-an-sich-Sein« ... 142
      (3) Durch die Kategorien »eingefärbtes« »Etwassein« 145
5. »Sein« im Sinn von Existieren 146
   a) Existenz nach den Kategorien differenziert 146
   b) Als etwas an sich, d. h. nicht zufällig, existieren 149
   c) Vorrang des Existierens als Substanz 151
   d) Wie existieren Akzidenzien? 153
   e) Der objektive Sinn der Prädikation von Akzidenzien 155
   f) Der logische Vorrang der Substanz 156
6. Zusammenfassung zu den Sinnen von »sein« 157

V. Substanz als Wesensbestimmung 161

1. Das semantische und wissenstheoretische Problem 161

2. Wesensbestimmung und Definition 162
   a) Die Begründungsfunktionen der Definition 162
   b) Akzidenzien definieren 164
   c) Keine Definition ohne *einzelne* Substanzen 166
   d) Einzelheit und Allgemeinheit der Wesensbestimmungen . . . 168

VI. Substanz als Form 169

1. Weshalb taugt die Form als Substanz? 169
   a) Die Substanz ist Substrat 169
   b) Die Substanz ist selbständig und bestimmt. 171
   c) Form und Kompositum als Substrat 172
   d) Als Form ist die Substanz Prinzip. 173
   e) Die Form löst das Universalienproblem 174

2. Schwierigkeiten mit der Form 176
   a) Zur Definition mancher Naturdinge unbrauchbar 176
   b) Nur ein Teil des komplexen Gegenstandes 178
   c) Ohne Bezug auf Veränderung 178
   d) Einfaches statt komplexes Objekt des Definiens 179

VII. Substanz als Kompositum 181

1. Weshalb taugt das Einzelne als Substanz? 181

2. Das Kompositum als Grundlage der Definition 182
   a) Komplexität und Einheit des Kompositums 182
   b) Wie entspricht das Definiens dem Kompositum? 184
   c) Schwierigkeiten mit dem Kompositum 185

VIII. »Sein« als Möglichkeit und Wirklichkeit 187

1. Ausgangspunkte der modalen Differenzierung von »sein« 187
   a) Naturtheorie nach Parmenides 187
   b) Der Möglichkeitsbegriff der Megariker 188
   c) Aristoteles versteht Möglichkeit als Fähigkeit 190

2. Gesichtspunkte einer allgemeinen Theorie des Werdens 191

3. Ethische Aspekte 193
   a) Vorrang der Tätigkeit 193
   b) Immer schon vollendete Tätigkeit 194
   c) Immanente Tätigkeit 195

4. Die Funktion des Schemas »Mögliches« – »Wirkliches« 197

5. »Mögliches« und »Wirkliches«, auf Akzidenzien und Substanzen angewandt 198
   a) »Aktivvermögen« als Brennpunktbedeutung von dynamis .. 199
   b) Verhältnisse des Wirklichen zum Möglichen: Gegensatz und Priorität 200
   c) Zwei Arten Potenz, zwei Arten Akt 202

6. »Möglich« und »wirklich« mit Bezug auf die Substanz 203
   a) Materie möglich, Kompositum wirklich 204
   b) Materie als Möglichkeit, Form als Wirklichkeit 206
      (1) Zwei Faktoren des Kompositums 206
      (2) Formen als materiebezogene Tätigkeiten 208
      (3) Form als Tätigkeit ohne Materiebezug 210

Resümee 212

Epilog 223

Bibliographie 227
Siglenverzeichnis 232
Personenregister 233
Sachregister 235

Einleitung

1. *Begriffe der Metaphysik*

Stellen Sie sich vor, dass sich die Welt ständig *regellos* verändert! Unmittelbar bemerken wir nichts dergleichen, aber das kann an der Schwäche unserer Sinne liegen. Außerdem haben wir ein Interesse, uns eventuell einzubilden, dass sich unsere Umwelt wenigstens kurzfristig nicht unübersehbar verändert. Wie sollten wir uns denn sonst in ihr aufgrund unserer *vergangenen* Beobachtungen und Erfahrungen *jetzt* und *in Zukunft* verhalten und betätigen? Nietzsche hatte den Verdacht, dass wir uns die Welt im Wesentlichen unveränderlich vorstellen, um in ihr zu überleben, d.h. um uns bei der Organisation unserer physischen Selbsterhaltung an unseren Erfahrungen orientieren zu können.[1]

Wenn wir die Illusion der Unveränderlichkeit brauchen, dann unterstützen uns dabei die Termini der Sprache, denn wir verwenden sie unter der Voraussetzung, dass sie jedes Mal dasselbe bedeuten. Veränderte sich alles ständig *und in jeder Hinsich*t, dann müssten wir, um dem Rechnung zu tragen, auch ständig neue Wörter, sogar neue grammatische Formen gebrauchen und könnten einander natürlich nicht verstehen. Zum Glück sind wir nicht so innovativ, sondern die Sprache ist als gesellschaftlich produziertes und reproduziertes Zeichensystem relativ stabil in ihren Ausdrücken und Formen. Damit suggeriert sie aber, dass auch das, was wir mit ihr bezeichnen, im Wesentlichen gleich bleibt.

Bereits in der Antike erkannten Philosophen, insbesondere der Sophist Protagoras, diesen Charakter der Sprache. Aus ihrer Entdeckung meinten sie schließen zu können, dass die Wirklichkeit *nur* aufgrund der sprachlich bedingten Illusion ziemlich stabil erscheint, an sich aber unausgesetzten Veränderungen unter-

[1] *Jenseits von Gut und Böse*, Aphorismen 3–4; *Götzendämmerung*, *Die Vernunft in der Philosophie*, Aph. 5.

liegt.[2] Dann wäre alles, was wir sagen, in dem Sinn falsch, dass es nichts mit der Wirklichkeit zu tun hat.

Metaphysik ist zunächst (1) das theoretische Unternehmen, diese sophistische Theorie von Sprache und Wirklichkeit zu widerlegen. Deshalb besteht Metaphysik darin, durch Reflexion auf bestimmte Formen des Denkens und Sprechens *dauerhafte* Strukturen *alles* Wirklichen zu konzipieren und zu argumentieren, dass nichts existieren kann, was nicht so strukturiert ist.

Ein Beispiel dafür sind die objektiven Begriffe, die die Metaphysik aus dem gedanklichen Begründen und seinen Elementen, der begründenden Aussage (»weil es regnet«) und der begründeten (»wird die Straße nass«), gewinnt: Der Regen ist die *Ursache* für die *Wirkung*, das Nasswerden der Straße. Während ein jeder konkrete Vorgänge dieser Art mit den Worten »Ursache« und »Wirkung« erklären kann, stellt der Metaphysiker die allgemeine These auf, *alles, was geschieht*, sei die Wirkung einer Ursache.

Weniger alltäglich nimmt sich ein zweites Beispiel aus: Metaphysiker bedienen sich der Form einfacher singulärer Aussagen wie »Peter ist krank«, des Verhältnisses also ihres Subjektes zu ihrem Prädikat, um eine objektive Struktur von Dingen und Personen zu denken, nämlich: »Die *Substanz* (selbständiges Einzelnes wie Peter) ist der Träger ihrer *Akzidenzien* (Eigenschaften wie ›krank‹).« Auch diese Struktur soll strikt für alles gelten, was existiert.

Schließlich sind auch die Ausdrücke »Sein« und »Seiendes«, mit denen seit Aristoteles die Metaphysik definiert wurde, Formen der Sprache oder besser der indogermanischen Sprachen, und zwar solche Formen, mit denen man unmittelbar, ohne jede Übersetzung in andere Termini, Wirklichkeit und Wirkliches als solches bezeichnet, d. h. unter Absehung von den Besonderheiten alles konkreten Wirklichen und von allem Wandel.

Aus unserer eher skeptischen Perspektive lässt sich das Vorgehen der Metaphysik so interpretieren, dass gezeigt werden soll, was es für die Wirklichkeit bedeutet, *ihrer bloßen Form nach* so bestimmt zu sein, dass sie Objekt rationalen Sprechens und des Erkennens bestimmter Inhalte werden kann. Diese Erkenntnisbeziehung würde dann auf der Entsprechung unserer semantischen und kognitiven

[2] S. Platon, *Theaitet* (*Tht.* im Folg.) 152 c–e, 157 a–c.

Formen zu den objektiven Strukturen beruhen (die *inhaltliche* Wahrheit bestimmter Aussagen ist damit natürlich noch nicht gesichert, um sie haben sich die einzelnen Wissenschaften zu kümmern). So betrachtet, ist die Konstruktion der Metaphysik ein zirkuläres Unternehmen: Der Philosoph projiziert subjektive Formen wie »Begründung – Begründetes«, die er in objektive Strukturen wie »Ursache – Wirkung« verwandelt, in die Wirklichkeit, um die Wahrheit unserer Reden und Erkenntnisse jedenfalls ihrer Form nach mit der Angemessenheit dieser Formen an die Strukturen der Realität zu begründen.

Die Philosophen, die eine Metaphysik ausarbeiteten, nahmen eine solche Perspektive nicht ein, denn sie gingen entweder den skeptischen Denkern zeitlich voraus oder glaubten sie widerlegt zu haben wie Descartes. Deshalb gehörten für sie, die Metaphysiker, die Formen, die für uns Heutige subjektiv oder bestimmten Sprachgruppen eigentümlich sind, nicht definitiv nur in die Sphäre der sprechenden und denkenden Menschen, sondern zeigten, richtig interpretiert, Bedingungen objektiver Existenz an. Folglich musste die Erforschung dieser Bedingungen von Interpretationen der Formen des Denkens und Sprechens ausgehen.[3]

Metaphysik ist außerdem (2) auch rationale Theologie, Erkenntnis Gottes in den Begriffen der Vernunft.[4] Wie diese Seite der Meta-

[3] In diesem Sinn verstehe ich Platons Bemerkungen, mit denen er seinen Ansatz von dem seiner Vorgänger abgrenzt: Als sprächen sie mit Kindern, haben sie »Geschichten über die Seienden« – gemeint ist: über die Prinzipien alles Wirklichen – erzählt, wenn der eine behauptete, es seien drei, unter denen es zeitweise zum Krieg, dann wieder zu Freundschaft komme, während ein anderer lehrte, es seien zwei stets entgegengesetzte wie Feuchtes und Trockenes, Warmes und Kaltes. Er, Platon, wolle stattdessen zuerst den Sinn der Wörter »seiend« und »sein« klären, den die Vorgänger voraussetzten, als sei er allen geläufig (*Sophistès* [*Soph.* im Folg.] 242 c–d u. 243 d–e).

Dieser Ansatz bleibt dem eingangs referierten Verdacht des Protagoras ausgesetzt, dass uns die Formen der Sprache gerade nichts über die Strukturen der Wirklichkeit zu ermitteln erlauben. In der Tat unternimmt Platon eine Widerlegung des Protagoras in demselben Dialog *Theaitet*, in dem er den Verdacht darstellt (s. unten A II 7–9).

[4] In der frühen Neuzeit behandelte man auch die philosophischen Theorien von der Seele und vom Kosmos als Teile der Metaphysik. Für Aristoteles aber, der als erster Metaphysik von anderen Teilen der Philosophie unterschied, gehören diese Theorien zur Naturphilosophie.

physik mit der zuerst genannten, der Objektivierung bestimmter Formen des Sprechens und Denkens, verknüpft ist, lässt sich nicht unabhängig von der Geschichte der Metaphysik und ihren durchaus verschiedenen Beziehungen zu den verschiedenen Religionen erklären. Die engste Verknüpfung hat Spinoza vollzogen, indem er in einem strengen Verfahren herleitet, dass Gott die einzige Substanz ist, d. h. dass der Grundbegriff der aristotelischen Metaphysik, der Begriff des selbständig Existierenden (im Unterschied zu seinen abhängigen Eigenschaften), nur für Gott zutrifft (*Ethik*, 1. Teil, Def. 3 u. Lehrsatz 14). Dann ist Metaphysik nichts anderes als Theologie.

Das kann man von Platons Ideenlehre und Aristoteles' Metaphysik nicht sagen. Die Rolle, die die Theologie in diesen beiden metaphysischen Theorien spielt, hängt von der Art und Weise ab, wie sie die objektiven Strukturen alles Wirklichen konstruieren und ist in diesem Sinn sekundär. Ich kann die Rolle der Theologie nur in der konkreten Darstellung der zwei Theorien bestimmen.

Im Voraus möchte ich aber daran erinnern bzw. darauf hinweisen, dass sich Philosophen schon vor Platon und Aristoteles mit der Religion der Griechen kritisch auseinandergesetzt haben. So beobachtete Xenophanes (6. Jh.), dass die Griechen wie andere Völker sich ihre Götter wie ihresgleichen vorstellten und ihnen auch noch beliebig viele Untaten andichteten; in Wirklichkeit aber gebe es nur einen Gott, der durch seinen Geist wirkt.[5] Der spätere Kritias, wie Platon ein Schüler des Sokrates, bringt in einem Theaterstück eine radikalere Kritik an der Religion zur Sprache: Die Gesetzgeber hätten die Götter als Beobachter menschlichen Tuns und eventuelle Rächer erfunden, um die Menschen von Verbrechen abzuschrecken, die sie vor der öffentlichen Gewalt verbergen (DK II 88, B 25). So stand die Philosophie tendenziell im Konflikt mit der öffentlich praktizierten Religion, und das wurde bekanntlich Sokrates – nicht als Erstem – mit der erfolgreichen Anklage wegen Gottlosigkeit bescheinigt.

Als gehe es darum, diesen Konflikt zu entschärfen und im Sinn des Xenophanes die Metaphysik als die bessere Theologie zu erweisen, haben Platon und die Stoiker auf verschiedene Weise an die Mythen der griechischen Religion angeknüpft. Insbesondere

[5] Diels/Kranz (Hg.), *Die Fragmente der Vorsokratiker* (im Folg. DK), Bd. I, Berlin ^{6}1951, (Kap.) 21, B 11–16 u. 23–26.

hat Platon im Dialog *Timaios* eine in vielen Details ausgeführte, ausdrücklich als solche gekennzeichnete *Hypothese* über den Aufbau der erfahrbaren Welt in der Form einer mythischen Erzählung über die Entstehung des Kosmos vorgetragen. Darin widersprach er den sogenannten Atomisten Leukipp und Demokrit, die die Welt aus rein mechanischen Ursachen, nämlich aus den Bewegungen der Atome im Leeren entstanden sein lassen wollten (DK II 67, A 1; 68, B 9). Denn Platon erklärte hypothetisch die Ordnung der Welt aus dem gestaltenden Wirken eines vernünftigen, wohlwollenden Gottes und der ihm untergeordneten olympischen Götter. So bekam die philosophische Theologie eine Funktion in der Metaphysik, wenn auch eine sehr beschränkte Funktion im Vergleich mit Spinozas Metaphysik, und zugleich wurde die vorphilosophische Form des Mythos ebenfalls in engen Grenzen anerkannt. Diese doppelte Begrenztheit wird deutlicher werden, wenn ich Platons Metaphysik darstelle, die Ideenlehre.[6]

2. *Zum Beispiel Platon und Aristoteles*

Wenn Sie über den jetzt gegebenen doppelten Vorbegriff von Metaphysik hinaus verstehen wollen, wie sie konkreter beschaffen ist, d. h. von welchen Fragen sie ausgeht und wie sie mit welchen Ergebnissen argumentiert, dann sollten Sie metaphysische Theorien studieren, und zwar möglichst solche, deren Schlüsselbegriffe und Problemstellungen die Geschichte der Metaphysik geprägt haben.

[6] Der *Timaios* leistet einen bedeutenden Beitrag zur Ideenlehre, deshalb werde ich auf diesen Dialog eingehen (s. unten A I 8 c sowie S. 57, 67 f.), obwohl seine mythische Form Platon davon dispensiert, für die Annahme eines göttlichen Weltgestalters zu argumentieren, wie Sie es von einem rationalen Diskurs erwarten können (seine Rationalität erlaubt es, dass man gegen ihn Einwände formuliert, das aber ist nur möglich, weil er argumentiert). – Mythen bilden auch den Abschluss anderer Dialoge wie des *Gorgias*, des *Phaidon* und des *Staates*. Thema dieser Mythen ist das Schicksal der Seele nach dem Tod des Menschen. Wenn Sie den Metaphysikbegriff der frühneuzeitlichen Schulphilosophie akzeptieren, nach dem auch die Welt und die Seele Gegenstände der Metaphysik sind, werden Sie es wohl mindestens erwägen, diese Mythen trotz ihres argumentativen Defizits zu berücksichtigen. Da die Theorie der Seele für meinen, an Aristoteles orientierten Metaphysikbegriff keine Rolle spielt, brauche ich mir diese Frage nicht zu stellen (vgl. oben S. 13, Anm. 4).

Wie Michael Theunissen es einmal formulierte, haben die Grundbegriffe, die die Philosophie in der Antike entwickelte, »Denkmöglichkeiten ausgeschlossen und ... die weitere Entwicklung gelenkt«.[7] So können Sie hoffen, sich mit dem Studium antiker Theorien auch wichtige Voraussetzungen für das Verstehen mittelalterlicher und neuzeitlicher zu schaffen.

Es wird wohl niemand bestreiten, dass Platons und Aristoteles' Metaphysiken solche Theorien sind; sie empfehlen sich zudem, sofern sie dieselbe Aufgabe, *die Begründung der Möglichkeit von Wissen*, mit alternativen Ansätzen erfüllen wollen. Sie können aber fragen, ob die Interpretation anderer antiker Philosophen nicht mindestens ebenso gut zur Einführung in die Metaphysik taugt.

Darauf möchte ich zunächst mit dem pragmatischen Argument antworten, dass die Schriften der anderen Autoren oder Schulen weitgehend verloren sind, so dass wir ihr Denken aus Zitaten in fremden Texten, die den ursprünglichen Zusammenhang meist nicht mit überliefern, aus Berichten Dritter über ihre Lehre (Doxographie) und aus den Kritiken, die sie herausforderten, rekonstruieren müssen. Dabei werden diese Rekonstruktionen natürlich immer Stückwerk bleiben. – Solche Zugangsschwierigkeiten haben wir bei den metaphysischen Theorien der vorsokratischen Philosophen und der Stoiker (nach Aristoteles) gleichermaßen.

Inhaltlich sind die Vorsokratiker durch die Geschichte insofern benachteiligt, als ihr Denken von der Spätantike an nur umgeformt durch die Filter von Platons und Aristoteles' Metaphysiken, in denen die Vorsokratiker referiert und kritisiert werden, auf die späteren wirken konnte. Deshalb eignen sich die rekonstruierten Theorieelemente der Vorsokratiker kaum zu einem Studium, das auf die Geschichte der mittelalterlichen und neuzeitlichen Metaphysik vorbereitet – wenn Sie davon absehen, dass Nietzsche und Heidegger betont auf die Vorsokratiker im Kontrast zu Platons und Aristoteles' Philosophie zurückgriffen und Hegel Heraklit besonders würdigte.

Anders verhält es sich mit den Stoikern. Ihr Einfluss auf die mittelalterliche und mehr noch die neuzeitliche Metaphysik wird m. E. noch immer unterschätzt, weil die stoische Philosophie, sicher

[7] »Möglichkeiten des Philosophierens heute«, *Sozialwissenschaftliche Literatur Rundschau* 19 (1989), S. 81.

auch ihrer fragmentarischen Überlieferung wegen, weniger studiert wird als die ›Klassiker‹ Platon und Aristoteles. Dadurch wird leicht übersehen, was im Prinzip bekannt ist, dass nämlich die Stoiker einerseits den Begriff der physischen Kraft in die allgemeine Theorie der Wirklichkeit eingeführt haben, andererseits den sogenannten Pantheismus begründeten, indem sie Gott mit der Natur, dem ordnenden Prinzip der wahrnehmbaren Welt, identifizierten. Mit dieser Vergöttlichung der Natur eröffneten sie nicht nur Philosophen, sondern auch Dichtern und anderen Romantikern die Perspektive, in der sie umgebenden, unmittelbar erfahrbaren Wirklichkeit – statt in einer idealen, platonisch-christlich gedachten – die Welt zu finden, der sie zugehören wollten.[8]

Trotzdem eignet sich die stoische Theorie der Natur, die teils Metaphysik, teils Kosmologie ist, kaum als Einführung in die Metaphysik. Denn die Stoiker setzten die platonische Metaphysik als eine der Theorien voraus, gegen die sie opponierten, die man also schon kennen sollte. Sodann haben sie viele ihrer Grundbegriffe – wie »Substanz«, »Materie«, »Qualität« und »Relation« – wiederum mit dem zeitlich früheren Aristoteles gemeinsam, so dass man zuerst ihn studieren sollte, von dem wir wegen der unterschiedlichen Überlieferungslage genauere Ausarbeitungen dieser Begriffe haben; erst nach dem Aristotelesstudium kann man auch die Abweichungen der stoischen Terminologie bemerken.

Schließlich gehen in die stoische Naturtheorie so heterogene Arten von Themen ein wie die Bestimmungen der abstrakten Grundbegriffe (»Substanz« etc.) und die Funktionen der konkreten *körperlichen* Elemente Feuer, Luft, Wasser und Erde im Kosmos. Und das bedeutet die Verbindung eines vorsokratischen Erbes, eben dieser Elemententheorie, mit einer abstrakt *begrifflichen* Analyse der Realität, wie sie Platon eingeführt und Aristoteles fortgesetzt hat. Wie man diese sachlich und historisch ganz verschiedenartigen Bestandteile bei sehr schlechter Quellenlage interpretierend zu einer

[8] Am Ende seines »Frühlingsliedes« drückt Eichendorff dieses Lebensgefühl aus: »Und meine Seele spannte weit ihre Flügel aus, flog durch die stillen Lande, *als flöge sie nach Haus.*« Und Goethes Wort von dem, »was die Welt in Innersten zusammenhält«, beruht auf der stoischen Vorstellung, die Weltteile hätten von sich aus eine zentrifugale Tendenz, würden aber durch eine zentrale Kraft zusammengehalten, die wiederum der ordnende Gott oder die Natur ist.

verständlichen Theorie zusammenfügen könnte, ist mir nicht klar. Folglich schließe ich an die Darstellungen von Platons und Aristoteles' Metaphysiken keinen Versuch über die stoische an.

Zu dem Terminus »Metaphysik« ist noch zu bemerken, dass keiner der jetzt genannten antiken Philosophen ihn verwendet hat. Vielmehr bezeichneten Kommentatoren des Aristoteles vom ersten Jahrhundert nach Christus an eine Reihe von Büchern des Aristoteles und ihre Theorien so, während Aristoteles selbst die Untersuchungen, die diese Bücher enthalten, »Erste Philosophie« nannte. Da sich Aristoteles dabei ständig kritisch auf Platons Ideenlehre bezieht, kann man den Terminus »Metaphysik« auch auf diese anwenden. Wenn ich im Folgenden von Platons Ideenlehre spreche, gehe ich davon aus, dass das seine Metaphysik ist. – Im Zusammenhang mit seiner christlichen Interpretation der Ideenlehre hat zuerst der Bischof Basilius von Cäsarea im 4. Jh. den Bereich des Göttlichen »metaphysisch« genannt.[9]

3. *Gesichtspunkte der folgenden Interpretationen*

Ich will also in die Metaphysik einführen, indem ich Platons und Aristoteles' Metaphysiken im Grundriss interpretiere. Das heißt, ich möchte so etwas wie das vorschlagen, was ich für die Gerüste der beiden Theorien halte. Das wiederum ist in zwei Hinsichten zu präzisieren:

(1) Eben so wenig wie ein Gerüst für sich allein einen Bau ergibt, kann mein Text für sich allein die beiden Metaphysiken verständlich machen. Er soll vielmehr einen Leitfaden für die selbständige Lektüre von Quellentexten oder für die Arbeit im Rahmen einer Lehrveranstaltung bzw. die Vorbereitung einer Examensarbeit liefern.[10] Daraus ergibt sich für Ideenlehre und die Metaphysik jeweils

[9] S. Luc Brisson, »Un si long anonymat«, in: J.-M. Narbonne, L. Langlois (Hg.), *La métaphysique. Son histoire, sa critique, ses enjeux*, Paris/Québec 1999, S. 47. – Was die *Metaphysik* des Aristoteles angeht, so besteht sie aus 14 Büchern, die Aristoteles selbst nicht veröffentlichte und die erst nachträglich zu einem Werk zusammengefasst wurden.

[10] Zur Quellenlektüre will ich selbst mit vielen Hinweisen auf wichtige Passagen anregen, aber für die Auswahl dieses oder jenes platonischen Dia-

das, was Sie im Studium und darüber hinaus meistens suchen, einen ›Überblick‹.

(2) Ich setze dieses Wort in Anführungszeichen, weil es suggeriert, dem Leser werde so etwas wie ein objektives ›Bild‹ geboten. Das ist unmöglich, weil Theorien keine Anschauungsgegenstände sind. Ich will also sagen, dass ich alle konstitutiven Aspekte der beiden Theorien *so, wie ich sie in ihrem Zusammenhang verstehe*, darstelle. Wie bei allen Interpretationen handelt es sich um Anregungen, die Sie an den Quellen überprüfen und dann korrigieren sollten, wenn Ihnen die Quellen meinen Interpretationen zu widersprechen oder einleuchtender anders gedeutet zu werden scheinen.

Wie das Übersetzen besteht auch das Interpretieren darin, in der Sprache und der »Gedankenwelt« der Leser oder Zuhörer etwas zu finden, was dem in den Quellentexten Gesagten möglichst *entspricht*. In den meisten Fällen muss man das nicht erfinden, wenn man der Interpretationsgeschichte auf ihrem heutigen Stand folgt und nicht von Grund auf neu ansetzt, also z. B. das griechische Wort *alètheia* konventionell mit »Wahrheit« und nicht wie Heidegger mit »Unverborgenheit« übersetzt.

Allerdings soll sich meine Deutung nicht darin erschöpfen, als grundlegend ausgewählte Gedankengänge der beiden Autoren in möglichst entsprechenden Formulierungen nachzuvollziehen. Ich will auch umreißen, was sie mit diesen Gedankengängen für die Selbsterkenntnis der Vernunft, die sich in der Geschichte der Philosophie vollzieht, ausgerichtet haben – so, wie ich die Gedankengänge und die Selbsterkenntnis der Vernunft begreife. Dazu setze ich die Argumente und Resultate der beiden Metaphysiken zueinander und zu früheren und späteren Philosophien in Beziehung, wie ich gleich zu Beginn auf Protagoras und Nietzsche verwiesen habe.

Ferner verwende ich moderne Ausdrücke, für die es in den Quellentexten nichts Entsprechendes gibt, um in diesen ausgearbeitete

loges oder Buches der aristotelischen *Metaphysik* können natürlich auch andere Gesichtspunkte ausschlaggebend werden. Im Übrigen will ich weder die unentbehrlichen Informationen der Philosophiegeschichten über Platons und Aristoteles' historische Rolle und ihre soziale wie intellektuelle Entwicklung, ihre Werke und ihre Wirkungsgeschichte ersetzen noch ausführlichere Darstellungen von Platons und Aristoteles' Schriften und Themen. Literaturvorschläge zu diesen Themen enthält die Bibliographie am Ende dieses Buches.

Konzepte theoretisch fassbar zu machen – so, wie ich eingangs (S. 12 f.) die Verhältnisse von Ursache und Wirkung sowie von Substanz und Akzidenzien »objektive Strukturen« genannt habe. Schließlich beurteile ich die Gedankengänge der beiden Autoren nach dem Kriterium der Kohärenz, das sie beide anerkennen, wenngleich sie es offenbar nicht immer auf die von mir geltend gemachten Fragen anwenden.

Meine Absicht, eine Art kurzen Leitfaden zu schreiben, erlaubt es mir nicht mitzuteilen, wie ich meine Interpretationen aus den Texten gewonnen habe. Deshalb beschränke ich mich darauf, die Textstellen anzugeben, die mir für den jeweiligen Interpretationsschritt maßgeblich zu sein scheinen.[11] Wer diese Angaben überprüft bzw. die Textpassagen in ihrem jeweiligen Zusammenhang eigenständig untersucht, wird wohl bemerken, dass ich mich auf verschiedene Weise zu ihnen verhalte: Bald versuche ich, einem Text möglichst genau zu folgen, bald fasse ich sein Ergebnis zusammen, um es zu anderen Passagen in Beziehung zu setzen, bald rufe ich ihn als Zeugen für eine begriffliche Struktur auf, die für die ganze Theorie des Autors eine bestimmende Rolle spielt. Nicht selten scheint mir die Gedankenentwicklung der Texte die Möglichkeit zu weitergehenden Reflexionen oder zur rationalen Kritik zu enthalten; wenn ich diese Möglichkeiten realisiere, dann lasse ich den Leser nicht im Unklaren darüber, dass ich über das hinausgehe, was die Texte enthalten.

Um auf die Rede vom ›Gerüst‹ zurückzukommen, das ein Bauwerk durchzieht und hält: Sie leistet dem gängigen Missverständnis Vorschub, philosophische Theorien und Metaphysiken im Besonderen seien Systeme und würden mit der Metapher ›Gedankengebäude‹ angemessen gekennzeichnet. In Wirklichkeit versuchen die Philosophen vielmehr, auf verschiedene Fragen wie z. B. die nach dem adäquaten Begriff von Gott oder die nach der Widerlegung der Skepsis mit dem Entwurf einer Theorie zu antworten, die nicht nur konsistent, d. h. frei von Widersprüchen ist, sondern auch

[11] Dabei beziehe ich mich auf die griechischen Texte, deren seit langem standardisierte Seitenzählung einschließlich der Einteilung der Seiten in Abschnitte (a–e bei Platon) oder Kolumnen (a–b mit der Zählung der zu a und b gehörigen Zeilen bei Aristoteles) von den neueren Übersetzungen übernommen werden. – Wenn ich gelegentlich wörtlich zitiere, stammen die Übersetzungen von mir.

kohärent, d.h. so konstruiert, dass ihre Teile einander ergänzen und bestätigen.

Die Fragen ergeben sich für die Autoren teils aus ihrer Auseinandersetzung mit älteren oder zeitgenössischen philosophischen Theorien und mit kulturellen Strömungen ihrer Zeit wie der Dominanz der Rhetorik im Fall Platons, teils aus Schwierigkeiten, die sich bei der Ausarbeitung des ersten Entwurfs einstellen bzw. von Gegnern aufgespießt werden; dies, aber auch andere Faktoren bringen oft eine Entwicklung, sprich Veränderung der Theorie in der Zeit, mit sich, die die Vorstellungen von System und Gedankengebäude widerlegt.

Was die Auseinandersetzung mit anderen Philosophen angeht, so fällt an ihr meist die ausdrückliche Kritik auf, aber der Kritiker kann auch unauffällig, wie Aristoteles es seinem Lehrer Platon gegenüber tut, wesentliche Elemente, insbesondere Zielsetzungen der kritisierten Theorie, übernehmen. Was Fragestellungen und den Sinn von Schlüsselbegriffen wie »Substanz« oder »Ursache« angeht, so steht der Philosoph überdies in der Regel unter dem Einfluss seiner Vorgänger, ohne kritisch darüber zu reflektieren; das überlässt er dem Philosophiehistoriker. In jedem Fall bekommt eine Metaphysik ihre thematische Ausrichtung zu einem großen Teil durch die Art und Weise, wie sich der Philosoph zu der metaphysischen Tradition verhält und wie er auf Theorien und Tendenzen seiner Zeit reagiert.

Mehr als andere Disziplinen der Philosophie wirft die Metaphysik, zumal in ihren miteinander unverträglichen historischen Gestalten, die Frage nach ihrer Wahrheit auf. Als kompakte Einheiten oder Systeme verstanden, können die Metaphysiken, kann keine von ihnen wahr sein. Schon deshalb nicht, weil kein Metaphysiker von überzeugenden Kritiken seiner Kollegen oder der Skeptiker verschont geblieben ist.

So werde ich Aristoteles' Kritik an Platons Ideenlehre berücksichtigen, nicht nur um zu zeigen, dass Aristoteles gegen seinen Lehrer Recht hat, sondern auch, um an diesem Beispiel das von Sokrates eingeführte Kriterium der treffenden Widerlegung zu illustrieren: Es ist diejenige, die mindestens eine von den Voraussetzungen der zu widerlegenden These festhält und nachweist, dass dem kritisierten Autor eine andere entging, die entweder unhaltbar oder mit der ersten nicht zu vereinbaren ist; so wird gezeigt, dass die These falsch ist. Wenn einer Kritik das gelingt, dann ist sie wahr und die von ihr ausgehende neue Metaphysik hat wenigstens eine wahre Prämisse. Also gibt es in den historischen Metaphysiken wahre Aussagen.

Mit dem Beispiel der treffenden Kritik möchte ich darauf hinweisen, dass derjenige, der auf Wahrheiten aus ist, in den Metaphysiken die *Argumente* untersuchen soll, ob er da vielleicht das eine oder andere Wahre findet und das nicht nur in den Widerlegungen anderer Metaphysiker. Wahr können ja nicht nur kategorische Aussagen (wie »Peter ist krank«) sein, sondern auch hypothetische, unabhängig davon, ob der Vordersatz für sich genommen wahr ist; »wenn es regnet, wird die Erde nass« ist auch dann wahr, wenn es nicht regnet. So können Sie in philosophischen Theorien eventuell Wahres ausmachen, indem Sie nur auf die Verknüpfung von Voraussetzungen, die wir nicht mehr teilen, mit den Konsequenzen achten, die die Autoren aus ihnen ziehen.

Die Suche nach solchem Wahren dürfte interessant sein, sofern es in der Metaphysik so, wie ich sie verstehe, um Themen geht, die heute unter anderen Rubriken verhandelt werden: die verbindliche Erklärung der Bedeutung sprachlicher Ausdrücke und die Voraussetzungen von Erkenntnis und Wissen. Auch über Termini, die im aktuellen politischen Diskurs Schlüsselfunktionen ausüben wie »Identität« und »alternativ«, lernen Sie kritisch nachzudenken, wenn Sie sich mit der metaphysischen Rede vom »Wesen« und von »Nichtsein« oder »Andersheit« beschäftigt haben. Diese Themen bzw. Begriffe und ihre Bearbeitung sind so fundamental, dass die ihnen gewidmeten metaphysischen Theorien auch da instruktiv sind, wo sie fehl gehen. Denn wenn wir das bemerken, können wir uns fragen, woran es wohl gelegen hat, und uns klar machen, dass wir unter bestimmten Voraussetzungen auch selbst auf den Holzweg hätten geraten können. So können Sie das Studium der Metaphysik zur mittelbaren Erforschung und Kritik der eigenen Vernunft betreiben, die sich im Rahmen der sprachlichen Formen bewegt, ihnen aber nicht ausgeliefert ist.[12]

[12] Dieses Buch enthält die Interpretationen der platonischen Ideenlehre und der aristotelischen Metaphysik, zu denen mich mein Studium der Texte und der Sekundärliteratur gebracht haben. Ich versuche aber nicht, Ihnen zu erklären, warum ich mich in diesem oder jenem Punkt nicht anderen Interpretationen an-

A. Grundzüge von Platons Ideenlehre

I. Allgemeine Ideenlehre

1. *Wozu Ideenlehre?*

Platons Philosophie ist politisches Denken, bis in seine letzten Konsequenzen verfolgt, bis in seine entferntesten Voraussetzungen reflektiert. In einer autobiographischen Skizze erklärte er sich als jemanden, der im Alter von gut zwanzig Jahren darauf brannte, in öffentlichen Angelegenheiten tätig zu werden, motiviert von der Einschätzung, dass die Bürger Athens »ungerecht« lebten.[13] Nach der Hinrichtung des gerechten Sokrates, wie er sagt, fehlten ihm bald Ansatzpunkte für politisches Wirken, so dass er sich vorläufig auf das Nachdenken über die Verbesserung der Verhältnisse beschränkte. Und da erschien ihm »die richtige Philosophie« als der Weg zur Erkenntnis alles dessen, was im öffentlichen und im privaten Bereich gerecht ist (ebd. 325 e – 326 a).

Er spricht in diesem Zusammenhang aber nicht über seine Werke, die diese Erkenntnis dokumentieren und über die ich etwas sagen möchte, bevor ich zur Ideenlehre übergehe. Sie wurden in einem Zeitraum von etwa fünfzig Jahren verfasst und werden von den Interpreten etwas schematisch in frühe, mittlere und späte eingeteilt. In diesen Phasen wandelte sich die Ideenlehre bedeutsam. Darauf werde ich in meiner Darstellung nach Möglichkeit verweisen.

geschlossen habe. Ein prominentes Beispiel einer anderen Interpretation beruht auf der Auswertung der antiken Zeugnisse von einer mündlichen, also nicht in den Dialogen enthaltenen Lehre Platons, die die Ideenlehre mit einer Theorie von abstrakteren Prinzipien, nämlich »Einheit« und »unbegrenzte Zweiheit«, begründet haben soll. – Anders gesagt, ich führe hier keine Debatte mit anderen Spezialisten der antiken Philosophie, sondern verweise Sie wiederum auf das Literaturverzeichnis am Ende des Buches.

[13] *7. Brief* 324 d. Dass der Brief echt ist, wird nach langer Diskussion von der Mehrheit der Spezialisten vertreten.

Der zweiten Eigenheit von Platons Werk jedoch kann ein Leitfaden durch die Ideenlehre gar nicht Rechnung tragen: der Dialogform. Die Dialoge unterscheiden sich nach Partnern und ihren Rollen, Situationen, Fragen und Themen, Denkmodellen und Ergebnissen. Wenn ich mich auch abschnittsweise zuweilen vorrangig auf einen bestimmten Dialog beziehe, so kann ich doch seine Individualität nicht berücksichtigen. Außerdem stelle ich auch oft verschiedene Dialoge in einen thematischen Zusammenhang, ohne nach den Nuancen zu fragen, die das gemeinsame Thema in ihnen jeweils annimmt.

Was ist nun die Ideenlehre? Keine philosophische Religion, keine Verkündung einer höherwertigen, übersinnlichen Wirklichkeit, evtl. jenseits des wahrnehmbaren Kosmos angesiedelt. Sie ist eine Theorie des Wissens, zunächst nicht seinen subjektiven, d. h. erkenntnistheoretischen, sondern seinen objektiven Bedingungen nach; in einer zweiten Phase hat Platon erkenntnistheoretische Bedingungen des Wissens ausgearbeitet (s. unten I 6). Die Ideen sollen also die Gegenstände des Wissens sein, d. h. die Gegenstände, ohne die es kein Wissen gäbe. Gäbe es kein Wissen, dann blieben uns nur Wahrnehmungen und Meinungen, die beide wahr oder falsch sein können, während Wissen, so wie wir das Wort gebrauchen, an sich wahr ist – es ist ja widersprüchlich zu sagen, jemand wisse etwas, irre sich aber (s. *Gorgias* [*Gor.* im Folgenden] 454 c–455 a, *Timaios* [*Tim.* im Folg.] 51 d–e).

Wären wir auf Wahrnehmungen und Meinungen angewiesen, dann hielten wir in moralischen und politischen Fragen immer diejenigen Urteile für wahr, die am überzeugendsten vorgetragen und plausibel gemacht werden. Die Rhetorik wäre dann die einzige Redekunst und die einzige Kompetenz, die für den gelungenen Diskurs vonnöten wäre – was die These der Sophisten ist. Weil die Redner ihr Publikum nicht belehren, sondern für eine Parteinahme – in der Regel mit praktischen Konsequenzen – gewinnen wollen, bliebe der kompetenten Rede dann nur eine *instrumentelle* Funktion, keine kognitive mehr. – Die fundamentale Differenz von Meinung und Wissen hat Platon zuerst im *Gorgias* erklärt, später hat er im *Theaitet* die sophistische Position als eine philosophische Theorie ausgeführt, um sie widerlegen zu können (*Gor.* 452 d–e u. 453 d – 455 a; zum *Tht.* s. unten II 7–9).

Weil Platon die Reduktion der Rede zu einem Instrument der Praxis nicht hinnehmen will, arbeitet er eine Theorie des Wissens aus, das durch belehrende Rede weitergegeben werden kann. Während wir uns selbst wahrer Meinungen nicht sicher sind, sie vielmehr mitunter aufgeben, besteht Wissen aus unerschütterlichen, gewissen Aussagen. Das sind diejenigen, die wir begründen (*Menon* [im Folgenden *Mn.*] 97 e – 98 a).

Begründete Aussagen machen nicht nur den spezifischen Unterschied theoretischer Wissenschaften wie der Mathematik gegenüber nur plausiblen Meinungen und Mutmaßungen aus, sie haben auch eine praktische Funktion, die man leicht übersieht. Wie soll man sich *verantwortlich* verhalten – d. h. handeln oder sich des Handelns enthalten – können, ohne dieses Verhalten zu rechtfertigen? Natürlich erfordert nicht alles Verhalten eine Rechtfertigung, sondern nur solches, das sich um der Förderung eines bestimmten Interesses willen gegen andere eigene oder fremde Interessen richtet oder das eine Norm verletzt, um ein Interesse zu befriedigen oder um einer anderen Norm zu entsprechen. Anders gesagt, nur in Konfliktfällen glauben wir, wir sollten unser Verhalten rechtfertigen, wenn also Interessen miteinander oder Interessen mit Normen kollidieren (wie im Fall der Steuerhinterziehung) oder aber verschiedene Normen miteinander.

Einen solchen Normenkonflikt macht Platon im Dialog *Euthyphron* (*Euphr.* im Folgenden) zum Problem: Wenn einer gegen die Norm, dass man seinen Eltern keinen Schaden zufügen darf, seinen Vater wegen eines Totschlags anzeigt, wie es das Gesetz verlangt, muss er *wissen*, sagt Platons Sokrates, dass er sich damit richtig verhält. Zumal die Familie und die Freunde entsetzt sind, dass der Sohn, Euthyphron, seinen Vater ins Unglück bringt – wie soll der Sohn diesem sozialen Druck widerstehen, wenn er seine individuelle Entscheidung nicht rechtfertigen kann? Und wie sollte seine Rechtfertigung auch für die anderen verbindlich sein, wenn sie nicht auf Wissen beruht (*Euphr.* 4 a–e)?

Platons Theorie des Wissens geht von der Frage aus, wie man Aussagen begründen, d. h. wie man die Vergabe von allgemeinen Prädikaten an bestimmte einzelne Subjekte rechtfertigen kann. Die Spannung zwischen der Einzelheit der Subjekte und der Allgemeinheit der Prädikate wird als solche erst bei Aristoteles virulent. Die Spannung ist *für uns* aber auch eine erste Voraussetzung zum Verständnis der platonischen Entgegensetzung von individuellen Sinnendingen und Ideen, von denen jede für unbestimmt viele Sinnendinge von gleicher Beschaffenheit gilt.[14]

Im Fall des Euthyphron, der ein gottesfürchtiges Leben führen will, geht es um die Frage, wie er begründen kann, dass das, was er sich zu tun anschickt, nämlich den eigenen Vater wegen eines Totschlags anzuzeigen, gottesfürchtig oder fromm ist. Das Subjekt des Prädikats »fromm« ist hier also kein Ding und keine Person, sondern ein Verhalten, allgemeiner gesagt, ein Sachverhalt. Was das Prädikat angeht, so lässt die Tatsache, dass auch die Rücksicht auf den Vater als fromm gilt, vermuten, dass der Sinn des Prädikats »fromm« nicht allgemein klar ist und dass verschiedene Personen auf die Frage nach diesem Sinn auch verschiedene, miteinander nicht verträgliche Antworten gäben.

Wie im *Euthyphron* spielen in Platons Theorie des Wissens generell zunächst *strittige* Prädikate eine Rolle, also nicht solche, die empirische Eigenschaften wie Farben oder andere Beschaffenheiten bezeichnen. Vielmehr geht es auch in anderen Dialogen um Prädikate, die wir gebrauchen, um unsere Praxis zu rechtfertigen, die also zum moralischen Aspekt des Lebens gehören: bewertende wie »gerecht« oder andere wie »Liebe«, über deren Sinn die Leute verschiedener, eventuell entgegengesetzter Meinung sind. Es ist für Platons Ansatz bezeichnend, dass er nie Verben als Prädikate auch nur in Erwägung zieht.

[14] Platon charakterisiert die einzelnen Subjekte durch ihre Wahrnehmbarkeit (*aisthèta*, später *sensibilia*), aber der kantische Ausdruck »Gegenstände der Erfahrung« wäre angemessener, denn gemeint sind ja auch Personen und Verhaltensweisen unter Gesichtspunkten, die man nicht wahrnehmen kann, insbesondere demjenigen der moralischen Qualitäten.

Wie kann man begründen, dass einem Sachverhalt oder Gegenstand oder einer Person (SGP im Folgenden) ein umstrittenes Attribut zukommt? Wenn man *uns* dazu auffordert, machen wir uns in der Regel gar nicht klar, dass das Attribut keine eindeutige Bestimmung wie »quadratisch« oder »Eisen« ist, und suchen nach Aussagen über den/die SGP, aus denen sich ergeben soll, dass sie wirklich durch das Attribut bestimmt sind. Wird z. B. über die Kompetenz eines Politikers – ein umstrittenes Attribut – debattiert, dann führen wir meist seine Erfolge oder seine anerkennenswerten Charaktereigenschaften an, um zu demonstrieren, dass er wirklich ein tüchtiger Politiker ist.

Platons Ansatz zeichnet sich stattdessen dadurch aus, dass die Begründung von Aussagen über die Klärung des Sinnes der Prädikate, mit denen wir Attribute meinen, geleistet werden soll (dazu unten I 3). Deshalb lässt er seine Dialogfigur Sokrates den Gesprächspartner immer wieder fragen: Was *meinst* du, wenn du etwas oder jemanden »gerecht«, »tapfer« etc. nennst? Dabei geht Platon davon aus, dass jedes Prädikat genau einen Sinn hat.

Dessen Klärung, wie sie in den frühen Dialogen versucht wird, ist der Sache nach eine Reflexion über die Art und Weise, in der wir die Prädikate wie selbstverständlich gebrauchen, also eine Reflexion über unsere Sprachpraxis und nicht unmittelbar eine Erforschung von Sachverhalten. Platon selbst verstand sie jedoch als Erkundung nichtempirischer, objektiver Sachverhalte, mit denen Aussagen über empirische SGP begründet werden. Sofern seine Theorie des Wissens erklärt, dass es solche Sachverhalte gibt und dass man sie erkunden kann, wird sie zur Metaphysik, d. h. zu einer Theorie von erfahrungsunabhängigen Strukturen, die Aussagen über alles Erfahrbare rechtfertigen.

Platon könnte die Erforschung objektiver Sachverhalte gegenüber der Methode, die sich auf die Reflexion über den Sprachgebrauch beschränkt, mit dem Hinweis darauf verteidigen, dass der Sinn der Prädikate eben umstritten ist. Infolge dessen würde die semantische Reflexion sehr wahrscheinlich dazu führen, dass man für ein Prädikat jeweils mehrere Sinne herausarbeitet, die es erlauben, miteinander nicht verträgliche Aussagen zu begründen. Derartige Aussagen könnten aber kein Wissen darstellen. Genau deshalb kommt es darauf an, den je einen objektiven Sinn der Prädikate zu ermitteln.[15]

3. *Funktionen der Form*

Wie klärt man den Sinn von Prädikaten? Seit Sokrates dadurch, dass man sie definiert, d.h. *begreift*, in welchem Sinn man sie gebraucht; so lässt sich von einem unreflektiert gebrauchten Wort oder Terminus wie »Liebe« der Begriff der Liebe, d.h. ihre Definition, unterscheiden.[16] In seinem wirklichen Leben und in Platons frühen Dialogen fordert Sokrates seine Gesprächspartner, die umstrittene Prädikate gebrauchen, dazu auf, sie zu definieren, indem er sie zum Beispiel fragt, was alle SGP, die z.B. bewundernswert (»schön«) sind, gemeinsam haben oder worin sie identisch sind. Er formuliert das oft so, dass er wissen will, was z.B. »das Bewundernswerte selbst« ist, *durch das* alle besonderen Bewundernswerten bewundernswert sind (s. *Mn.* 72b–c, *Hippias Maior* [im Folgenden *Hip. Ma.*] 287c–e). Wenn Sokrates fragt, *was* das Bewundernswerte selbst oder an sich ist, verstehen die Befragten, dass sie ihm nicht mit dem Identitätsurteil antworten können, es sei eben das Bewundernswerte oder die Bewunderungswürdigkeit.

Sokrates formuliert dieselbe Frage auch so, dass er den Gesprächspartner auffordert, ihm die Form oder Gestalt (*eidos, idea*) anzugeben, *dank derer* alles einzelne so oder so Bestimmte jeweils so bestimmt ist (s. *Euphr.* 5d, 6d–e). So weit betrifft seine Frage ein

[15] Wenn Sie mich fragten, ob wir heute für unser alltägliches Verhalten ganz unmittelbar etwas von Platon lernen können, dann würde ich antworten, dass es die Aufmerksamkeit für den Sinn der Prädikate ist, die wir in bewertenden Aussagen verwenden. Deutlicher gesagt: Platon lehrt uns, uns aus unserer Fixierung auf die Individuen und einzelnen Sachverhalte, die wir beurteilen, zu lösen und über die in der Sprache enthaltenen Voraussetzungen nachzudenken, die uns bei unserer Urteilsbildung leiten.

[16] Wir unterscheiden meist nicht zwischen Terminus (Wort) und Begriff, sondern sagen auch dann »Begriff«, wenn wir nur den Terminus meinen; z.B. wird einem Ökonomen vorgeworfen, in seiner Rede komme der Begriff der Gerechtigkeit nicht einmal vor. Wir verwenden »Begriff« jedoch in einem anspruchsvolleren Sinn, wenn wir sagen, der Ökonom habe keinen Begriff von Gerechtigkeit; einen angemessenen Begriff von Gerechtigkeit haben heißt, sie definieren können.

objektives Verhältnis, das Bedingungsverhältnis zwischen der Form und einzelnen SGP in dieser oder jener Bestimmtheit.[17] Er versteht die Form – hier die des Gottesfürchtigen, Frommen – aber auch als Bedingung subjektiver Erkenntnis. Denn er erläutert seine Frage mit dem Hinweis, dass er »einen Blick auf die Form werfen« und sie dann als Muster (*paradeigma*) gebrauchen will, um festzustellen, dass alles ihr entsprechende Verhalten gottesfürchtig ist, und um allem ihr nicht entsprechenden Verhalten dieses Attribut abzusprechen (ebd.). Das werden dann *begründete* Urteile sein.

4. *Erkenntnis der Form durch Definition*

Der Text des frühen Dialoges *Euthyphron* (6 d–e), auf den ich mich jetzt bezogen habe, enthält den Ausgangspunkt der Ideenlehre unter seinen verschiedenen Aspekten.

a) Die Form ist das Objekt, das man mit der Definition meint. Um die Frage nach der Form zu beantworten, kann man sich die Suche nach der Definition nicht ersparen, denn niemand kann diese Frage so wie die Frage nach einem Farbmuster beantworten, auf die hin man z. B. auf eine grüne Fläche deutet, um zu zeigen, was Grün ist. Sokrates' Gesprächspartner wollen in der Regel auf Antworten dieses Typs hinaus, indem sie die Form mit etwas Erfahrbarem identifizieren. Das kann ein hervorragender Repräsentant des in Frage stehenden Attributes sein wie etwa ein schönes Mädchen für »das Bewundernswerte selbst«. Oder man schlägt ein Handlungsmuster vor – wie, dass man Freunden Gutes und Feinden Übles tut –, um zu erklären, was »das Gerechte selbst« ist (*Hip. Ma.* 287 e, *Staat* I, 332 a–d).

[17] Zu dem abstrakten Terminus »Bestimmtheit« gibt es in den griechischen Texten keine Entsprechung, vielmehr spricht Sokrates immer konkret von der Tatsache, dass die SGP bewundernswert, fromm, tapfer oder dgl. sind. Deshalb ergibt sich für ihn nicht die Frage, wie sich Form und Bestimmtheit unterscheiden. In Platons weiterer Entwicklung der Theorie der Formen kommt die Bestimmtheit dann doch gelegentlich zur Sprache, s. unten S. 31, Anm. 21, u. S. 48, Anm. 29. – Wenn auch das griechische Wort für »Form« von der sichtbaren Gestalt hergenommen ist, sollten wir das, was Platon meint, abstrakter verstehen, etwa im Sinn von »Struktur«.

Um die Tendenz zu dieser Art Antworten zu überwinden, widerlegt Sokrates sie meistens, und zwar am einfachsten dadurch, dass er auf Gegenbeispiele aufmerksam macht (so ist ein schönes Mädchen im Vergleich mit den Göttern hässlich, *Hip. Ma.* 289 b). Er führt aber auch manchmal an nicht umstrittenen Bestimmungen vor, dass er vielmehr eine *begriffliche* Antwort erwartet: So sagt er, er würde die Frage danach, was Schnelligkeit ist, so beantworten, dass sie die Fähigkeit ist, in kurzer Zeit vieles zu leisten (*Laches* 192 a–b).

Das ist eine Definition der Schnelligkeit, die schon die vom späten Platon und von Aristoteles festgelegte Struktur hat: Sie setzt sich aus einer allgemeineren Bestimmung, dem Genus oder der Gattung (hier: Fähigkeit), und einer das Genus besondernden Bestimmung, der spezifischen Differenz (hier: in kurzer Zeit vieles zu leisten), zusammen; aus der Besonderung des Genus ergibt sich die Spezies oder Art (hier: Schnelligkeit).[18] Der Gegenstand, den man mit dieser Definition bezeichnet, ist die Form der Schnelligkeit; weil man sie nicht wahrnehmen, sondern nur denken kann, nennt man sie »intelligible – d. h. vernünftig erkennbare – Form«.

b) Die Form als Muster gebrauchen heißt, sie zum *Kriterium* dafür zu machen, ob einem/r der SGP das Attribut zuzusprechen ist, das man mit dem sprachlichen Ausdruck für die Form definiert. Das klingt kompliziert, stellt sich aber an einem Beispiel aus dem

[18] Das Genus, mit dem der zu definierende Terminus in einen bestimmten Zusammenhang gebracht wird, ist natürlich ein anderer Terminus. Wie das Beispiel zeigt, ist die Ermittlung des Genus riskant. Denn Schnelligkeit ist nur als Eigenschaft eines Tieres oder einer Person eine Fähigkeit (»Achill ist schnell«), nicht dagegen als Eigenschaft einer Veränderung (»Die Temperatur fällt schnell«). Die Schwierigkeit kommt daher, dass die Genera keine wahrnehmbaren oder erfahrbaren Merkmale des zu definierenden Attributes sind, sondern Gesichtspunkte, nach denen wir Attribute deuten und ordnen. In den späteren Dialogen *Phaidros*, *Sophistes* und *Der Staatsmann* führt Platon vor, wie der Philosoph *verschiedene*, manchmal schon praktizierte Deutungen ein und desselben Terminus benutzen kann, um diesen in Begriffsfelder, die miteinander kontrastieren, einzuordnen, so das Liebesbegehren als eine Art entweder wilder Begierde oder göttlichen Wahns und den Staatsmann als eine Art Hirten oder als einen rationalen Koordinator kompetent ausgeführter Tätigkeiten anderer. Das ›richtige‹ Genus und die Arten (*eidè*), in die es sich differenziert, liegen also überhaupt nicht auf der Hand, sondern müssen in der Weise gesucht werden, dass man konkurrierende Vorschläge auf ihre Triftigkeit hin prüft.

Euthyphron leichter dar: Wenn fromm (Attribut) diejenige gerechte Behandlung ist, die den Göttern gilt (mit der Definition bezeichnete Form), dann können Sie bei jedem Verhalten, das als fromm ausgegeben wird, fragen, ob es gerecht ist, und zwar im Verkehr mit den Göttern. Wenn dem so ist, können Sie die Aussage, dieses Verhalten sei fromm, bejahen, andernfalls sie verneinen (Gebrauch der Form als Kriterium). Entsprechend dazu werden Sie die Personen fromm nennen, die so mit den Göttern umgehen (*Euphr.* 12 e).

c) Wer ein umstrittenes Prädikat definiert, kann dann *begründen*, warum er von einem bestimmten Subjekt dieses Prädikat aussagt. Zum Beispiel kann er sagen, Opfer seien fromm, *weil* man mit ihnen die Götter gerecht behandelt. Diese Begründung setzt die Definition voraus, dass fromm all das ist, was eine gerechte Behandlung der Götter darstellt. Also beruht die Aussage über die Opfer auf zwei Prämissen, dieser Definition und der Subsumtion der Opfer unter das Definiens oder den Begriff der Frömmigkeit (»Opfer sind eine gerechte Behandlung der Götter«).

d) Den zwei Prämissen auf der Seite der Erkenntnis (Definition und Subsumtion) entsprechen zwei Aspekte der objektiven Grundlegung der jeweils gemeinten Tatsache; es handelt sich also um einen Fall der Projektion von Denkformen in die Wirklichkeit, wie ich sie in der Einleitung beschrieben habe (s. oben S. 12 f.). Im vorliegenden Fall meine ich, dass ein(e) SGP objektiv so oder so bestimmt ist, weil (1) es zu der jeweiligen Bestimmung eine intelligible Form gibt und weil (2) der/die SGP an dieser Form *teilhat* (*Phaidon* [*Phd.* im Folgenden] 100 b–d). Die Teilhabe ist also diejenige objektive Abhängigkeitsbeziehung, die dem logischen Verhältnis der Subsumtion entspricht, wenn das in den Texten auch nicht ausdrücklich so erklärt wird. Die Teilhabe entspricht insofern der Subsumtion, als sich die Bestimmtheit der teilhabenden SGP gerade so von den ›teilgehabten‹ Formen herleitet, wie ein Individuum (z. B. Muschi) »Katze« genannt wird, weil man es unter den entsprechenden Begriff, etwa »kleines, auf den Zehen gehendes Raubtier«, subsumiert.

Mit »Teilhabe«, so kann man auch sagen, präzisiert Platon in den mittleren Dialogen (*Phaidon, Symposion, Staat*) das Verhältnis, das er den Sokrates der Frühdialoge so ausdrücken lässt, dass die einzelnen SGP *durch* die jeweilige Form so oder so bestimmt sind (s. oben I 3). Zu dieser Präzisierung kommt Platon in den mittleren Dialogen, weil er da anders als Sokrates die Formen grundsätzlich von den SGP unterscheidet; so unterschieden, nenne ich die Formen »Ideen«, obwohl im Griechischen immer dieselben Termini stehen, *eidos* oder *idea*. Unter der Voraussetzung des Unterschiedes muss Platon eine objektive Beziehung, eben die Teilhabe, zwischen Ideen und SGP vorschlagen, damit die SGP, obwohl sie etwas anderes als die Ideen sind, gleichwohl ihrer Bestimmtheit nach von ihnen *abhängen*. Im Folgenden gehe ich auf die Aspekte des Unterschiedes (I 5) und der Teilhabebeziehung (I 8) ein.[19]

5. *Abhebung der Ideen von allem Wahrnehmbaren*

Wie argumentiert Platon in den »Mitteldialogen« für den Unterschied zwischen den Ideen und den SGP?

a) Da wir ein und dasselbe Prädikat von vielen Subjekten aussagen, muss auch ein und dieselbe Idee die Bedingung für die Bestimmtheit vieler SGP abgeben (s. *Staat* VI, 507 b; vgl. X, 596 a). Nun kann das, was eines ist, nicht mit vielem identisch sein, weil es dann selbst vieles würde (oder umgekehrt). Also muss die jeweils eine Idee von den vielen ihr entsprechenden SGP verschieden sein.[20]

b) Die Verschiedenheit von Ideen und SGP begründet Platon aber auch qualitativ, d. h. mit ihrer unterschiedlichen Beschaffenheit. Während die intelligiblen Ideen eindeutig immer nur eine Form sind, haben die wahrnehmbaren SGP vielfältige Bestimmun-

[19] Ich stimme also nicht Darstellungen der Ideenlehre zu, nach denen eine Teilhabebeziehung wie etwa die von Sokrates auf die Idee der Gottesfürchtigkeit den metaphysischen Sinn einer einfachen singulären Aussage wie »Sokrates ist gottesfürchtig« ausmacht, d. h. die ihr entsprechende objektive Struktur darstellt. Diese Interpretation trägt nicht der Tatsache Rechnung, dass Platon so wenig wie wir Anlass hat, für solche Aussagen einen metaphysischen Sinn ausfindig zu machen, dass sich diese Aufgabe vielmehr erst dann ergibt, wenn man objektive Bedingungen für die *Begründung* der Aussagen sucht. Wenn das Urteil über Sokrates hinreichend begründet sein soll, dann beruht es einerseits darauf, dass Sokrates an der Idee der Gottesfürchtigkeit teilhat, andererseits darauf, dass der Sprecher die Idee erkennt, Gottesfürchtigkeit also richtig begreift und Sokrates unter diesen Begriff subsumiert.

[20] Die Einheit der Idee wird auch durch die sprachlichen Ausdrücke für sie wie »das Gleiche selbst« oder »die Gleichheit« (*Phd.* 74 b–c) suggeriert, denn beide sind *singuläre* Termini, der erste ein konkreter, der zweite ein abstrakter.

gen, sogar entgegengesetzte zu verschiedenen Zeiten oder in verschiedenen Hinsichten (s. *Phd.* 74b–c u. 78d, *Symposion* [*Sym.* im Folgenden] 211a–b).

Um dieses zentrale Argument zu verstehen, müssen Sie darauf achten, dass nicht die Bestimmungen der SGP mit den Ideen verglichen werden, sondern die SGP selbst, obwohl sie in den Texten nach ihren Eigenschaften z. B. als »die Gleichen« oder »die Schönen« benannt werden, nach den Eigenschaften also, die sie den Ideen verdanken sollen. Im Unterschied zu »das Schöne *selbst*«, d. h. der Idee der Schönheit, bedeutet »das Schöne« eben nicht die Eigenschaft der Schönheit an einem/r SGP, sondern etwas Wahrnehmbares, das schön ist, unter dem Aspekt dieser Eigenschaft. Ein solcher Sinnengegenstand ist nicht nur schön, sondern auch noch vieles andere, z. B. eine Melodie und gesungen; er kann sogar in einer Hinsicht hässlich sein oder hässlich werden.[21]

Diese Unterscheidung zwischen – z. B. – »dem Schönen selbst« und »dem (einzelnen) Schönen« bestätigt, dass nur Ideen und nicht SGP die Objekte der Definitionen sein können. Denn das Objekt einer Definition, mit der der Sinn eines Prädikats festgelegt werden soll, muss eindeutig und einförmig sein. Wäre es vielfältig wie z. B. das einzelne schöne Objekt, dann bezeichnete die Definition etwas Vielfältiges, so dass auch das so definierte Prädikat einen vielfältigen Sinn bekäme. Unter Berufung auf einen dieser Sinne könnte man die Vergabe des Prädikats an ein Subjekt begründen, unter Berufung auf einen anderen die Negation desselben Urteils rechtfertigen. Also wäre nichts für das Wissen, für hinreichend begründete Aussagen gewonnen.

[21] Das gilt natürlich nicht von den Eigenschaften, die Platon nur in einem wichtigen Argument zur Unsterblichkeit der Seele deutlich von den Ideen und den SGP unterscheidet, so z. B. »die Größe in uns« von »der Größe selbst« (s. *Phd.* 102d, 103e, 104b; vgl. unten S. 48, Anm. 29). – Manchmal wurde Platon so verstanden, dass die Eigenschaften der SGP weniger präzise als die jeweils entsprechende Idee sein sollen, was besonders im Fall der Gleichheit nahe liegt: Gibt es zwei genau gleiche Wahrnehmungsgegenstände? Diese Interpretation kann sich aber auf keinen Text berufen, der zur Ausarbeitung der Ideenlehre beiträgt. Allerdings wird in der Kritik an ihr, die der Dialog *Parmenides* entwickelt, die Genauigkeitsdifferenz zwischen den Ideen und allem, mit dem wir es in unserer Erfahrung zu tun haben, einmal erwähnt (134c).

c) Zur Vielfalt der SGP gehören ihre Wandlungen in der Zeit, mit denen sie Bestimmungen verlieren und andere, eventuell zu den verlorenen konträre, bekommen. Auch dadurch unterscheiden sie sich von den Ideen, die als die Gegenstände der Definitionen Wissen begründen. Denn daraus, dass sich die Theoreme einer Wissenschaft nicht ändern können, folgt für Platon, dass auch ihre Gegenstände unverändert bestehen.[22]

Im Hinblick darauf zeichnet er die Ideen durch das Prädikat »sein« aus, das nichts anderes als zeitloses Existieren bedeutet, und hebt sie so von den SGP ab, die nicht nur wechselnde Eigenschaften haben, sondern auch selber entstehen und vergehen, was ihnen die Kennzeichnung durch »werden« einbringt. Da Werden nach Platon so viel bedeutet wie Sein *und* Nichtsein, können für ihn Sein und Werden als konträre Prädikate nicht demselben Subjekt zukommen, und es ergibt sich die für uns paradoxe Konsequenz, dass die SGP nicht existieren (s. *Staat* V, 476e–477b; VI, 485a–b; *Tim.* 27d–28a).

Die Einheit, Einfachheit und Unwandelbarkeit der Ideen machen ihre Vollkommenheit als Gegenstände von Wissen aus, während sich die SGP durch ihre Vielheit, Komplexität bzw. Uneindeutigkeit und ihre Wandelbarkeit der Erkenntnis entziehen und folglich mangelhaft sind.

Indem Platon den Unterschied zwischen Ideen und SGP ausarbeitet, stellt er sich selbst auch eine doppelte neue Aufgabe. Denn er muss nun einerseits zeigen, wie die Ideen wenigstens im Prinzip erkennbar sind, obwohl sie nicht in unserer Erfahrung vorkommen. Andererseits können Sie ihn fragen, wie er die objektive Beziehung zwischen den Ideen und den SGP begreift, d.h. wie er den Zusammenhang wahrt, den er in den Frühdialogen so formulierte, dass etwas Einzelnes so oder so *dank* der Form bestimmt ist, die es mit anderen Einzelnen gemeinsam hat.

[22] In *Phd.* 90b–c schreibt er seinen Gegnern die entgegengesetzte Folgerung zu: Weil sie sich darauf verstehen, dieselbe Aussage abwechselnd wahr und falsch erscheinen zu lassen, schließen sie, dass auch in der Realität nichts fest steht (vgl. 101e). Hätten sie damit Recht, dann gälte umgekehrt, dass nichts erkannt werden kann, denn während man etwas von einer Sache aussagte, wäre sie schon nicht mehr sie selbst und nicht mehr so beschaffen, wie man es von ihr behauptet (*Kratylos* 439d–440b).

6. *Ideenerkenntnis als Erinnerung*

a) Der Bezug auf die Wahrnehmungen

Platon konzipiert die Ideen um der Möglichkeit des Wissens willen als dessen einzige adäquate Gegenstände. Indessen, wie erkennen wir überhaupt die Ideen? Davon, dass Platon diese Frage beantworten kann, hängen die Aussichten der Ideenlehre ab, sich als Theorie des Wissens behaupten zu können.

Nun mag zwar die Erkenntnis der Ideen ebenso wie ihre Existenz bestritten werden, aber dass wir Wahrnehmungen haben, das wird niemand bestreiten, solange nicht zugleich den Wahrnehmungen ein objektiver Informationsgehalt unterstellt wird. So kann man es als ein Verfahren verstehen, bei dem nur Unbestreitbares vorausgesetzt wird, wenn Platon ebenso wie Aristoteles und spätere Theoretiker der Erkenntnis von der Erfahrung ausgehen, dass wir Wahrnehmungen haben. Platon und Aristoteles unterscheiden sich aber in der Art und Weise, wie sie das Verhältnis von Wahrnehmungen und begrifflicher Erkenntnis bestimmen.

Während Aristoteles vertritt, dass wir die allgemeinen Begriffe in einem langen Prozess vieler Wahrnehmungen, die sich zu Erfahrungen verdichten, mit unserer Vernunft – also nicht willkürlich – *bilden*, geht für Platon die Erkenntnis der Ideen im Prinzip den Wahrnehmungen voraus. Das heißt nicht, dass wir ohne Wahrnehmung z. B. gleich großer oder gleich schwerer Dinge schon sagen können, was es heißt, gleich zu sein. Vielmehr gewinnen wir eine gewisse Vorstellung davon – noch nicht die Definition – schon *bei* der ersten Wahrnehmung, die wir von gleichen Dingen mit dem Bewusstsein, dass sie gleich sind, haben, aber nicht *aus* ihr. Das ist möglich, weil Platon diese Vorstellung durch eine bestimmte Art Erinnerung (*anamnesis*) an vorangehendes Wissen von Gleichheit zustande kommen lässt (*Phd.* 72 e–77 a).

b) Empirische Erinnerungen als Modell

Um diese Konzeption, die »Anamnesistheorie«, einzuführen, beschreibt Platon zunächst ohne Bezug auf die Ideen eine Art Erinnerung, die uns allen aus Erfahrung vertraut ist. Es handelt sich um

Erinnerung durch Assoziation, die von einer Wahrnehmung ausgelöst wird: Zum Beispiel sehe ich einen Gegenstand, etwa einen Mantel, und werde durch diese Wahrnehmung dazu angeregt, an die Person zu denken, der er gehört (ebd. 73 d). Es geht also nicht um spontane Erinnerungen der Art, dass mir unwillkürlich etwas einfällt, oder der Art, dass ich mich nach einem vergangenen Erlebnis frage oder mir etwas konkret in Erinnerung rufe wie eine Melodie oder das Aussehen eines Hauses. Dass vielmehr die Assoziation mit einer Wahrnehmung für die gemeinte Art Erinnerung nicht zu entbehren ist, bekräftigt Platon mit der Bemerkung, es gehe ihm eigentlich um die Erinnerung an solches, das man schon vergessen hatte (73 e).

Nun können sich die beiden assoziierten Vorstellungen, die Wahrnehmung und die Erinnerung, auf zwei Weisen zueinander verhalten. Entweder sind sie hinsichtlich ihres Gegenstandes verschieden wie ein Mantel und ein Mensch, oder man nimmt ein Bild wahr und erinnert sich an den abgebildeten Gegenstand (73 e – 74 a). In diesem letzteren Fall, sagt Platon, wird einem notwendiger Weise auch bewusst, ob das Bild ganz getreu ist oder dem Abgebildeten zwar ähnelt, dabei aber doch von ihm abweicht. Auf diesen letzteren Fall kommt es in der Anamnesistheorie an.

c) Erinnerung von Ideen

Diese Theorie besteht nun darin, jede Wahrnehmung, auch die *erste*, die wir von einem Gegenstand bewusst unter dem Aspekt *nur einer* seiner Eigenschaften vollziehen, nach dem Muster der Assoziation zu konstruieren, dank derer wir uns gelegentlich der Wahrnehmung eines vollständigen Bildes den abgebildeten sinnlichen Gegenstand vergegenwärtigen.

Anhand des Beispiels gleichlanger Holzstücke formuliert Platon seine These über die eigenschaftsbezogene Wahrnehmung so, dass wir bei der ersten – und jeder weiteren – bewussten Wahrnehmung gleicher Gegenstände an das Gleiche selbst, d. h. die Idee der Gleichheit, denken (74 b–c, 75 a–b). Daraus entwickelt er die Anamnesistheorie mit Hilfe des folgenden Vergleichs:

Wir können uns anhand eines vollständigen Bildes den abgebildeten Erfahrungsgegenstand nur dann mit dem Bewusstsein vorstellen, dass das Bild ihm qualitativ gleicht oder sich von ihm unterscheidet, wenn wir ihn selbst zuvor schon einmal wahrgenommen haben. Ebenso müssen wir auch von dem Gleichen selbst ein Vorwissen haben, wenn wir diese Idee gelegentlich der Wahrnehmung gleicher Dinge – *als gleicher* – mit dem Bewusstsein assoziieren, dass die Dinge hinter der Idee der Gleichheit zurückbleiben. Dieses Bewusstsein stellt Platon in der Form einer Rede, einer Art Selbstgespräch, dar: »Dies da, was ich jetzt sehe, gibt zwar vor, so zu sein wie etwas Anderes unter den wirklichen Dingen, es ist aber mangelhaft und kann nicht so wie jenes sein, ist vielmehr von geringerem Wert« – gewiss ein anspruchsvoller Gedanke (74 d–e).

Dann führt Platon als weitere Prämisse ein, dass wir unmittelbar nach unserer Geburt Wahrnehmungen haben, und schließt, dass wir das erforderliche Vorwissen nur vor unserer Geburt erworben haben können; also existiere unsere Seele vor ihrer Inkarnation in den Körper und kenne die Ideen schon (75 b–c). – Platon sagt allerdings nicht, dass dieses Argument nur dann schlüssig wird, wenn die Neugeborenen ihre Wahrnehmungen schon mit der anspruchsvollen Überlegung kommentieren. Könnte Platon auf diese paradoxe Prämisse verzichten?

Sie finden im Text zuvor die plausiblere Version, dass wir das Gleiche selbst *vor dem Zeitpunkt* kennen müssen, zu dem wir *erstmals* gleiche Dinge, die wir sehen, im Verhältnis zu ihm für mangelhaft halten (74 e–75 a). Könnte das später im Leben geschehen, ohne dass das Argumentationsziel, die vorgeburtliche Ideenerkenntnis, verfehlt wird? Ich meine ja: Wenn unsere Vorstellungen zwischen der Geburt und dem Zeitpunkt des anspruchsvollen Gedankens durch Wahrnehmungen bestimmt sind, die wir nicht auf Ideen beziehen, haben wir nur Vorstellungen von komplexen Dingen und keine Vorstellungen von Ideen. Also können wir aus der frühkindlichen Erfahrung nichts von Ideen wissen, müssen ein solches Wissen folglich früher erworben haben.[23]

[23] Warum hat Platon es vorgezogen, den Säuglingen implizit die anspruchsvolle Überlegung anzusinnen? Zunächst scheint das Argument damit nur suggestiver zu werden: Eine notwendige Bedingung dessen, was *unmittelbar* nach der Geburt geschieht, muss ihr vorangehen. – Im Hinblick auf eine kurze

Worauf kommt es bei der Anamnesistheorie an? Sie überträgt die Struktur individueller Assoziationen wie diejenige von Mantel und Person auf die Analyse des menschlichen Wahrnehmens überhaupt. Die zum Vergleich angeführten Assoziationen sind individuell, weil sich etwa zu dem gemalten Bild eines Menschen nur derjenige den Porträtierten vorstellt, der ihn schon einmal wahrgenommen hat und deshalb kennt. *Alle* Menschen sollen aber zu *jeder* ihrer eigenschaftsbezogenen Wahrnehmungen eine Idee assoziieren, die sie *nicht* schon einmal sinnlich wahrgenommen haben. Das heißt, dass wir alle bei jeder Wahrnehmung eines komplexen Gegenstandes an die Idee derjenigen Eigenschaft denken, im Hinblick auf welche wir ihn wahrnehmen (»das Gleiche« z. B.).

Dass wir dabei an *etwas anderes* als den wahrgenommenen Gegenstand denken, das ergibt sich aus dessen Komplexität und der Einfachheit der assoziierten Idee (s. oben 5b). Und dass wir die Andersheit bemerken, liegt in unserem Bewusstsein vom Zurückbleiben der Wahrnehmungsobjekte gegenüber den Ideen, d. h. vom Unterschied zwischen der Komplexität der Ersten und der Einfachheit der Zweiten. Der grundsätzliche Unterschied zwischen Wahrnehmungsgegenständen und assoziierten Gedankenobjekten gewährleistet, dass sich die eigenschaftsbezogene Assoziation nicht mit dem Gegenstand einer früheren Wahrnehmung erklären lässt, denn der wäre ebenso komplex wie der gegenwärtige. Also verweist sie auf den Gegenstand einer Vernunfterkenntnis, die aller Wahrnehmung vorausgeht.

Passage weiter unten im *Phaidon* (96b) können Sie aber auch einen sachlichen Grund vermuten. Denn da erwähnt Platon eine Erkenntnistheorie seiner Zeit, die schon diejenige des Aristoteles vorwegnimmt: Aus den Wahrnehmungen bilden sich Erinnerungen und Meinungen, und aus diesen entsteht Wissen. Ließe Platon den Kindern etwas Zeit, bis sie die anspruchsvolle Überlegung anstellen, dann könnten ihm die Vertreter der allmählichen Wissensentwicklung vorhalten, dass auch er einen Erkenntnisprozess annimmt und bei konsequenter Durchführung dieses Ansatzes keine vorgeburtliche Erkenntnis braucht. – Die paradoxe Prämisse über die Neugeborenen grenzt die Anamnesistheorie klar von der konkurrierenden Erklärung von Wissen als Resultat eines Lernprozesses ab.

d) Eine nachgetragene sprachphilosophische Begründung

Platon *argumentiert* aber nicht für seine Prämisse, dass jede eigenschaftsbezogene Wahrnehmung tatsächlich von dem Gedanken an eine einfache Form oder Idee begleitet wird. Wie sollte man das an Platons Stelle anders begründen als mit der Ersetzung der Wahrnehmung durch ein Urteil, das sie ausdrückt wie: »Diese zwei Hölzer sind in ihrer Länge gleich«? Denn während das Subjekt solcher Aussagen einen komplexen einzelnen Gegenstand bezeichnet, hat das Prädikat, wie Platon es versteht, eine einfache, in allen Fällen seiner Verwendung identische Bedeutung, eben diejenige, die Sokrates und Platon mit der Theorie der Definition zu erklären versuchen.

Wenn Sie, über Platon hinausgehend, die These von dem Gedanken an die Idee derart von der Struktur der Aussage her deuten, können Sie verstehen, dass dem Wahrnehmenden, der seine Wahrnehmung ausspricht, der Unterschied zwischen Ideen und SGP bewusst werden kann. Denn er vollzieht ja selbst die Aussage, indem er vom Subjekt mit komplexer Bedeutung zum Prädikat mit seiner einfachen übergeht. Wenn er zugleich mindestens ahnt, dass das Einfache besser als das Komplexe zu erkennen ist, dann wird ihm, sofern ihm an Erkenntnis liegt, der Wahrnehmungsgegenstand hinter der assoziierten Idee zurückzubleiben scheinen.

Was die Prädikate bedeuten, ist durch ihre Definition zu ermitteln, und deren Objekt soll die Idee sein. Insofern bezeichnen die Prädikate die Ideen indirekt, in unklarer Weise, gewissermaßen im Vorgriff auf ihre noch ausstehende Definition. Nicht der *Phaidon*, der die Anamnesistheorie im Detail entwickelt, wohl aber der *Phaidros* weist in einer extrem knappen Zusammenfassung der Anamnesistheorie darauf hin, dass die Sprache für die erinnernde Erkenntnis der Ideen eine Rolle spielt: Die Anamnesis besteht darin, dass der Mensch versteht, was entsprechend der Idee sprachlich ausgedrückt wird, aus vielen Wahrnehmungen kommt und durch ein vernünftiges Argument zu einer Einheit – der Definition – zusammengefasst wird (*Phdr.* 249 b–c).

e) Ideenerkenntnis in zwei Etappen

Nun können Sie annehmen, dass wir erst mit Hilfe der Definition den Sinn der Prädikate *verstehen*, die wir zuvor schon zum Ausdruck vieler Wahrnehmungen *verwendet* haben. Dann aber stellt erst das richtige Definieren die Erkenntnis der Ideen dar, die auf der Erinnerung an das vorgeburtliche Wissen von ihnen beruht. Das stimmt mit dem Ausgangspunkt der Ideenlehre zusammen, nach dem die intelligiblen Formen die Objekte der Definitionen sind, also auch erst durch Definieren erkannt werden.

Dem widerspricht aber der Wortlaut des *Phaidon*, sofern Platon dort die Erinnerung an die Ideen und deren *Erkenntnis* schon die ersten Wahrnehmungen begleiten lässt, die wir von den SGP unter dem Aspekt je einer ihrer Eigenschaften haben. Allerdings können Sie den Verdacht schöpfen, dass Platon die Anamnesis so darstellt, um auszuschließen, dass sich das Verstehen der Prädikate schrittweise – so, wie es Aristoteles erklären will – über die Strukturierung vieler Wahrnehmungen zu Erfahrungen entwickelt, so dass der Rekurs auf ein vorgeburtliches Wissen von den Ideen überflüssig wird und das Argument für die Vorexistenz der Seele verloren geht (vgl. S. 37, Anm. 23).

Dieser Verdacht kann sich auf eine erstaunliche Wendung im weiteren Verlauf des Phaidontextes berufen. Denn Platon will hier klar machen, dass wir kein Wissen von den Ideen in dem geläufigen Sinn von Wissen haben, dass man es behält, wenn man es einmal erworben hat (75 d). Um zu zeigen, dass das für unser Wissen von den Ideen nicht gilt, lässt er Sokrates' Gesprächspartner Simmias eingestehen, dass er die Ideen nicht erkennt, weil er außer Stande ist, die entsprechenden Prädikate zu definieren und ihre Definition zu verteidigen (76 a–c). Da es Simmias ebenso wenig wie uns allen an den entsprechenden Wahrnehmungen mangelt, ergibt sich, dass die von den Wahrnehmungen angeregte Erinnerung an das vorgeburtliche Ideenwissen uns dieses Wissen noch nicht so zurückgibt, dass wir es in Definitionen und Begründungen ausdrücken können.

Wenn Platon in der vorangehenden *Phaidon*passage (74 b–c) von der Ideenerkenntnis spricht, die wir gelegentlich der Wahrnehmungen im Modus der Erinnerung gewinnen, muss er also einen weniger anspruchsvollen Erkenntnisbegriff zugrunde legen. Den erläutert er aber an keiner Stelle, und das mit Recht, denn damit würde er die klare Unterscheidung zwischen Meinung und Wissen ausdrücklich in Frage stellen, auf der, wie eingangs gesagt, seine theoretische Philosophie beruht. Denn einerseits sollen Simmias und wir alle die Ideen schon wahrnehmend erkannt haben, andererseits befähigt uns diese Erkenntnis nicht zum Definieren der Termini, die wir gebrauchen, und deshalb nur zu Meinungen über ihre Bedeutung.

Was also den *Phaidon* angeht, so kann man über die Feststellung nicht hinausgehen, dass da von Erkenntnis oder Wissen in zweierlei Sinn die Rede ist: die jeweils gelegentlich von Wahrnehmungen gewonnene Erkenntnis und die durch Definition unverlierbar erworbene.

Will man ungeachtet dessen die Anamnesistheorie in einer stimmigen Form ausdrücken, so wird man zwei Stufen der Erkenntnis unterscheiden:

(1) Die Wahrnehmungen lassen uns das vorgeburtliche Wissen unserer Seele von den Ideen so weit erinnern, dass wir Prädikate verwenden können, die den Ideen entsprechen. Dies Verwenden der Prädikate beruht aber noch nicht auf einem wiedergewonnenen Wissen.

(2) Vielmehr erreichen wir diesen Stand erst dann wieder, wenn wir die verwendeten Prädikate richtig definieren können.

Die Anamnesistheorie der Erkenntnis so zu formulieren, erlauben die genannte *Phaidros*stelle (249 b–c) und ein Text aus dem *Staat*, in dem Platon sagt, dass uns eine Idee, in diesem Fall die des Guten, in unklarer Weise nur vorschwebt, bevor sie durch philosophisches Bemühen erkannt werden kann (s. unten S. 71 f.).

f) Intuitive oder diskursive Ideenerkenntnis?

Die Frage, wie wir die Ideen erkennen, bedeutet schließlich auch: Auf welche Art und Weise erkennen wir sie, intuitiv oder diskursiv? Platon gibt auf diese Frage keine eindeutige Antwort, sondern spricht bisweilen von einem Sehen der Ideen, obwohl die Definition, durch die man die Ideen erkennen soll, ein Diskurs ist. Mehr noch: die Definitionen fallen uns nicht einfach ein, sondern müssen in einem Erkenntnisprozess gefunden werden, in dem jeweils verschiedene Vorschläge für eine Definition kritisch geprüft werden (*Staat* VII, 534 b–c; vgl. oben S. 30, Anm. 18).

Dem trägt Platon Rechnung, wenn er die Art der Ideenerkenntnis so bestimmt, dass sie in schlussfolgerndem Denken besteht (*Phd.* 79 a). Sie können aber beobachten, dass dieser Begriff der Ideenerkenntnis in einen Zusammenhang gehört, in dem sie von der Wahrnehmung, also von einer Art Intuition, klar abgegrenzt werden soll (vgl. *Staat* VI, 507 b).

Wenn es Platon dagegen auf eine Analogie von Wahrnehmung und Ideenerkenntnis ankommt, kann er diese Erkenntnis als ein »Sehen mit dem Verstand« charakterisieren (ebd. 511 a; vgl. VII, 517 c). Das ist nicht von vornherein widersinnig, wenn Sie bedenken, dass evidente Erkenntnisgegenstände, die nicht sinnlich sind, uns wie Wahrnehmungsgegenstände so unmittelbar durch ihre bloße Präsenz einzuleuchten scheinen, dass man als den entprechenden Erkenntnismodus eine Intuition, die nicht Wahrnehmung ist, oder in Fichtes Sprache eine »intellektuelle Anschauung« annehmen möchte (deren ausgezeichneter Fall ist für Fichte das Ichbewusstsein).

Wenn man nun davon ausgeht, dass Platon die Ideenerkenntnis gleichermaßen für diskursiv und für intuitiv hielt, wird man sich fragen, ob er damit eventuell zwei Aspekte ein und derselben Erkenntnis meinte, etwa in dem Sinn, dass der Prozess der Prüfung vorgeschlagener Definitionen zu einer Art Intuition führt, indem uns einer der Vorschläge zuletzt schlagend einleuchtet.

Diese Interpretationshypothese bestätigt Platon in seinen Dialogen nicht, wohl aber skizziert er in dem berühmtesten der ihm zugeschriebenen Briefe eine solche Struktur der Erkenntnis (*7. Brief* 344 b). Das heißt, er umreißt hier einen langen Forschungsprozess, der sich in Fragen und Antworten – wie in den Dialogen – entwickelt und an dessen Ende den Teilnehmern ein Licht darüber aufgeht, wie es sich mit dem untersuchten Gegenstand verhält. In diese Diskussionen sollen Termini und Wahrnehmungen, aber auch Definitionen eingehen. Die Definitionen werden in diesem Text als Aussagen, d. h. als minimale Diskurse und nicht als der Inhalt der abschließenden Intuition dargestellt; sie sind also eines der Elemente, deren Untersuchung die intuitive Erkenntnis vorbereitet.

Platon scheint damit Erkenntnis als eine Verbindung von Diskursen und Intuition gedacht, die Definition aber nicht mehr als Erkenntnis *par excellence* betrachtet zu haben.

7. *Ideenwissen als Relation*

Im relativ späten *Parmenides* praktiziert Platon Philosophie als kritische Reflexion, indem er die Ideenlehre in Frage stellt; darauf werde ich in den folgenden Paragraphen eingehen. An die Darstellung seiner Erkenntnistheorie lässt sich unmittelbarer der Hinweis anschließen, dass Platon in demselben Zusammenhang auch das Verhältnis unseres Wissens zu den Ideen problematisiert. Ein kritisches Argument dazu bezeichnet er als »größte Schwierigkeit«. Damit bestätigt er indirekt meinen Ausgangspunkt, dass nämlich die Ideenlehre die Möglichkeit von Wissen überhaupt begründen soll (*Par.* 133 b – 134 b).

Das Argument beruht auf drei Prämissen:

(1) Die Ideen bestehen für sich und befinden sich nicht in unserem Bereich, d. h. in Raum und Zeit, dem Bereich der SGP.

(2) Wenn etwas das, was es ist, mit Bezug auf etwas anderes ist und deshalb ein *Relatum* – wie Herr und Sklave wechselseitig –, dann sind beide *Relata* dieser Beziehung Ideen, sobald eines von beiden eine Idee ist, und SGP, sobald eines von beiden SGP ist. Zum Beispiel existiert der Herr eines in Raum und Zeit existierenden Sklaven auch so und umgekehrt – also nicht als Idee. Die Idee der Herrschaft dagegen bezieht sich auf die Idee der Sklaverei und umgekehrt, aber beide beziehen sich nicht auf die betroffenen Personen, die Herren und Sklaven in Raum und Zeit.

(3) Das Wissen steht in einer Beziehung dieser Art auf seinen Gegenstand, d. h. dass es das, was es ist, mit Bezug auf ihn ist.

Daraus folgt, dass sich *unser* Wissen, weil selbst in Raum und Zeit, auf raumzeitliche Gegenstände bezieht und nicht auf Ideen.[24] Dann aber besteht keine Aussicht, mit der Annahme der Ideen un-

[24] Analog zu den Ideen von Herrschaft und Sklaverei wären dann die Ideen Gegenstände nur der Idee des Wissens, die Platon tatsächlich annimmt (*Par.* 134 c, *Phdr.* 247 e).

serer Erkenntnis zu adäquaten, d. h. einfachen und unwandelbaren Gegenständen zu verhelfen. Wenn solche Gegenstände nicht gewusst werden können, dann gibt es überhaupt kein Wissen.

Zu diesem Fiasko kommt es, wenn man (1) die strikte Unterscheidung zwischen Ideen und SGP (erste Prämisse) auf die *Relata* von Relationen anwendet (zweite Prämisse) und dann (2) Erkenntnis als das *Relatum* einer Relation dieser Art betrachtet (dritte Prämisse). Bedeutsam ist dieser zweite Schritt, denn mit ihm behandelt man Erkenntnis genau so wie ihre Gegenstände – wie den Herren z. B.[25]

Das Argument verfehlt die Besonderheit des Wissens, das Platon von Wahrnehmung und Meinung nur dadurch abgrenzen will, dass er ihm nichtempirische *Gegenstände* zuschreibt, die Ideen, die sich durch Einheit, Einfachheit und Unwandelbarkeit von den SGP unterscheiden sollen. Der Einwand, den er sich selbst im *Parmenides* macht, zeigt *uns* jedenfalls, dass damit das Wissen nicht angemessen begriffen ist, dass es vielmehr ungegenständlich gedacht werden müsste. Platon deutet im *Parmenides* zwar an, dass der Einwand gegen die Erkennbarkeit der Ideen nicht das letzte Wort behalten muss (133 b), aber in keinem anderen Dialog kommt er auf ihn mit einem Gegenargument zurück.[26]

[25] Auch für Aristoteles sind Wahrnehmen und Wissen *Relata*, allerdings nicht von reziproken Beziehungen wie die zwischen Herrn und Sklaven, sondern von solchen, die eine einsinnige Abhängigkeit bedeuten, da das Objekt unabhängig von seinem Erkanntwerden existiert (*Kategorien* [*Kat.* im Folg.] 7, 6 b 2–6, u. 7 b 22 – 8 a 12).

[26] Es mag unhistorisch und deshalb unangebracht erscheinen, dass ich mit Bezug auf antike Philosophen die Möglichkeit erwähne, Erkenntnis ungegenständlich zu verstehen. Einen solchen Schritt haben aber die Stoiker getan, insofern sie die Vorstellung (*phantasia*) als einen seelischen Zustand (*pathos*) begriffen, der sich selbst und seine Ursache, d. h. den Gegenstand, anzeigt (s. A. Long, D. Sedley, *Die hellenistischen Philosophen*, Stuttgart 2000, § 39 B 2–3). Die Gattung dieser Definition, »Zustand«, ist durchaus noch eine gegenständliche Bestimmung, die spezifische Differenz dagegen, das doppelte Anzeigen (*endeiknusthai*), insbesondere das reflexive, dagegen nicht mehr. – Aus Platons »größter Schwierigkeit« können Sie wiederum unmittelbar eine Art Lehre ziehen, die Warnung nämlich, mindestens sehr auf der Hut zu sein, wenn Sie, wie es oft getan wird, Erkenntnis als eine Relation auffassen wollen.

8. *Was heißt: von den Ideen abhängen?*

a) Drei denkbare Verhältnisse von Ideen und SGP

Wenn die SGP etwas anderes als die Ideen sind, gleichwohl aber von ihnen abhängen sollen, weil sie nur durch die Ideen so oder so bestimmt sind, müssen sie sich auf die Ideen in einer Weise beziehen, die Verschiedenheit und Abhängigkeit enthält. Das gilt nicht für zwei Arten von Beziehungen, die Platon ins Auge fasst, wohl aber für eine dritte:

(1) Die SGP *ähneln* den Ideen, bleiben aber hinter ihnen zurück, weil sie weder eindeutig und einfach bestimmt noch unveränderliche Gegenstände von Wissen sind (*Phd.* 74 d–e; *Staat* V, 479 a–d, u. VI, 510 d). Als Ähnlichkeit verstanden, bringt diese Beziehung die *einsinnige*, d. h. unumkehrbare Abhängigkeit der SGP von den Ideen nicht zur Geltung. Denn Ähnlichkeit ist eine symmetrische, also *umkehrbare* Beziehung, wie Platon selbst im *Parmenides* anmerkt (132 d). Und das Zurückbleiben hinter den Ideen bedeutet eben so wenig eine Abhängigkeit wie das Zurückbleiben des Esels hinter dem Pferd, dem er ähnelt, ohne aber für Transporte, geschweige denn im Krieg gleich brauchbar zu sein (ein platonisches Beispiel, s. *Phdr.* 260 b–c).

(2) Die Ideen sind bei den SGP anwesend oder haben Gemeinschaft mit ihnen (*Phd.* 100 d). Anwesenheit und Gemeinschaft sind wie Ähnlichkeit symmetrische Beziehungen, die keinen der beiden Terme durch exklusive Abhängigkeit von dem anderen auszeichnen.[27]

[27] Den Terminus »Anwesenheit« hat Platon schon vor der Entwicklung der Ideenlehre verwendet, um das Verhältnis von Bedingungen und Bedingten zu bezeichnen: Durch die Anwesenheit von solchem, was gut ist, werden dessen Träger gut, durch die Anwesenheit von Schlechtem schlecht (*Gor.* 497 e, 498 d). Diese Vorstellung hat er jedoch selbst kritisiert. Einen spöttischen Kontrahenten lässt er nämlich gegen sie einwenden, dass dann auch derjenige, bei dem ein Ochse anwesend ist, zu einem Ochsen werden müsste (*Euthydem* [im Folg. *Eud.*] 301 a). – Ist das ein billiger Kalauer? Ich glaube nicht, vielmehr macht der Spott deutlich, dass der Terminus »anwesend sein« nicht das leistet, was man von ihm erwartet: Wenn mit »Anwesenheit« ein theoretisches Verhältnis erklärt werden soll, nämlich die Bestimmung der SGP durch Formen oder Ideen, dann muss ein entsprechendes Verhältnis auch in den Fällen gemeint sein, in denen man

(3) Teilhabe (*methexis, participatio*) bedeutet dagegen ein einsinniges, d.h. in nur eine Richtung geltendes Abhängigkeitsverhältnis und hat sich wohl deshalb als Begriff von der Beziehung der SGP auf die Ideen durchgesetzt. Für die Ideen bedeutet das, dass sie die SGP ihrer Bestimmtheit nach verursachen, indem sie die SGP an ihnen, den Ideen, teilhaben lassen. Platon erklärt aber nicht, was er genau mit Teilhabe meint. Durch eine Kritik im *Parmenides*, die Schwächen der Ideenlehre unnachsichtig aufdeckt, wird nur deutlich, wie Teilhabe sinnvoller Weise nicht aufgefasst werden kann.

b) Kritik am Teilhabebegriff

Die Kritik lautet, dass jede(r) der teilhabenden SGP durch die Teilhabe entweder die ganze Idee oder einen Teil von ihr besitzt (*Par.* 131 a–e). In keinem der beiden Fälle ›funktioniert‹ die Teilhabebeziehung: Wenn jedes der voneinander getrennten Teilhabenden die ganze Idee besitzt, wäre die Idee in dem einen Teilhabenden von der in dem anderen getrennt; da sie aber nur eine sein kann, wäre sie so von sich selbst getrennt. Wenn jedes Teilhabende dagegen nur einen Teil der Idee besitzt, weicht seine Bestimmtheit in bestimmten Fällen von der Idee ab, was sich an Ideen von Quantitäten zeigt, z.B. an der Idee der Größe, die durch die Teilhabe in *kleine* Portionen zerteilt würde.

Wie immer man diese Argumente beurteilen mag, sie beruhen darauf, dass Teilhabende und Ideen wie räumliche Dinge verstanden werden, die Ideen wie homogene Ganze, die Teilhabenden wie komplexe Ganze, die sich aus verschiedenen Ideen oder Teilen von Ideen zusammensetzen. Die Teilhabe besteht dann darin, dass die Teilhabenden sich eine Idee oder einen Teil von ihr einverleiben oder anlagern.[28] – Weiter ist Platon in der kritischen Untersuchung

»anwesend« in seinem alltäglichen, erfahrungsbezogenen Sinn schon vor der theoretischen Verwendung gebraucht hat. Ergibt das aber in manchen Fällen Unsinn (im Fall des Feuers nicht), dann folgt Abhängigkeit nicht aus Anwesenheit. »Anwesenheit« enthält also nicht mehr als das empirisch bekannte räumliche Verhältnis, das auf Ideen und SGP nicht sinnvoll angewandt werden kann.

[28] Aristoteles bemerkt, dass von Platon beeinflusste Autoren diese Version der Ideenlehre trotz der Kritik des *Parmenides* an ihr vertraten, s. *De ideis*, p.37,

von Teilhabe nicht gegangen. Seine Kritik zeigt, dass die *gegenständlich vorgestellte* Teilhabe nicht zu verstehen erlaubt, worin die Funktion der Ideen für die SGP besteht.

c) Nachahmung

Obwohl Platon selbst vorführt, dass die Teilhabebeziehung und ihre Terme nicht dinghaft gedacht werden können, schlägt er keinen anderen Begriff von Teilhabe vor. Man könnte glauben, er suche nach einer Alternative dazu, das Verhältnis der SGP zu den Ideen als Teilhabe zu verstehen, wenn man bemerkt, dass er dieses Verhältnis im späten Dialog *Timaios* gelegentlich als Nachahmung bezeichnet (49 a). Nachahmung hat denselben Vorzug wie Teilhabe, dass sie nämlich ein einsinniges Bedingungsverhältnis ist, sofern das Nachahmende von dem Nachgeahmten oder Modell abhängt, aber nicht umgekehrt. Zugleich enthält der Begriff der Nachahmung die beiden Züge, die die SGP im Vergleich mit den Ideen kennzeichnen sollen: Das Nachahmende ähnelt dem Modell, bleibt aber (meist) qualitativ hinter ihm zurück.

Um das etwas besser zu verstehen, sollte man die besondere Darstellungsweise beachten, die Platon im *Timaios* wählt. Das ist ein Vortrag, den Sokrates' Gesprächspartner Timaios in Form einer mythischen Erzählung hält: Der Kosmos, d. h. die *geordnete* Welt, soll aus der gestaltenden Tätigkeit eines Gottes, des »Demiurgen« oder Weltgestalters, entstanden sein (28 a–29 b, 53 a–b). Dieser *erkennt* die Ideen und verwendet sie als Muster (*paradeigma*) für die Formung eines von sich aus homogenen Bestandteils der Welt. Da *alle* Bestimmungen der SGP sich dieser Formung, also zuletzt den Ideen verdanken sollen, muss der homogene Bestandteil der Welt an sich ganz unbestimmt sein. Er wird von Platon aber nicht wie von späteren Platonikern »Materie« genannt, sondern »Rezipient« oder »Platz« (*chora*, 49 a, 52 b). Indem Platon den Platz »Rezipienten des Werdens« oder »Amme des Werdens« nennt, deutet er an, dass dieser Bestandteil der Welt das Entstehen und Vergehen

§ 97 Leszl (übers. von H. Flashar u. a., Aristoteles, *Fragmente zu Philosophie, Rhetorik, Poetik, Dichtung*, Berlin 2006, S. 109).

erklären soll, das aus den Ideen nicht zu erklären ist (*Tim.* 49a, 52d).

Mit seiner Gestaltung des Rezipienten kopiert also der Demiurg die Ideen. Dann wird von den gestalteten Dingen in der Welt, angefangen von den Elementen Feuer, Wasser, Erde und Luft, gesagt, sie seien Nachahmungen der Ideen. Das legt die Annahme nahe, dass Platon den Begriff der Nachahmung von der Tätigkeit, die den Rezipienten mit Blick auf die Ideen gestaltet, auf das Resultat des Gestaltens übertragen hat: Die SGP sind so nach dem Modell der Ideen geformt, dass sie sie nachzuahmen scheinen.[29]

So können Sie auch Passagen in anderen Dialogen verstehen, nach denen die SGP »Bilder« oder Kopien der Ideen sind, was die Interpreten veranlasste, von einem »Urbild-Abbild-Verhältnis« zwischen Ideen und SGP zu sprechen. Dass dieses Verhältnis durch eine Intelligenz gebildet wird, die nicht unbedingt die des Weltgestalters sein muss, zeigt sich in der Passage des *Staates*, in der es heißt, dass die Geometer die Figuren, die sie zeichnen, als Bilder der Ideen z. B. des Quadrates oder des Durchmessers *gebrauchen* (VI, 510b, d–e).

Obwohl Platon von Nachahmung spricht, gibt er nicht zu erkennen, dass er Teilhabe durch Nachahmung als theoretischen Begriff ersetzen will. Diese Zurückhaltung erscheint aus dem genannten Grund gerechtfertigt: Ohne eine nachahmende Intelligenz,

[29] Allerdings hält Platon im *Timaios* nicht konsequent an der Version der Nachahmungsbeziehung fest, die von dieser oder jener Idee einen komplexen Erfahrungsgegenstand abhängen lässt, sondern betrachtet auch die Bestimmungen der Gegenstände, wenn z.B. ein Gebilde »Erde« genannt wird, als Nachahmungen von Ideen (*Tim.* 50c, 51b). Wenn »Nachahmung« gerade so wie »Teilhabe« ein Zurückbleiben gegenüber den Ideen impliziert, ist das mit Hilfe der drei Kriterien Einheit, Einfachheit und Zeitlosigkeit, die die Ideen auszeichnen, zu überprüfen. Anders als die Gegenstände, die vielfältig bestimmt sind, genügen ihre Bestimmungen dem Kriterium der Einfachheit genau so wie die Ideen: Die Bestimmung »Erde« eines raumzeitlichen Gebildes ist ebenso eindeutig und ausschließlich wie die Idee der Erde. Dagegen unterscheiden sich die Bestimmungen von den Ideen, die jeweils eine Einheit sind, durch ihre Vielheit, sofern sich z.B. die Bestimmung »weiß« an vielen Gegenständen findet und insofern selber vieles ist. Die Bestimmungen unterscheiden sich auch dadurch von den zeitlosen Ideen, dass sie mit den Gegenständen oder an ihnen entstehen und vergehen. Nach zwei von drei Kriterien stehen die Gegenstandsbestimmungen also hinter den Ideen zurück, so dass man Platon verstehen kann, wenn er im speziellen Kontext des *Timaios* die Bestimmungen die Ideen nachahmen lässt.

die praktisch gestaltet, kann Nachahmung nicht gedacht werden. Platons Nachfolger, die sogenannten »Mittelplatoniker« des zweiten nachchristlichen Jahrhunderts und Plotin, machten jedoch den *Timaios* zu einem Schlüsseldialog und übernahmen deshalb die Hypothese eines göttlichen Weltgestalters, um die Abhängigkeit der SGP von den Ideen zu denken.

Damit handelten sie sich neue Probleme ein: (1) Wie kann gegen Einwände der damaligen Skepsis theoretisch gesichert werden, dass der Weltgestalter die Ideen wirklich erkennt? (2) Wie kann es gedacht werden, dass der Kosmos dieser Erkenntnis entsprechend entsteht, ohne dass man sich Gott wie einen mit seinen Händen und Werkzeugen arbeitenden Handwerker vorstellen muss? So ergibt sich aus der Geschichte des Platonismus, dass das Verhältnis der SGP zu den Ideen als Nachahmung zu beschreiben die Ideenlehre mit neuen Aufgaben belastet, deren Lösung weit jenseits des platonischen Ansatzes gesucht werden musste.[30]

9. *Selbstprädikation der Ideen*

Im *Parmenides* problematisiert Platon nicht nur die Möglichkeit, dass Menschen die Ideen erkennen, und die Annahme, dass die SGP von den Ideen im Modus der Teilhabe abhängen. Er bringt da auch eine weitere Kritik vor, die den Begriff der Idee selbst betrifft. Er geht von dem aus, was er in den Mitteldialogen *Phaidon*, *Staat* und *Symposion* vertreten hat, dass nämlich einer Idee dasselbe Attribut zukommen soll, das aufgrund dieser Idee vielen SGP zukommt (»Selbstprädikation«); so soll die Idee des Schönen selber etwas Schönes sein und die Idee des Guten (IdG im Folgenden) das Beste in der Wirklichkeit (*Sym.* 210 e; *Staat* VII, 532 c; vgl. schon den frühen Dialog *Protagoras* [*Prt.* im Folgenden] 330 c–e).

[30] Plotin wollte die beiden genannten Probleme lösen, das erste durch Identifikation der göttlichen Intelligenz mit ihren Gegenständen, den Ideen, das zweite mit der These, dass so, wie unser Nachdenken als Nebenwirkung einen auf Papier geschriebenen Text absetzt, die göttliche Erkenntnistätigkeit die Gestalten der raumzeitlichen SGP nebenbei bewirkt.

Damit reiht sich die Idee in die Menge all dessen ein, das eine Bestimmung gemeinsam hat und für diese Bestimmung von einer Idee abhängt, so dass eine zweite Idee angesetzt werden muss, von der die erste und alle ihr entsprechenden SGP abhängen (*Par.* 132 a–b). Da die zweite Idee nicht anders als die erste konzipiert ist, ihr also wiederum dasselbe Attribut wie der ersten und den SGP zukommt, ergeht es ihr wie der ersten, d. h. sie hängt von einer dritten Idee ab usw. bis ins Unendliche.

Was bedeutet dieses Argument, mit dem Platon die Form des unendlichen Regresses entdeckt, der zeigt, dass etwas mit den Voraussetzungen nicht stimmt? Der fatale Schritt besteht darin, mit der Selbstprädikation die Idee in die Gesamtheit all der Subjekte einzubeziehen, die das Problem aufwerfen, das mit der Einführung der Idee gelöst werden sollte, die Rechtfertigung dafür nämlich, dass man ein bestimmtes Prädikat wie »schön« von ihnen aussagt. Und der Regress kommt dadurch in Gang, dass das wiederkehrende Problem konsequenter Weise genau so wie am Ausgangspunkt der Ideenlehre gelöst werden soll, nämlich mit der Annahme einer Idee.[31]

Was stimmt mit den Voraussetzungen nicht? Nach meiner Einschätzung ist es falsch, die Definition, die das Kriterium für den richtigen Gebrauch eines Prädikats angibt, so zu verstehen, dass sie einen, wenn auch intelligiblen *Gegenstand* bezeichnet (diese stillschweigende Annahme hätte weniger nahe gelegen, wenn Platon auch nach dem Sinn von Prädikaten, die Verben sind, gefragt hätte; s. oben S. 26). Dass das Kriterium ein Gegenstand ist, wird durch die Wahrnehmung suggeriert, in deren Bereich die Kriterien tatsächlich Gegenstände sein können – z. B. Farbmuster – und dieselben Attribute wie das zu haben scheinen, wofür sie Kriterien sind.

Dass er sich tatsächlich durch Erfahrungen mit sinnlich wahrnehmbaren Gegenständen leiten lässt, das legt Platon nahe, wenn

[31] Sie könnten einwenden, dass das ursprüngliche Problem der Rechtfertigung von Urteilen im Fall der Selbstprädikation wegfällt, weil sie tautologisch ist. Der Einwand trifft aber nicht, weil die Ideenlehre das ursprüngliche Problem mit der Regel lösen soll, dass die Vergabe von Prädikaten wie »schön« mit Bezug auf die jeweils entsprechende Idee begründet werden soll, *ohne dass das Verhältnis der Prädikate zu den jeweiligen Subjekten näher bestimmt wird*. Also ist die Regel generell und gilt auch für die Idee selbst als Subjekt.

er in einem schon erwähnten Textstück Sokrates vorschlagen lässt, dass man das Verhältnis zwischen Ideen und SGP gerade so wie dasjenige zwischen Sinnendingen und ihren Spiegelungen z. B. im Wasser als ein Abbildungsverhältnis ansehen soll (s. *Staat* VI, 510 e – 511 a). Dabei scheint Platon zu entgehen, dass die Kriterien im nichtsinnlichen Bereich von anderer Art als das sind, was nach ihnen beurteilt wird, z. B. die Gesetze als Kriterien legalen oder illegalen Verhaltens und die Grammatik als Kriterium korrekten oder falschen sprachlichen Ausdrucks. Deshalb kommt es da nicht zur Selbstprädikation: Die Gesetze sind nicht legal, die Grammatik ist nicht sprachlich korrekt, wenn auch ihre jeweilige Darstellung es sein muss.[32]

Um die Ideen als Kriterien der Beurteilung von SGP von diesen zu unterscheiden, genügt es also nicht, sie als jeweils Eines gegenüber Vielen, Einfaches gegenüber Komplexen und Unwandelbares gegenüber Veränderlichen auszuzeichnen, wie es Platon in den mittleren Dialogen tut. Im späteren *Parmenides* kritisiert er selbst diese Konstruktion, sofern sie die Selbstprädikation der Ideen enthält. Heißt das, dass ihm klar geworden ist, dass die Kriterienfunktion der Ideen einen anderen Begriff von ihnen erfordert? Jedenfalls schlägt er im *Parmenides* eine solche Alternative nicht vor. Hätte er sich an den ihm bekannten Modellen der Gesetzgebung und der Grammatik orientiert, dann hätte er die Ideen als *Regeln* (statt als Gegenstände) zur Beurteilung der SGP begreifen können.

Aristoteles hat sich das Regressargument zu eigen gemacht und »Argument des Dritten Menschen« genannt, weil er die Bestimmung »Mensch« und die Idee des Menschen an die Stelle von Attributen wie »schön« und »gut« und die entsprechenden Ideen gesetzt hat. Dieses Auswechseln der Beispiele ist kein Zufall, wie sich unten aus I 11 ergeben wird.

[32] Den meisten von Ihnen dürfte das Problem durch Wittgenstein geläufig sein, der auch noch die Illusion zerstört, bestimmte sinnliche Gegenstände wie Farben könnten *unabhängig von dem Gebrauch, den wir von ihnen machen*, Muster für eine ganze Klasse anderer Gegenstände sein (*Philosophische Untersuchungen*, § 73). Und was wir als Muster gebrauchen, das kann die Eigenschaften weder haben noch nicht haben, die wir von den Elementen der Klasse mit Bezug auf das Muster aussagen (ebd. § 50).

10. *Beziehungen von Ideen aufeinander*

a) Verschiedene Beziehungsarten

Bevor ich auf Aristoteles' Kritik an der Ideenlehre eingehe, möchte ich noch einen ihrer Aspekte erwähnen.

Dieser Aspekt entgeht der landläufigen Vorstellung von Ideenlehre, dass sich die Ideen nur auf SGP beziehen. Nach Platon beziehen sich die Ideen vielmehr auch aufeinander, bilden objektive Zusammenhänge, denen die begrifflichen entsprechen.

Es ist bezeichnend, dass Platon für die objektiven Zusammenhänge argumentiert, indem er von der gewöhnlichen Rede ausgeht, in der wir ein Subjekt mit vielen Prädikaten verknüpfen (*Soph.* 251 a – 253 a). Das wäre nicht möglich, wenn die Referenten der Sprachzeichen strikt voneinander getrennt und wie Atome je nur sie selbst wären. Denn unter der Voraussetzung, dass die Struktur der Rede derjenigen ihrer Objekte entsprechen soll – was noch Wittgenstein im *Tractatus* annimmt –, dürfte die Rede dann nur aus Selbstprädikationen bestehen. Das aber lässt sich nicht aufrechterhalten, und zwar nicht deshalb, weil wir *de facto* nicht so sprechen – wir könnten uns ja täuschen –, sondern weil die Vertreter des semantischen Atomismus, die Megariker, ihre These nur formulieren können, indem sie verschiedene Termini wie »Referent«, »getrennt von« und »anderen« miteinander verknüpfen (vgl. unten S. 137, Anm. 96). Also widerlegen sie sich selbst, und Platon hält sich für berechtigt, konstitutive Beziehungen unter den Ideen anzunehmen.

Um zu zeigen, dass auch die dem semantischen Atomismus entgegengesetzte These, jede Idee beziehe sich auf alle anderen, falsch ist, setzt Platon voraus, dass diese Beziehungen durch einfache Prädikationen ausgedrückt werden. Das aber sei im Fall von konträren Gegensätzen nicht möglich, da man nicht sagen könne, die Stabilität verändere sich und die Veränderung sei stabil. Also soll es Beziehungen nur zwischen bestimmten Ideen geben. Die Kunst, diese Art Beziehungen in Fragen und Antworten, also im Gespräch (*dialegesthai*) zu erforschen, nennt Platon »Dialektik«.

Die Suche nach den richtigen Definitionen ist nur ein Sonderfall derselben Methode, da die Definitionen die speziellen Ideenbeziehungen bezeichnen, durch die eine Idee wie »göttlicher Wahn«

(*mania*) bestimmt, was eine andere wie »Liebesbegehren« (*eros*) ist (»Liebesbegehren ist eine Art göttlicher Wahn« – Zusammenfassung von *Phdr.* 244 a – 245 b).

Die Art der Ideenbeziehungen stellt Platon nicht immer gleich dar. In der Abfolge der Dialoge ist sein frühestes Beispiel das folgende: Wenn die Drei als eine ungerade Zahl zu begreifen ist, dann muss diese Erkenntnis darauf beruhen, dass die Idee der Drei die Idee der Ungeradheit – dem an ihr Teilhabenden – »mitbringt« (für es impliziert), wie sich Platon ausdrückt (*Phd.* 104 e–105 a); denn eine wahrnehmbare Menge, die als drei Einheiten bestimmt wird, stellt eine ungerade Anzahl dar.

Später geht es um abstraktere Verhältnisse: Wenn wir denken müssen, dass Sein (Subjekt) etwas *anderes* (Prädikat) als Andersheit ist, Andersheit (Subjekt) aber gleichwohl *ist*, d. h. existiert (Prädikat), dann beruhen diese beiden Aussagen auf einem doppelten Teilhabeverhältnis: Sein hat an Andersheit teil und Andersheit an Sein, wie es im späten Dialog *Sophistes* heißt (*Soph.* 255 c–e, 258 a, 259 a).

»Mitbringen« und »Teilhaben« sind einsinnige Beziehungen: Die Ungeradheit bringt nicht die Drei mit sich, und mit der Teilhabe des Seins an der Andersheit meint man nur diesen Aspekt der Beziehung zwischen den beiden Ideen, dass sich das Sein von der Andersheit unterscheidet und sich dies Unterscheiden gleichsam von ihr leiht; ebenso einsinnig – das ist der andere Aspekt – leiht sich die Andersheit ihre Existenz von der Idee des Seins.

Wenn Platon aber auf die Differenzierung nach Aspekten verzichtet, dann unterscheidet er Ideen, die miteinander »unvermischt« sind wie das Gegensatzpaar »Stabilität« und »Veränderung« (ebd. 254 d), von solchen, die »miteinander Gemeinschaft haben« oder »miteinander verflochten« sind, also in einer gegenseitigen oder reziproken Beziehung stehen (ebd. 257 a, 259 e). Auf diesen objektiven Verhältnissen der »Verflechtung« oder der »Unvermischtheit« soll die wissenschaftliche Rede beruhen, diejenige also, die bestimmte Prädikate *verbindlich* von bestimmten Subjekten aussagt oder negiert (»Was sich verändert, ist nicht stabil« und umgekehrt).

b) Geteilte Ideen

Bevor ich Platons Beschreibungen der Verhältnisse der Ideen zueinander zu charakterisieren suche, möchte ich auf eine Art wissenschaftlicher Rede hinweisen, die sich solchen Verhältnissen verdankt und die auch für Aristoteles eine Rolle spielen wird. Das ist die dialektische, also gesprächsweise Erarbeitung von Definitionen spezieller Termini wie »Salweide« durch die Einteilung (*dihairesis*, *divisio*) einer sehr allgemeinen Gattung wie hier »Pflanze«.

Das Beispiel täuscht, indem es suggeriert, dass der Ausgangspunkt der Einteilung, also die Bestimmung der jeweils zutreffenden Gattung, generell leicht zu erreichen ist. Dass das für umstrittene, manchmal mit gegensätzlichen Bewertungen verknüpfte Termini ganz im Gegenteil ein großes Problem darstellt, das zeigt Platon anhand von »Liebesbegehren« (*eros* im *Phaidros*), »Sophist« und »Staatsmann« (vgl. oben S. 30, Anm. 18). Ob eine Gattung wirklich die treffende oder richtige ist, z. B. »Begierde« die Gattung des Liebesbegehrens, das lässt sich nur angesichts der Konsequenzen dieser Subsumtion entscheiden.

Zu den Konsequenzen gehören die Subsumtion der Gattung ihrerseits unter eine allgemeinere – wie »Begierde« unter »Maßlosigkeit« (*hybris*) – und eben ihre Einteilung in Arten, die zwischen die Gattung und die zu definierende Art eingeschaltet werden wie »Baum« zwischen »Pflanze« und »Salweide«. Wie die Bestimmung der ganz allgemeinen Gattung dazu dient, von den Referenten des speziellen Terminus alle diejenigen auszuschließen, die nicht unter die Gattung fallen – alles, was nicht Pflanze ist –, so schließt deren Einteilung schrittweise andere Arten derselben Gattung aus, so die Gattung »Baum« alle Pflanzen, die keine Bäume sind. Dies Vorgehen durch stufenweises Ausschließen ist eben das Definieren, das Eingrenzen einer Art durch Ausgrenzen alles dessen, was sie nicht ist – indem man von ihr mit der Subsumtion unter die Reihe ihrer Gattungen sagt, was sie ist; das führt Platon insbesondere in den Dialogen *Sophistes* und *Staatsmann* vor.

Von den Einteilungen nun heißt es im Text des *Staatsmann*, man solle sich bei ihnen nicht von den Denkgewohnheiten leiten lassen, zu denen uns die Sprache mit Gegenüberstellungen wie von »Griechen« und »Barbaren« verführt; dieses Schema könnte uns veranlassen, die Menschen in Griechen und Barbaren einzuteilen (s. *Staatsmann* [*Pltk.* im Folgenden] 262 d). Zwar sind die Griechen ein *Teil* der Summe aller Menschen, aber keine Idee, d. h. Form oder Art der Gattung »Mensch«; auf die jeweilige Gattung, die selber objektiv eine Idee ist, als eine von ihren Formen bezogen, bekommt *eidos* den Sinn von »Art«, wiederum objektiv und nicht nur logisch verstanden. Wie findet man die Arten im Unterschied zu bloßen Teilen der Gesamtheit der unter die die Gattung fallenden SGP?

Platon beantwortet die Frage nach dem Unterschied von Teilen, die keine Arten sind (wie die Griechen von der Menschheit), und Teilen, die immer auch Arten sind (wie »Baum« von »Pflanze«), ausdrücklich nicht (263 a). Er empfiehlt nur als relativ sicheres Vorgehen, die Gattung jeweils »in der Mitte«, also in zwei Hälften zu teilen – wie die Zahlen in gerade und ungerade und die Menschen in männliche und weibliche (262 b u. e). Eventuell, aber nicht zuverlässig kann man so Unterschiede innerhalb der Gattung aufstellen, die Ideen entsprechen, also richtig definieren (ebd., vgl. 285 b u. *Philebos* [*Phlb.* im Folgenden] 16 d).

Das Verhältnis dieser Ideen, die Arten der Gattung sind, zu ihrer Gattungsidee stellt Platon mit der Metapher dar, dass die Gattung ein Gelenk in sich hat, mittels dessen sie sich in zwei Teile gliedert (*Pltk.* 259 d, vgl. 260 b). Das Gelenk ist das objektive Gegenstück zu dem subjektiven Akt der Einteilung der Gattung.

c) Wie denkt Platon die Ideenbeziehungen?

Im Unterschied zu den anderen Bestimmungen des Verhältnisses von Ideen wie »Teilhabe«, »Mitbringen«, »Verflechtung«, »Gemeinschaft« und »Unvermischtheit« bedeutet »Gelenk« ausschließlich das Verhältnis von drei Ideen, nämlich der umfassenderen, die sich in zwei eingeschränkte gliedert. Offensichtlich sucht Platon nach einer Terminologie, mit der sich die verschiedenen Arten der Beziehungen von Ideen aufeinander – einsinnige, reziproke, dreigliedrige – ausdrücken lassen. Wie im Fall des Verhältnisses von Ideen und SGP sind die Ausdrücke, die er gebraucht, Metaphern, Übertragungen von Gegenständen der sinnlichen (»unvermischt«) oder sozialen (»Gemeinschaft«) Erfahrung. Und man bekommt keinen Hinweis darauf, wie sich der übertragene Sinn anders als der eigentliche denken lassen soll. Deshalb bleibt einem nichts Anderes übrig, als sich z. B. das Verhältnis der Gattungsidee zu ihren objektiven Arten wie das eines Armes zu seinen im Ellenbogengelenk verknüpften Teilen oder das Verhältnis von Stabilität und Veränderung, ihre Unvermischtheit, wie das zweier unvermischter Stoffe vorzustellen – womit man außer Acht lässt, dass zu dem Verhältnis der beiden Ideen auch ihr konträrer Gegensatz gehört.

Was bedeutet das angesichts des Grundtheorems, dass die intelligiblen Ideen etwas anderes als die wahrnehmbaren Gegenstände (SGP) sind (s. oben I 5)? Der Gebrauch der Metaphern bedeutet, dass Platon für die Beziehungen der Ideen keine Terminologie gefunden hat, die seinem Begriff von Ideen gerecht wird, d. h. deren Andersheit gegenüber allem Wahrnehmbaren berücksichtigt. Dass die Ideenlehre auf diese Weise versagt, wenn es um die Beziehungen der Ideen aufeinander geht, erstaunt nicht sonderlich, wenn man bemerkt hat, dass die Ideen auch im Zusammenhang mit der Teilhabe der SGP an ihnen und mit der Selbstprädikation wie wahrnehmbare Dinge oder Gegenstände der Erfahrung behandelt werden.

11. *Aristoteles' Kritik an der Ideenlehre*

a) Substantielle Prädikate beziehen sich nicht auf Ideen.

Aristoteles vertritt einen Einwand gegen die Ideenlehre, den er selbst nicht ausdrücklich als solchen darstellt, der sich aber unmittelbar aus seinem metaphysischen Ansatz ergibt. Mit »metaphysischem Ansatz« meine ich Folgendes: Anders als Platon unterscheidet Aristoteles alle Prädikate in substantielle, die von einzelnen Dingen und Lebewesen an sich oder unmittelbar ausgesagt werden, und akzidentelle, die von einzelnen Dingen und Lebewesen besonderer Umstände wegen oder durch Vermittlung von etwas Anderem ausgesagt werden.

Das Kriterium für diese Unterscheidung ist, dass nur die Definition der substantiellen Prädikate auch vom einzelnen Ding oder Lebewesen ausgesagt werden kann, die Definition der akzidentellen nicht. So können Sie die Definition des Menschen von einer faulen Person aussagen, die Definition der Faulheit aber nicht: »Paul ist ein vernünftiges Lebewesen«, aber nicht: »Paul ist die Disposition, Anstrengungen zu vermeiden« (*Metaphysik* [*Met.* im Folgenden] IV 4, 1006 b 28–30; VII 4, 1030 a 1–2).

Damit deckt Aristoteles eine grundlegende Schwäche in Platons Unterscheidung zwischen Ideen und SGP auf. Diese Schwäche liegt in Platons unausgesprochener Voraussetzung, dass die SGP unter dem Gesichtspunkt substantieller Prädikate (»der Mensch«) gerade so wie unter dem Gesichtspunkt akzidenteller Prädikate, also z. B. von quantitativen Bestimmungen wie »die Gleichen« oder von Bewertungen gedacht werden (etwa »der Faule«, s. oben I 5 b). – So, wie ich es rekonstruiere, besteht das Argument aus drei Schritten.

(1) Platon erklärt einmal, er nehme jeweils eine Idee mit Bezug auf *alle* Klassen von SGP an, die man mit je einem Nomen bezeichnet (*Staat* X, 596 a). Die Nomina sind nichts anderes als nominale Prädikate wie »weiß« (akzidentell) oder »Perle« (substantiell), die man sowohl in einer Aussage wie »Der Schnee ist weiß« oder »Das ist eine Perle« als auch so verwenden kann, dass man etwas Einzelnes bezeichnet (»dieses Weiße« oder »diese Perle«). Platon sagt also, allen Prädikaten, mit denen man Einzelnes bedeutet, entspreche je eine Idee, und das Weltgestaltungskonzept des *Timaios*, das sich auf *alle* Bestimmungen der Dinge und Lebewesen bezieht, beruht auf dieser Verallgemeinerung der Ideenlehre (vgl. oben S. 47 f.). Damit geht Platon über den Ausgangspunkt des Sokrates hinaus, der nach den Definitionen allein von umstrittenen Prädikaten fragte (s. oben I 2).

(2) Damit Platon nun eine von den SGP verschiedene Idee mit Bezug auf alle Prädikate annehmen kann, müssen alle Prädikate die grundlegende Voraussetzung der Unterscheidung von SGP und Ideen erfüllen. Sie besagt, dass das substantivierte Prädikat, z. B. »das Schöne« in dem Sinn von »das einzelne Schöne«, einen vielfältigen, wandelbaren Gegenstand bezeichnet, von dem viele andere *gleichrangige* Prädikate, darunter – in anderer Hinsicht oder zu einer anderen Zeit – sogar das jeweils entgegengesetzte Prädikat (»hässlich«), ausgesagt werden können (s. oben I 5 b).

(3) Diese Voraussetzung erfüllen aber die substantiellen Prädikate nicht, denn eine Kamelie z. B. ist immer eine Kamelie, und es

gibt gar kein Gegenteil einer Kamelie. Zwar ist jede Kamelie auch noch unbestimmt vieles andere, aber diese Bestimmungen sind der substantiellen »Kamelie« *nachgeordnet*, also akzidentell. Denn zu ihrem Verständnis in einem konkreten Fall setzen sie voraus, dass von einer Kamelie die Rede ist; deshalb beeinträchtigen sie nicht die Eindeutigkeit, mit der sie substantiell eine Kamelie ist.

Aus dieser Eindeutigkeit, sogar Einförmigkeit im Sinn Platons kann Aristoteles folgern, dass es keiner Idee der Kamelie bedarf, um der Definition der Kamelie zu einem Gegenstand zu verhelfen. Vielmehr ist jede einzelne Kamelie genau das, was es heißt, eine Kamelie zu sein, und das – nicht etwa die Idee der Kamelie – ist der Gegenstand der Definition der Kamelie. Deshalb kann man die Definition der Kamelie von der einzelnen Kamelie aussagen (etwa: »Dies ist ein großblättriger Strauch aus der Familie der Teepflanzen«).[33]

Diese Kritik trifft die Ideenlehre gründlicher als Platons Selbstkritik im *Parmenides*. Denn die Schwierigkeiten, die Platon da an den Begriffen der Teilhabe, der Erkenntnis als Beziehung und am Verfahren der Selbstprädikation entdeckt, betreffen *Konsequenzen*, die er aus der Annahme von Ideen zieht. Aristoteles dagegen erklärt diese Annahme selbst für unnötig.

b) Die Ideen unterscheiden sich nicht in substantielle und akzidentelle.

Indem Aristoteles die Prädikate in substantielle oder wesentliche und akzidentelle oder zufällige unterscheidet, macht er auf eine weitere Schwäche der Ideenlehre aufmerksam. Zwar trifft Platon gelegentlich dieselbe Unterscheidung (z. B. *Euphr.* 11 a), aber sie geht nicht in die Ideenlehre ein. Vielmehr werden unter der Voraussetzung, dass es Ideen zu allen Bestimmungen, nach denen die SGP klassifiziert werden, geben soll, Bestimmungen wie »Hund« und »krank« in der Theorie völlig gleich behandelt. Was das bedeutet, können Sie sich klar machen, indem Sie selbständig die Konse-

[33] In der Tat wirft auch Platon selbst einmal die Frage auf, ob man – überhaupt – von Substanzen wie dem Menschen, dem Feuer oder dem Wasser Ideen annehmen soll (*Par.* 130 c).

quenzen für das Weltbildungskonzept des *Timaios* ziehen, sofern dieses die Gesamtheit der Ideen dem unbestimmten Rezipienten gegenüberstellt. Denn dann müssten Sie sagen, dass der Weltbildner einen kleinen Teil des Rezipienten z. B. zu etwas Krankem gestaltet, nicht zu einem Hund und zusätzlich zu einem kranken.

Berücksichtigt man, dass der Ideenlehre zufolge eine Idee wie die der Drei eine andere wie die der ungeraden Zahl mitbringt, wenn sie eine unbestimmte Menge zu drei Einheiten bestimmt (s. oben S. 53), dann wird man sagen: Da krank nur ein Lebewesen, Pflanze oder Tier, sein kann, bringt die Idee der Krankheit diejenige des Lebewesens mit, wenn sie etwas Unbestimmtes zu etwas Krankem bestimmt. Wenn nun ein Teil des Rezipienten zu etwas Krankem gebildet wird, wird er zugleich zu einem Lebewesen gestaltet, zu einem Lebewesen überhaupt, nicht zu einem bestimmten wie dem Hund. Da für die Idee des Gesunden dasselbe wie für die Idee des Kranken gilt, gäbe es in der wahrnehmbaren Welt mindestens ein krankes und ein gesundes Lebewesen *in abstracto*, aber keine kranken oder gesunden Hunde, Pfirsichbäume usw.; die Ideen des Kranken und des Gesunden bringen ja nicht diejenigen des Hundes, des Pfirsichbaumes und der anderen Arten mit sich.

Die voll entwickelte Ideenlehre enthält diese Absurdität, weil schon der Ansatz unserem sprachlichen Umgang mit der Erfahrungswelt nicht gerecht wird. Denn wenn jemand fragt »*Was* ist das?« oder »*Was* ist Asta?«, stellt »Das ist etwas Krankes« oder dergleichen keine angemessene Antwort dar; denn so antwortet man eher auf die Frage, *in welchem Zustand* sich das da oder Asta *befindet*. Es gibt aber angemessene Antworten auf solche Fragen, denn eine bestimmte Klasse von Prädikaten unterscheidet sich von allen anderen dadurch, dass sie von einem/r SGP angeben, womit wir es zu tun haben und was die besondere Identität dieses Etwas ausmacht (so ist ein Toter nicht derselbe wie der Lebendige mit diesem Körper, denn er ist kein *Mensch*).

Wohl hat Platon unter den Ideen Klassen unterschieden, aber nur unter dem Gesichtspunkt ihrer Verbindung miteinander oder ihrer Isoliertheit gegeneinander (s. oben S. 53) – nicht unter dem Gesichtspunkt, dass die einen wie »Hund« die SGP primär konstituieren und die anderen wie »krank« sie nur unter Voraussetzung der ersten bestimmen.

Dagegen bilden die Unterscheidung substantieller und akzidenteller Prädikate sowie die Beziehung der Definitionen auf die Substanzen, die primären Bestimmungen der Einzelnen, den Ausgangspunkt von Aristoteles' neuer Theorie des Wissens, die er »Erste Philosophie« nannte, bevor sie in der Spätantike den Namen »Metaphysik« erhielt. Da Aristoteles auf die Ideen *generell* verzichten zu können glaubt, das aber nur an substantiellen Prädikaten und ihren Definitionen begründen kann, kommt er natürlich in Schwierigkeiten, wenn es um die akzidentellen Prädikate und die Bedeutung ihrer Definitionen geht – genau um das Problem, das Platon mit der Ideenlehre vor allem lösen wollte. Ist es inzwischen anders gelöst?[34]

II. Die Idee des Guten (IdG)

1. *Existenz impliziert Wert.*

In Platons Werk, das viele immer wiederkehrende Motive kennt, ist nur einmal, aber sehr ausführlich von der IdG die Rede, nämlich im sechsten und siebten Buch des *Staates*. Trotzdem hat die Theorie der IdG, die Platon »das größte Lehrstück« nennt (*Staat* VI, 505 a), die Ideenlehre so, wie sie in der Tradition des Platonismus vereinfacht wurde, und die Realitätsauffassung dieser Tradition geprägt. Ich meine damit die drei Konfusionen von Wirklichkeit und Wert, die den Platonismus zum Gebrauch in der christlichen Theologie tauglich machten:

(1) Die Ideen sind vor allem solche von moralischen Werten wie der Gerechtigkeit, und wenn es auch Ideen wie die der Gleichheit im mathematischen Sinn gibt, dann sind sie auf jeden Fall vollkommen im Unterschied zu ihren Kopien in der Erfahrungswelt, also wertvoll (s. oben I 5).

[34] Vgl. unten B V 2b. Aristoteles sagt selbst einmal, dass die Ideen als die Bedeutungen der akzidentellen Prädikate vorgeschlagen werden, weist das aber wenig elegant zurück: die Ideen seien bloß »Geträller« (s. *Zweite Analytiken* [im Folg. *An. post.*] I 22, 83 a 30–35). Die akzidentellen Prädikate würden immer, so argumentiert er, von einem Subjekt ausgesagt, das, wenn es durch sie bestimmt wird, primär anders – substantiell – bestimmt ist. Das heißt, dass die Substanzen als Referenten der akzidentellen Prädikate an die Stelle der Ideen treten sollen, obwohl die Substanzen durch die Akzidenzien nur sekundär bestimmt sind.

(2) Was existiert, ist gut, so dass das Schlechte oder Böse nicht wirklich ist.

(3) Existenz selber ist ein Wert, Nichtexistenz ein Mangel. Denkt man deshalb ein vollkommenstes Wesen in dem Sinn, dass ein vollkommeneres nicht gedacht werden können soll, dann kann man es nicht als nicht existierend denken. Denn als nicht existierend wäre es mangelhaft, und man könnte ein vollkommeneres denken. Also muss man es als existierend denken. Das ist das Argument des sogenannten ontologischen Gottesbeweises.[35]

Die drei Thesen lassen sich aus vier Prämissen erklären:

a) Das Prinzip von B zu sein, bedeutet für A, dass es dem B etwas von sich, dem A, mitteilt.
b) Die IdG ist das Prinzip aller übrigen Ideen (*Staat* VI, 508 e–509 b).
c) Die IdG ist selber gut (Selbstprädikation in *Staat* VI, 508 e; VII, 532 c u. 534 c).
d) Die Ideen existieren – in dem Sinn, in dem die Objekte exakter, nichtempirischer Wissenschaften wie der Mathematik zeitlos bestehen –, während die SGP entstehen und vergehen, also stets werden und nie existieren (s. oben I 5 c).

Die erste Prämisse formuliert Platons Begriff von Kausalität, der so zu verstehen ist, dass der jeweilige Grund oder die jeweilige Ursache ihre Folge oder Wirkung erklären müssen. Das leisten sie angeblich nicht, wenn sie anders als das beschaffen sind, was sie erklären sollen, wenn z. B. ein relativ kleiner Körperteil der Grund dafür sein soll, dass ein Mensch größer als ein anderer ist (*Phd.* 96 d–e, 100 e–101 b). – Mit diesem fragwürdigen Argument will Platon seine These rechtfertigen, dass nur die jeweilige Idee, hier diejenige der Größe, der Grund dafür sein kann, dass einem/r SGP eine Eigenschaft wie das Größersein zukommt. Der Begriff von Kausalität, dass sie in der Übertragung einer Beschaffenheit besteht, ist also grundsätzlicher als die Ideenlehre und dient ihrer Begründung.[36]

[35] Seine berühmtesten Vertreter sind Anselm von Canterbury, *Proslogion*, Kap. 2–3, und Descartes, *Meditationen*, V 11.

[36] Die Ideenlehre soll ältere Erklärungen der Zustände und Prozesse in der Welt ablösen, die physische Ursachen wie Wärme und Kälte geltend machten (*Phd.* 96 a–d, 99 b). An die Stelle solcher Ursachen setzt Platon also die Ideen, die den SGP deren Bestimmungen dadurch mitteilen, dass die SGP an ihnen, den

Wenn nun eine Idee als der Grund aller anderen ausgezeichnet wird (b), muss man den platonischen Kausalitätsbegriff auf dieses Verhältnis anwenden. Da die IdG das Prinzip und gut (c) sein soll, scheint die Konsequenz (1) unausweichlich, dass alle Ideen gut oder wertvoll sind.

Nimmt man dann noch die vierte Prämisse hinzu, ergibt sich die paradoxe These (2), dass nichts Schlechtes oder Böses existiert, dass dergleichen allenfalls im Bereich der entstehenden und vergehenden SGP vorkommt. Und achtet man auf die Präzisierung der Prämisse (b), dass die IdG *die Existenz* (»das Sein«) der Ideen begründet (*Staat* VI, 509 b), dann folgt aus der Gutheit der IdG und der Anwendung der Prämisse (a – Kausalität besteht im Übertragen einer Bestimmung) auf dieses Begründungsverhältnis, dass Existieren gut oder ein Wert ist; damit scheint das ontologische Argument (3) durch Platon selbst gerechtfertigt zu sein.

2. *Was teilt die IdG den anderen Ideen mit?*

Die drei Thesen scheinen also im Rahmen der platonischen Metaphysik wohlbegründet zu sein, und doch beleuchten sie nur eine Seite dieser Theorie. Auf der anderen Seite nimmt Platon nämlich selbst im Bereich der moralischen Ideen keineswegs nur solche von lobenswerten Eigenschaften und Verhaltensweisen an. Das ergibt sich schon aus dem methodischen Grundsatz, nach dem Bestimmungen, die ein konträres Gegenteil haben, nur im Kontrast zu demselben erkannt werden können (*Phd.* 97 d; *Staat* III, 409 d; VIII, 545 a). Folglich muss man auch dies jeweilige Gegenteil erkennen.

Ideen, teilhaben. Dieses Konzept ist durch die Leitfrage der Frühdialoge vorbereitet: Was ist die eine Form, *dank* derer die vielen so oder so bestimmten SGP so oder so bestimmt sind (s. oben S. 28)? Im Dialog *Mn.* (87 d, 88 c–d), der zwischen den frühen und den mittleren Dialogen steht, drückt sich Sokrates so aus: Wenn die Vernünftigkeit, die selber gut, d.h. nützlich ist, sich mit einer seelischen Disposition verbindet, wird diese nützlich. – Den Begriff von Kausalität, dass sie in der Übertragung von Eigenschaften besteht, übernahm Aristoteles von Platon ungeachtet dessen, dass er die Ideenlehre zurückwies (s. unten S. 110). In der Folge illustrierte man deshalb das Verhältnis von Ursache und Wirkung wieder an Naturvorgängen wie dem Erwärmen durch Feuer oder dem Abkühlen durch Schnee.

Diese Regel reflektiert der *Staat*, dessen Thema die Gerechtigkeit ist, nur auf dem Niveau vorläufiger Klärungen: Gerechtigkeit wird als Verhalten gemäß der Rolle bestimmt, die einem zukommt, so aber noch nicht als Idee erkannt, und im achten und neunten Buch werden ungerechte Staaten und ihre Repräsentanten, nicht aber die Ungerechtigkeit behandelt.[37] – Da aber Erkenntnis nur von Ideen möglich ist, muss es Ideen der Ungerechtigkeit, der Hässlichkeit oder Verächtlichkeit und der Schlechtigkeit geben, wenn erkennbar sein soll, was Gerechtigkeit, Schönheit oder Bewunderungswürdigkeit und das Gute sind. In der Tat steht Platon nicht an, die Ideen von Unwerten als das jeweilige Gegenteil der Ideen von Wertvollem zu erwähnen (ebd. V, 472 c u. 475 e – 476 a).

Allerdings präsentiert weder der *Staat* noch ein anderer Dialog die Erkenntnis von Wertideen in ihrem Verhältnis zu den entsprechenden Unwertideen. Das ist nicht erstaunlich, weil Platon in den meisten seiner Schriften nur Programme für ideenbezogenes Wissen entwirft und rechtfertigt. Ausnahmen sind die Abschnitte von *Phaidros*, *Sophistes* und *Staatsmann*, in denen die Suche nach den Definitionen des Liebesbegehrens, des Sophisten und des Staatsmannes, aber nicht von Wert- und Unwertbegriffen vorgeführt wird (vgl. oben S. 30, Anm. 18 u. Abschn. I 10 b).

Was hat es nun mit den Ideen von Unwerten auf sich? Sofern sie *Ideen* von Unwerten sind, ist nicht ausgemacht, dass sie selbst schlecht sind. Wenn man sie nämlich als bloße nichtsinnliche *Kriterien* für die Beurteilung von SGP verstehen soll, haben sie nicht die Attribute, die wir mittels dieser Kriterien den SGP zusprechen (vgl. oben S. 51, Anm. 32). Sollten die Ideen von Unwerten dennoch selber schlecht sein, dann müsste das von ihnen ausgesagt werden. Platon geht aber einerseits nicht so weit, das Verfahren der Selbstprädikation auf die Ideen der Unwerte ebenso wie auf die der Werte anzuwenden, schließt aber andererseits auch nicht ausdrücklich aus, dass man von der Idee der Schlechtigkeit z. B. sagen kann, sie sei schlecht. Widerspräche diese Aussage aber nicht den Prämissen (a) und (b, c)? Folgt nicht umgekehrt aus diesen Prämissen, dass die Idee des Schlechten gut ist?

[37] Zur Gerechtigkeit s. IV, 433 a u. 441 d–e; VI, 504 a–b.

Dieses Paradoxon kann man der Ideenlehre ersparen, indem man die Prinzipienfunktion der IdG formal auffasst: Da die IdG Prinzip *aller* übrigen Ideen sein soll, folgt aus den Prämissen, wenn man sie adäquat versteht, nur so viel, dass die IdG der Idee des Schlechten genau das mitteilt, was sie allen Ideen mitteilt oder was alle Ideen als solche konstituiert. Und das sind die *formalen* Merkmale, die die Ideen von den SGP unterscheiden: dass sie jeweils nur eine im Kontrast zu den vielen, von ihnen abhängenden Elementen einer Klasse von SGP sind, dass sie einfach und nicht komplex wie die SGP sind, dass sie unveränderlich, also nicht wie die SGP dem Wandel sowie dem Entstehen und Vergehen in der Zeit unterworfen sind, und in diesem Sinn existieren.

Die Prinzipienfunktion der IdG so zu verstehen verlangt das sogenannte Sonnengleichnis im *Staat* (VI, 507 b – 509 b): Wie die Sonne mit ein und demselben Licht die verschiedenen Farben in der Sinnenwelt sichtbar macht, so bewirkt die IdG, dass die verschiedenen anderen Ideen erkannt werden können. Denn sie verleiht ihnen unterschiedslos Sein, d. h. unveränderliche Existenz, und Wahrheit, d. h. Authentizität im Gegensatz zu den SGP, die jeweils das, was man mit den Prädikaten meint, zu sein nur scheinen (s. unten II 12). Das heißt, indem die IdG die Ideen als solche konstituiert, verleiht sie ihnen Charakteristika, die im Hinblick auf moralische Bewertungen *neutral* sind. So betrachtet, kann die IdG Prinzip der Idee des Schlechten und diese im inhaltlich bewertenden Sinn schlecht sein. Andere Ideen wie die von Zahlen oder geometrischen Figuren können unter derselben Voraussetzung weder gut noch schlecht sein.

Wie soll aber ausgerechnet die IdG dafür verantwortlich sein, dass die anderen Ideen die gemeinsame Form haben, die sie von den SGP unterscheidet? Die Antwort darauf gibt eine etwas längere Geschichte, die Untersuchung darüber nämlich, was Platon mit der IdG meint. Bevor ich sie anstelle, muss ich noch auf die zweite These eingehen (s. oben S. 61).

3. *Wirklichkeit des Schlechten?*

a) Schlechte Ideen?

Die Frage, ob Schlechtes oder Böses existiert, umgeht Platon, was die Ideen betrifft, indem er die Selbstprädikation im Fall der Ideen der Unwerte vermeidet. Wenn aber Schlechtes, Verächtliches u. dgl. im platonischen Sinn von beständiger Existenz überhaupt existieren soll, muss es Ideen geben, die selbst schlecht oder verächtlich sind. Platon müsste dann die Selbstprädikation an den Ideen von Wertwidrigem praktizieren. Insofern er also diese Selbstprädikation vermeidet, legt er durch sein faktisches Verhalten als Autor der Texte die These nahe, dass Wertwidriges nicht existiert.

Wenn man aber als Interpret Platon diese These zuschreibt, unterstellt man ihm eine doppelte Unstimmigkeit. Die erste läge darin, dass er die Selbstprädikation mit Bezug auf die Ideen von Wertvollem ausdrücklich vollzieht, mit Bezug auf die Ideen von Wertwidrigem aber vermeidet. Wie die oben (I 9) referierte selbstkritische Passage aus dem *Parmenides* zeigt, geht die Selbstprädikation die Ideen als solche an, nicht nur eine bestimmte Klasse der Ideen, die von Wertvollem. Also gehört es zur Ideenlehre, dass auch von den Ideen von Wertwidrigem das jeweils entsprechende Prädikat ausgesagt werden müsste. Oder der Parmenidestext bedeutet, dass Platon die Selbstprädikation, die er in früheren Dialogen praktizierte, für *alle* Ideen zurückzieht.

Das dürfte der Funktion der Ideen als nichtsinnlicher Kriterien entsprechen, nicht aber ihrer Funktion, die SGP objektiv zu begründen: Als deren Ursachen sollen die Ideen ihnen etwas von sich mitteilen, so dass die SGP ihnen ähneln, sie nachahmen. Dies Etwas, das sich die SGP von den Ideen gleichsam leihen, kann nicht nur die vorübergehende Existenz und die scheinbare Einheit der SGP sein, denn beides können sie sich von jeder Idee leihen, da jede existiert und eine ist; dann brauchte es nur eine Idee zu geben. Da es aber viele qualitativ verschiedene geben soll, bezieht sich die Abhängigkeit der SGP von den Ideen auf deren jeweilige Besonderheit. Dann aber muss es auch wertwidrige Ideen geben, damit die SGP ihre wertwidrige Bestimmtheit genau so durch Teilhabe an einer Idee bekommen können wie andere Bestimmungen. Das ist die zweite

Unstimmigkeit der Platon probeweise unterstellten These, Wertwidriges existiere nicht.

Der Interpret befindet sich also in einem Dilemma: Aus der Funktion der Ideen, die SGP objektiv zu begründen, folgt die Selbstprädikation aller Ideen, auch der Ideen von Wertwidrigem, also die Existenz von Schlechtem.[38] Aus Platons Schweigen dazu wird man dagegen folgern, dass er die Existenz von Schlechtem nicht annahm. Das bedeutet zunächst, dass er die Ideen für entweder gut oder wertneutral hielt. Wertneutral können sie aber nur sein, wenn die IdG ein rein formales Prinzip aller anderen Ideen ist. Soll sie dagegen ein Prinzip von moralisch Wertvollem sein, dann ist dem platonischen Begriff von Kausalität zufolge alles Existierende, d. h. die Ideen, gut im Sinn von wertvoll.

b) »Gut« und »schlecht« heißt: »bestimmt« und »unbestimmt«.

Diese Schwierigkeiten veranlassen mich zu der Frage, ob Platon selbst die Prinzipienfunktion der IdG so, wie ich es getan habe, nach zwei Aspekten unterscheidet: die Mitteilung formaler Vollkommenheit (Einheit, Einfachheit, Beständigkeit) und die Weitergabe moralischer Werthaftigkeit. Unmittelbar kann ich darauf nicht antworten, sondern nur eine Tendenz Platons beobachten: Die Unterscheidung wird in gewissen Reflexionen seines Spätwerks gegenstandslos, die nicht an das Muster der Ideenlehre, die schwierige Beziehung zwischen intelligiblen Formen und SGP, gebunden sind. Denn Platon legt dort nahe zu denken, dass Wert generell nichts anderes als Bestimmtheit oder Maß, Unwert dasselbe wie

[38] Also ergibt sich das im *Parmenides* aufgeworfene Regressproblem (s. oben S. 49 f.) aus der Begründungsfunktion der Ideen, und diese Funktion verhindert, dass die Ideen als nichtsinnliche Kriterien aufgefasst werden können. Während die Ideen als Kriterien zu betrachten, Sache einer bloßen Analyse des Wissens sein kann, ist die Hypothese, dass die Ideen anstelle physischer Ursachen die SGP begründen, metaphysisch in dem Sinn, dass sie der Erkenntnisbeziehung der Kriterienfunktion ein Verhältnis in der Wirklichkeit entsprechen lässt – so wie ich einleitend (S. 12 f.) die Metaphysik charakterisiert habe (zur Doppelfunktion schon der von Sokrates angenommenen Formen s. oben I 3). An der Frage, ob es schlechte Ideen gibt, erweist sich, dass diese Konstruktion nicht zu halten ist.

Unbestimmtheit oder Maßlosigkeit ist (s. z. B. *Phlb.* 25 d – 26 b, *Pltk.* 283 e–284 c, vgl. *Tim.* 52 d–53 b).

Ohne dass er selbst die Konsequenz zieht, ergibt sich daraus, dass die Ideen, *sofern* sie eindeutig bestimmt, auch so weit wertvoll sind, dass es sinnlos wäre, noch nach ihrem Wert oder Unwert im moralischen Sinn zu fragen. Und *sofern* die SGP relativ unbestimmt, weil wandelbar, und manchmal auch maßlos sind wie z. B. unsere Triebe, sind sie schlecht, ohne dass man *zusätzlich* einen Begriff von moralischer Schlechtigkeit auf sie anwenden könnte; moralische Schlechtigkeit wird vielmehr durch Unbestimmtheit und Maßlosigkeit *erklärt*.

Was die Frage nach den Prinzipien angeht, so wird man schließen, dass die IdG Prinzip von Wert ist, indem sie den Ideen Eindeutigkeit verleiht, das ganz Unbestimmte dagegen Prinzip alles Wertwidrigen. Das ganz Unbestimmte ist dem *Timaios* zufolge »der Platz«, d. h. der Rezipient der Abbilder der Ideen, der das Werden und damit relative Unbestimmtheit im Lauf der Zeit »nährt« (s. oben I 8 c). Nachdem der Rezipient in der Folgezeit »Materie« genannt wurde, zog Plotin die Konsequenz, dass die Materie – nicht im physikalischen Sinn, sondern als das radikal Unbestimmte verstanden – das Prinzip des Schlechten und des moralisch Bösen ist.

Was Plotin damit abschließt, das ist die Entwicklung der Ideenlehre von einer Theorie des wissenden, weil begründeten Bewertens zu einer Metaphysik, die moralische und ästhetische Werte und Unwerte auf einen Gegensatz reduziert, der *alle* Bereiche der Wirklichkeit strukturieren soll, denjenigen von Bestimmungen (Ideen) und relativ Unbestimmtem (SGP) mit ihren beiden Prinzipien, der IdG und der Materie.

c) Das Schlechte ist Menschenwerk.

Zurück zu Platon, der Anlass zu der Vermutung gibt, dass er Wertwidriges im moralischen Sinn aus dem Bereich der Ideen, also des im strengen Sinn Existierenden ausschließt. Was nun schlechte oder böse Personen und Verhaltensweisen betrifft, also das Wertwidrige im Bereich des Werdens, so bestreitet Platon nicht, dass es in dem Sinn wirklich ist, in dem Vergängliches vorkommt (s. z. B. *Staat*

II, 379 b–c; *Tim.* 42 a–e). Daraus ergibt sich auch für ihn selbst die Frage nach dem Ursprung des Schlechten.

An den Versuchen, die Frage zu beantworten, zeigt sich deutlicher als in der Frage der Selbstprädikation der Ideen von Unwerten, die Platon nur vermeidet, dass die Erhebung der IdG zum Prinzip Schwierigkeiten bereitet. Denn Platon lässt das empirische Schlechte nicht durch Teilhabe an der Idee des Schlechten entstehen, auch der Weltgestalter soll von aller Verantwortung für das Schlechte frei sein (*Tim.* 42 d). Es entsteht vielmehr in der menschlichen Seele, wenn ihre Vernunft vom Ansturm der Sinneseindrücke und der körperlich bedingten Leidenschaften überwältigt wird (ebd. 43 a–44 b, 86 b–87 b, 90 b). Dieser Lösungsversuch spricht dafür, dass die Prinzipienfunktion der IdG doch nicht nur formal aufzufassen ist, sondern so weit inhaltlich, dass das konträre Gegenteil des Guten unter den von ihr begründeten Ideen keinen Platz findet.[39]

d) Die Inkonsistenz der IdG

So zeichnet sich schon vor der Untersuchung der IdG das Problem ab, das deren Prinzipienfunktion bedroht: Sofern sie selbst gut ist, hat sie ein konträres Gegenteil, das Schlechte, sofern sie aber *alles* Existierende und Erkennbare begründet, darf sie kein Gegenteil haben, denn das könnte sie nicht in dem Sinn begründen, dass sie ihm ihre Beschaffenheit überträgt.

Sie können also sagen, dass in Platons Begriff einer IdG die Bedeutung dieses Ausdrucks, wie sie in der Selbstprädikation bestätigt wird, und die dieser Idee zugewiesene universale Prinzipienfunktion einander widerstreiten. Wenn gleichwohl diese Funktion der *guten* IdG gewahrt werden soll, darf es – entgegen der Aussage zweier Texte (s. oben S. 63) – keine schlechten Ideen geben, und die menschliche Seele muss als Ursprung des Schlechten einspringen. Dann aber kann man von der IdG nicht mehr sagen, sie be-

[39] Die inhaltliche Konnotation des Ideenbegriffs zeigt sich auch darin, dass die Annahme der Ideen von Wertlosem wie Haaren und Schmutz als eine Schwierigkeit erscheint, die die Ideenlehre im Ganzen bedrohen könnte (*Par.* 130 b–e).

gründe unmittelbar die Ideen *und* vermittelst der Ideen die Welt des Werdens einschließlich des Schlechten in ihr.[40] – Das Problem des Widerstreits, der Inkonsistenz, im Begriff der IdG kann dessen folgende Untersuchung nicht lösen, sondern nur verständlich machen.

4. *Der eudämonistische Sinn des Guten*

Die IdG hat einen doppelten Charakter: Sie ist zunächst das praktische Prinzip schlechthin, und Platon macht sie zusätzlich zum ebenso unbedingten theoretischen Prinzip. Aufgrund dieser Doppelrolle der IdG ist ihr Begriff inkonsistent.

Was bedeutet es, dass die IdG das praktische Prinzip ist? Es bedeutet, dass die IdG der Gegenstand der Definition des Glücks ist. Diese These muss erstaunen, wenn Sie sich fragen, was das praktische Prinzip mit dem Glück bzw. seiner Definition zu tun haben soll. Das lässt sich aber erklären, wenn Sie unter »praktischem Prinzip« nicht wie nach Kant das Prinzip alles dessen, was wir sollen, verstehen, sondern das Prinzip alles dessen, was wir wollen. Gegenstände des Willens sind Zwecke und die Mittel zu ihrer Verwirklichung. So ist das *Prinzip* des Wollens für Platon wie für die antike Ethik im Allgemeinen unser letzter oder umfassender Zweck, mit dessen Verwirklichung uns nichts mehr zu wollen bleibt (außer ihrer Fortdauer, *Sym.* 200 c–d). An der Wunschlosigkeit können Sie erkennen, dass dieser Zweck das Glück ist. Als Grund alles Wollens übt es, schon bevor philosophisch erkannt wird, worin es besteht, die Funktion des praktischen Prinzips aus.

Als wolle er auf die Frage antworten, woher er das weiß, macht Platon seine These von der faktischen Prinzipienfunktion des Glücks überzeugend, indem er zeigt, dass Menschen zwei Aussagen vorbehaltlos zustimmen:

(1) Was immer sie an materiellen, sozialen oder seelischen Gütern begehren, das wollen sie haben, um glücklich zu sein (*Eud.* 278 e – 279 b, 280 b).

[40] Diese universale Begründungsfunktion legen die Gleichnisse im sechsten und siebten Buch des *Staates* nahe: das »Sonnengleichnis« in VI, 507 d – 508 c, das »Liniengleichnis« in VI, 509 d–511 c, und das Höhlengleichnis in VII, 516 b–c.

(2) Während man spezielle Güter aller Art besitzen will, um glücklich zu sein, kann man vom Glück nicht mehr sagen, dass man es um eines Anderen willen begehrt – also begehrt man es um seiner selbst willen (*Sym.* 204 e – 205 a).

Eine Ethik, die von diesen Aussagen als ersten Prämissen ausgeht, ist eudämonistisch, d. h. eine Glücksethik. Da die antiken Ethiken mit dem Glück (*eudaimonia*) immer das des moralischen Individuums meinen – und nicht etwa das einer sozialen Gruppe oder gar der Menschheit –, bedeutet die Rede vom Guten keineswegs das, was im Interesse der Gruppe oder aller oder der anderen liegt, also so etwas wie Selbstlosigkeit, Altruismus, geschweige denn Nächstenliebe. Gutes ist vielmehr das, was jeweils mir zum Glück dient, Schlechtes das, was mir schadet und mich unglücklich macht (s. z. B. *Mn.* 77 b – 78 b, 87 e).[41] Unter den so verstandenen Gütern unterscheidet Platon nicht immer zwischen Mitteln wie etwa Reichtum und Bestandteilen oder Konstituentien des Glücks wie dem geordneten Zustand der Seele (*Staat* IV, 441 d–e u. 444 d–e).

Wie sich im folgenden Paragraphen zeigen wird, versuchten Platons philosophische Zeitgenossen und er selbst, dasjenige Konstituens des Glücks zu ermitteln, auf das es ankommt, mehr noch: denjenigen Lebensvollzug, der sogar für sich allein glücklich macht. Als dieser Vollzug verstanden, ist *das* Gute – im Unterschied zu den vielen Gütern – das, worin das Glück besteht, so dass das so verstandene Gute *nichts anderes* als das richtig begriffene Glück ist (also kein Glücksmittel). Das richtig begriffene Glück ist natürlich die Definition des Glücks, die eine Idee zum Gegenstand haben muss, die Idee des Glücks oder des Guten. – Die Definition des Glücks durch den Lebensvollzug, der es konstituiert, sollten Sie als inhaltliche von der funktionalen oder formalen unterscheiden, nach der das Glück der umfassende Zweck ist, der keinem anderen als Mittel untergeordnet werden kann.

[41] In der ersten Passage zieht Platon aus diesem Begriff des Schlechten die Konsequenz, dass niemand das Schlechte im Bewusstsein davon, dass es schlecht ist, wollen kann, sondern nur infolge der irrigen Annahme, es sei gut. In der platonischen Tradition wird das Theorem oft in der Form wiederholt, niemand wolle das Schlechte, sondern alle das Gute. Dann fehlen Platons Präzisierungen, dass es um das geht, was man für sich will, und zwar in der Annahme, dass es einem nützt. In der Verkürzung muss die These naiv erscheinen, weil man »gut« und »schlecht« vage in einem sozialen Sinn versteht.

Eine Nebenbemerkung zur Glücksethik: Anders als man denken kann, ergibt sich aus dem eudämonistischen Begriff des Guten keine konsequent egoistische Ethik so, wie wir Egoismus verstehen. Denn Platon kann von einem allgemeinen Konsens darüber ausgehen, dass zu den notwendigen Bedingungen des Glücks – ob Mitteln oder Komponenten, sei dahingestellt – politische und moralische Kompetenz (oder Exzellenz) gehört, *aretè*, was meist mit »Tugend« übersetzt wird.[42] Und ein Aspekt dieser Kompetenz ist Gerechtigkeit als seelische Disposition und als Verhaltenskriterium, so dass Platon vertreten kann, dass sich selbst in höchstem Maß schädigt, wer ungerecht handelt (*Kriton* 47 d – 48 a, 49 b). Auf diese Weise geht das Interesse der sozialen und politischen Gemeinschaft, die ohne gerechtes Verhalten ihrer Mitglieder nicht bestehen kann, in den platonischen Begriff des Guten ein.[43]

Der bedeutende Vorzug dieser Ethik besteht darin, dass sie bei dem ansetzt, wovon sie annimmt, dass jeder es ohnehin, d. h. ohne durch eine Norm oder Autorität genötigt zu werden, von sich aus will: glücklich leben.

5. *Das Glück inhaltlich definieren*

Platon unterscheidet mit seltener Klarheit das Glück so, wie die Menschen es sich gewöhnlich vorstellen, von der philosophischen Erkenntnis dessen, worin das Glück besteht. Er spricht dabei vom Guten, aber im Zusammenhang mit dessen philosophischer Erkenntnis zeigt sich, dass er das damit meint, was uns glücklich macht.

Im gewöhnlichen Leben bemerkt Platon eine seltsame Unausgeglichenheit zwischen der praktischen Bedeutung, die die Men-

[42] Die Übersetzung ist irreführend, wenn sie uns zu Assoziationen verleitet, die der christliche Tugendbegriff auslöst, also z. B. Verzicht, Ergebenheit in Gottes Willen, Wohltätigkeit.

[43] Eindrucksvoll stellt Platon die Lage des Philosophen dar, der in einer politisch verkehrten Stadt lebt: Um nicht wie Sokrates umgebracht zu werden, muss er sich ins Privatleben zurückziehen. In einer besser verfassten Stadt dagegen könnte er nicht nur fürs Gemeinwohl wirken, sondern sich auch als Philosoph entfalten (*Staat* VI, 496 c–497 a). Insofern setzt das individuelle Glück des Philosophen voraus, dass die soziale Gemeinschaft vernünftig geordnet ist.

schen dem Glück und seinen Bedingungen geben, und ihrer Unwissenheit über das, worin das Glück besteht (*Staat* VI, 505 d–e). Einerseits gebrauchen wir das Wertkriterium »gut«, d. h. glücksförderlich, anders als andere Bewertungen so, dass es uns darauf ankommt, dass das als »gut« Bewertete uns auch wirklich nützt (auf den Unterschied zu den anderen Bewertungen werde ich zurückkommen). Andererseits haben wir nur eine vage Ahnung und kein Wissen, auch keine feste Überzeugung von dem ›Inhalt‹ des einen Zweckes, den wir in all unserem Tun verfolgen, also des Glücks. Da aber alles andere, das wir in irgendeinem Sinn für lohnend halten, in dieser praktischen Qualität davon abhängt, dass es zum Glück beiträgt, verbietet uns unsere Unkenntnis dessen, worin das Glück besteht, von irgendetwas zu behaupten, es nütze uns (ebd. 505 a–b).

Diese unbefriedigende Lage zu überwinden, haben schon andere vor Platon, vermutlich andere Schüler des Sokrates, unternommen: Die einen definieren das Gute durch Identifikation mit der Lust (Aristipp), die anderen durch Identifikation mit der Erkenntnis (Antisthenes).[44] Da dieselben Identifikationen in dem späteren Dialog *Philebos* (11 b u. d) das Gute als das, was für sich allein glücklich macht, definieren sollen, können Sie schließen, dass die Rede vom Guten im *Staat* schon dasselbe bedeutet.

Platon widerlegt die beiden Definitionen mit dem Argument, dass sie jeweils präzisieren müssen, was sie mit dem Definiens (Lust, Erkenntnis) meinen. Denn (1) wer das Gute als Erkenntnis definiert, kann nicht meinen, dass beliebige Erkenntnisse glücklich machen. Also meint er nur eine bestimmte Erkenntnis, nämlich die des Guten. Und (2) wer das Gute als Lust definiert, meint nicht beliebige Genüsse, sondern nur bestimmte, nämlich die guten, d. h. die glücklich machenden. Also setzen die Vertreter der beiden Identifikationen schon voraus, dass man weiß, was das Gute ist, obwohl sie es doch durch die Identifikationen erst erkennbar machen wollen (*petitio principii*, *Staat* VI, 505 b–c).

Mit dem Nachweis, dass die beiden Definitionsversuche scheitern, legitimiert Platon seinen eigenen neuen Versuch. Er führt

[44] Die Identifikation ist eine andere Form der Definition als die oben (S. 30 mit Anm. 18) vorgestellte.

nicht zu einer neuen Definition, sondern dazu, das Gute durch eine ganz andere als seine praktische Funktion zu bestimmen, nämlich durch diejenige des ersten theoretischen Prinzips.[45]

6. *Schein und Wirklichkeit unterscheiden*

Das Gute bekommt eine *theoretische* Funktion durch den schon erwähnten Unterschied, den es gegenüber anderen Bewertungen auszeichnet. Im Hinblick auf die letzteren sagt Platon, dass sich die meisten Leute bei ihren moralischen oder politischen Entscheidungen danach richten, ob das, was sie tun, erwerben oder als was sie erscheinen, als anerkennenswert *gilt* (»scheint«), insbesondere ob es als gerecht oder bewundernswert gilt (*Staat* VI, 505 d). Wenn man dagegen das Kriterium des Guten anlege, d. h. sich fragt, ob einem ein bestimmtes Verhalten Nutzen einbringt, dann halte man nichts von der *doxa*, d. h. den gängigen Werturteilen, sondern frage sich, was nützlich *ist*.

[45] In dieser Funktion sollen das Gute so, wie wir es unklar vorstellen, und die IdG Wirklichkeit überhaupt begründen, das Gute die Anerkennung der Wirklichkeit der wandelbaren Erfahrungsgegenstände (s. dazu unten II 9), die IdG die Wirklichkeit der anderen Ideen. Gleichwohl ist auch in dem Text des *Staates*, der auf die Wende zur theoretischen Funktion der IdG folgt, zweifach von ihrer praktischen Funktion die Rede. (1) Er nennt sie den Grund dessen, was richtig und bewundernswert ist, so dass sie erkennen müsse, wer vernünftig handeln oder andere Güter erkennen will (*Staat* VII, 517 c u. 534 b–c); so erscheint sie wie das Glück als Prinzip rationaler Praxis. (2) Dem Höhlengleichnis zufolge sind diejenigen, die die IdG und aufgrund ihrer die anderen Ideen erkennen, durch diese Erkenntnis – und nicht etwa durch praktische Konsequenzen aus ihr – glücklich (ebd. 516 b–c, 519 c). Damit akzeptiert Platon im Nachhinein die Definition des Glücks durch Erkenntnis. Er kann das jetzt ohne *petitio principii* tun, weil das Gute nicht mehr als das Konstituens des Glücks gedacht wird, sondern als das Prinzip der Wirklichkeit. Unter dieser Bedingung spricht nichts dagegen, das Glück als Erkenntnis u. a. des Guten zu definieren. Da Platon diese Konsequenz seiner Aussagen über das Glück der Ideenerkenntnis nicht formuliert, braucht er auch nicht auf die Selbstbezüglichkeit einzugehen, die die Idee des Glücks enthält, sofern sie dessen Definition »die Erkenntnis der Ideen« – also auch ihrer selbst – entspricht.

Platon traut also den Leuten zu, dass sie kritische Überlegungen anstellen, sobald sie sich nach ihren Interessen fragen. Überschätzt er nicht damit seine Zeitgenossen und uns alle? Auch wenn Sie das bejahen, lässt sich seine These doch auf andere Weise rechtfertigen, indem Sie nämlich auf die damalige Debatte über die herrschenden Sitten und staatlichen Gesetze (*nomoi*) das sokratische Verfahren anwenden, d.h. nach dem Prädikat oder Kriterium fragen, das in ihr die Schlüsselrolle spielt (vgl. oben I 2–3). Das ist der Nutzen oder die Abwendung von Schaden. Beides erwarten die einen Autoren von der Rechtsordnung und dem Gerechtigkeitssinn der Bürger. Die anderen halten die Rechtsordnung für schädlich, weil sie das Individuum daran hindert, seine Interessen rücksichtslos zu verfolgen, und können im Sinn für Gerechtigkeit nur eine Unterwerfung unter fremde Interessen, die der jeweils Herrschenden, erblicken.[46]

Dass die fortgeschrittensten Denker seiner Zeit ihren fundamentalen *Dissens* über Rechtsordnung und Gerechtigkeit unter dem Gesichtspunkt der Nützlichkeit austrugen, das lässt sich von Platon her so deuten: Wenn sie etwas nützlich nennen, dann muss jeder von ihnen meinen, das jeweils von ihm »nützlich« Genannte, das Recht also oder umgekehrt seine Umgehung bzw. Überwindung, *sei* in der Tat nützlich. Dagegen *scheine* nur nützlich, wovon der jeweilige Gegner behauptet, es sei nützlich. Anders gesagt, der Gesichtspunkt der Nützlichkeit oder des Guten macht die Differenz zwischen Schein und Wirklichkeit bewusst.[47]

[46] Die erstgenannte Position finden Sie bei Platon im *Prt.* 322b–d, sonst in der Schrift *Anonymus Iamblichi*, DK (griech.) II 89, S.401, 28–32; S.402, 21–403, 10 (übers. v. O. Schönberger, Iamblichos, *Aufruf zur Philosophie*, Würzburg 1984, XX § 10, S.66, Z.4–10, u. § 16–17, S.67), die entgegengesetzte vertreten Thrasymachos in Platons *Staat* I, 343b–344c, und Antiphon, DK (griech.-dt.) II 87 B 44 A, col. 1, 12–23; col. 3, 25–4, 24 (neu v. G. J. Pendrick, *Antiphon the Sophist. The Fragments*, Cambridge 2002, S.159/161 u. 165/167/169); vgl. Kallikles in Platons *Gor.* 483b–c.

[47] Um den Gegensatz von Schein und Wirklichkeit zu verstehen, sollten Sie von dem ausgehen, was wir mit unseren behauptenden Aussagen unausdrücklich meinen: dass es sich so verhält, wie wir sagen, auch wenn wir es nicht sagten. Mit ›Wirklichkeit‹ und ›Schein‹ bezeichnen wir die Triftigkeit oder Irrtümlichkeit dieses Meinens, aber nicht wie mit ›Wahrheit‹ und ›Falschheit‹ als eine Ei-

Warum soll das aber eine Besonderheit dieses Gesichtspunktes sein? Weil man sich, wie gesagt, bei der Verwendung anderer günstiger Bewertungen damit zufrieden gibt, unkritisch dem Mainstream zu folgen, also z. B. für gerecht zu halten, was allgemein so angesehen wird, sagt Platon. Das gilt insbesondere für die taktische Verwendung der Gerechtigkeitsnorm in der politischen Praxis. In ihr bekommt ›Schein‹ aber zusätzlich noch eine zweite Bedeutung, nämlich die einer bewusst herbeigeführten Täuschung.

b) Aus Interesse organisierter Schein

So geschieht es oft, dass die Politiker in ihrem faktischen Vorgehen das Betreiben dessen, was sie für wirklich nützlich halten, also z. B. ungerechte Vorteilsnahme, gegenüber der öffentlichen Meinung durch den Schein, gerecht zu sein, decken müssen (*Staat* II, 361 a–b, 362 a–c). Das heißt, wenn die Überzeugung vom realen Interesse mit dem, was die Gerechtigkeit verlangt, nicht zu vereinbaren ist, ordnet der Politiker die Norm der Gerechtigkeit seinem Interesse unter und befriedigt die öffentliche Erwartung, dass er die Norm einhält, durch den Schein, gerecht zu handeln.

genschaft des Meinens und Sagens, sondern als eine Eigenschaft des Gemeinten und Gesagten. So nennt man im Verhältnis zu sich selbst »Schein« das, was man zuvor für wirklich gehalten, dann aber als Gegenstand einer falschen Vorstellung erkannt hat, z. B. die Bewegung der Sonne um die Erde. Im Verhältnis zu anderen nennt man »Schein« das, was sie für wirklich halten, wobei sie sich aber nach der Überzeugung derjenigen irren, die es »Schein« nennen. Platon illustriert das Verhältnis von Schein und Wirklichkeit an dem Traum, in dem man das Geträumte für wirklich hält, weil es dem Wirklichen, das man im Wachen erlebt, ähnelt (*Staat* V, 476 c). Sobald man aufwacht, wird man sich der Illusion bewusst und deutet das Traumgeschehen als Schein.

Zwar schließen sich Schein und Wirklichkeit aus, sofern *besondere Sachverhalte* so charakterisiert werden: Die Bewegung der Sonne ist nicht wirklich, ihr Stillstand kein Schein. Wenn Sie aber darauf achten, wie »Schein« und »Wirklichkeit« als Unterscheidungsgesichtspunkte gebraucht werden, bemerken Sie, dass sie sich durch ihren Gegensatz definieren. Das zeigt Platons Reflexion: Wer sich fragt, ob ihm eine bestimmte Tat oder ein bestimmter Erwerb wirklich und nicht nur scheinbar – durch den herrschenden Trend suggeriert – nützt, bestimmt den Sinn von »wirklich« und »scheinbar« allein durch ihren Gegensatz. Denn er meint mit »nur scheinbar nützlich«: nicht wirklich nützlich. Und umgekehrt mit »wirklich nützlich« nichts anderes als: nicht nur scheinbar nützlich.

Zwar unterscheidet er Schein und Realität in Sachen Gerechtigkeit, der Grund dafür ist jedoch sein doppeltes Interesse, das an wirklicher Vorteilsnahme und das am Ruf, gerecht zu sein – der seinerseits für ihn vorteilhaft ist. Also bringt nicht der Gesichtspunkt der Gerechtigkeit, für sich genommen, die Unterscheidung von Schein und Wirklichkeit hervor, sondern das Interesse, das den zwiespältigen Umgang mit der Gerechtigkeitsnorm steuert. Und was wir Interesse nennen, hängt in Platons Darstellung von der unklaren Vorstellung vom Nützlichen oder Guten ab, d. h. von dem Kriterium, dem alles genügen muss, was wir um unseres Glücks willen verwirklichen wollen.

Die *Vorstellung* vom Guten, die wir uns vorphilosophisch von dem machen, was jeweils in unserem Interesse liegt, ist natürlich nicht die IdG und hat sie auch nicht zum Gegenstand. Denn in ihrer praktischen Funktion ist die IdG das Objekt der philosophischen Definition des Glücks. Und ihre theoretische Funktion will Platon erst ermitteln, indem er davon ausgeht, was die bloße Vorstellung vom Guten leistet: uns zur Unterscheidung von Schein und Wirklichkeit zu veranlassen.

Bevor ich darauf eingehe, wie man den Übergang von der Vorstellung vom Guten zur IdG verstehen kann (s. unten II 12), möchte ich ein anderes Argument zusammenfassen, mit dem Platon zeigt, wie der Gesichtspunkt des Guten oder Nützlichen den Horizont der Wirklichkeit eröffnet. Mit »Horizont der Wirklichkeit« will ich die Grundverfassung dessen bezeichnen, was wir mit all unseren Aussagen meinen, sofern wir es eben als wirklich denken, d. h. als nicht bloß gedacht.

7. *Protagoras kassiert die Wirklichkeit.*

Damit der Horizont der Wirklichkeit eröffnet werden kann, muss er erst einmal verschlossen sein. Wie es dazu kommt, können wir uns nicht leicht vorstellen, aber Protagoras, der bedeutendste der Sophisten, von Platon dargestellt, hilft uns dabei auf die Sprünge: Er bestreitet den Unterschied zwischen dem, wie es sich verhält, und dem, wie es einem jeden erscheint. Das sind die *individuellen* Vorstellungen von der Sache, die der Text in Wahrnehmungen und

Meinungen unterscheidet. So ist der *Homo-mensura*-Satze (HMS im Folgenden) zu verstehen, nach dem das Individuum bzw. seine Vorstellungen das Kriterium (»Maß«) dafür abgeben, was für es gilt (»ist«) oder nicht gilt, d. h. als was die einzelnen Gegenstände für das Individuum bestimmt sind oder nicht (Platon, *Tht.* 152 a–b).

Dazu ist erstens anzumerken, dass so, wie ich den Text wiedergebe, das in ihm verwendete »ist« nicht die Existenz eines Gegenstandes bedeutet, sondern das Bestehen des Sachverhalts, dass etwas so oder so ist; dieses Textverständnis wird durch das Beispiel beglaubigt, das ich im Folgenden (S. 78) zitieren werde.

Zweitens fällt eine anscheinend doppeldeutige Behandlung des Verhältnisses von Erscheinen und Sein auf: Protagoras behält zwar den Unterschied zwischen »einem Individuum Erscheinen« und »für ein Individuum Sein« bei. Mit der Rede vom »Sein für diesen oder jenen« will er aber dem Wort »Sein« die Funktion nehmen, die es gewöhnlich hat, nämlich eine intersubjektiv geltende Realität zu bezeichnen, die dem individuellen Dafürhalten entzogen ist. Schwerer ist es, klar und historisch treffend zu sagen, was mit dem »ist für mich« oder dem »ist für dich«, wie es im Text heißt, genau gemeint ist.

Spontan neigen wir wohl zu der Interpretation, dass Protagoras die Reflexion des Philosophen auf die Behauptungen ausdrückt, mit denen wir stets bei den Tatsachen zu sein glauben. Denn wenn wir »ist« sagen, unterscheiden wir nicht zwischen uns und den gemeinten Tatsachen; dasselbe gilt für Wahrnehmungen und Aussagen mit anderen finiten Verben. Indem er darüber nachdenkt, trifft der Philosoph diese Unterscheidung und schließt z. B. aus der Erfahrung der vielen falschen Behauptungen, dass wir bestehende Sachverhalte immer nur meinen, dass jegliches immer nur »für mich« oder »für dich«, d. h. in meinen oder deinen Augen, so oder so »ist«.

Es ist aber nicht sicher, nicht einmal wahrscheinlich, dass Protagoras seine These so verstanden hat. Denn die vorgeschlagene Interpretation ist von der neuzeitlichen Theorie der Subjektivität beeinflusst, wie sie Descartes eröffnet hat. Dessen Ansatz bei unseren Vorstellungen, deren objektive Bedeutung zweifelhaft ist, ist zwar seinerseits von der antiken Skepsis inspiriert. Gerade deren Vertreter Sextus Empiricus (2. Jh. n. Chr.) interpretiert aber Protagoras' Rede vom »Sein für einen jeden« nicht im Sinn der je subjektiv gemeinten Realität.

Vielmehr folgert er so: Alles, was erscheint oder geglaubt wird, erscheint einem Individuum und bezieht sich deshalb auf dasselbe. Also sind das Wahre und das Seiende relativ, d. h., was immer wahr ist oder jegliche Tatsache ist wahr oder Tatsache *mit Bezug* auf das Individuum, das sie wahrnimmt oder glaubt.[48] Sextus schließt so von dem relativen Charakter dessen, was erscheint, auf den relativen Charakter des Wahren und des Seienden, als unterschieden sich Wahrsein und Sein nicht von Erscheinen.

Ob Protagoras damit angemessen verstanden ist, mag dahingestellt bleiben. Mir kommt es mehr darauf an, dass das »für« in »Sein für einen jeden« Sextus zufolge nicht eine Leistung der Individuen, nämlich das Bewussthaben von Tatsachen, sondern eine konstitutive Eigenschaft der Tatsachen, nämlich ihre Bezogenheit auf je ein Individuum bedeutet.

Welche der beiden Interpretationen Sie auch wählen, in jedem Fall ergibt sich, dass von Sein, Tatsache oder Wirklichkeit stets nur in demselben Sinn die Rede sein kann, in dem man sagt, dass dem einen dieses und dem anderen jenes erscheint. Damit erklärt Protagoras' philosophische Kritik den intersubjektiv gemeinsamen Horizont der Wirklichkeit zur Illusion und lässt uns nur unsere individuellen Vorstellungen.

Platon macht die These des Protagoras am Beispiel der Temperaturempfindung deutlich und bringt zugleich ein drittes Element neben der Erscheinung und der Behauptung über die Sache ins Spiel. Ein und derselbe Wind erscheint den Einen kalt, und sie halten ihn für kalt, die Anderen nehmen ihn nicht so wahr und halten ihn auch nicht für kalt. Das liegt daran, dass die Einen frieren und die Anderen nicht (*Tht.* 152 b–c). Das dritte Element besteht also in den jeweiligen Zuständen der Individuen, die im Beispiel einander konträr entgegengesetzt ist. Wie in diesem Fall die Wahrnehmung soll generell die Art und Weise, wie uns etwas erscheint, von unserem Zustand als vorstellende Individuen abhängen.

[48] Sextus Empiricus, *Adversus mathematicos = Gegen die Dogmatiker*, übers. von H. Flückiger, Sankt Augustin 1998, VII 60 u. 64; griech. Text mit engl. Übers.: Sextus Empiricus, hg. v. R. G. Bury, Cambridge (Mass.)/London 1933–1949, Bd 2, VII 60 u. 64.

8. *Protagoras' Theorie der politischen Rede*

Protagoras' kritische These begründet die Praxis der Redner, die nur instrumentelle Verwendung der Rede (s. oben I 1). Wenn man nämlich Erkenntnis als die wahre und begründete Vorstellung von einem Sachverhalt versteht, der unabhängig von dieser Vorstellung besteht, dann bedeutet der HMS, dass es keine Erkenntnis gibt – und deshalb auch keinen kognitiven Gebrauch der Rede. Das bedeutet für Platons Vorgehen: Nachdem er im *Staat* auf die generelle praktische Voraussetzung des Kriteriums des Guten oder des Nutzens aufmerksam gemacht hat, kommt er im *Theaitet* auf die theoretischen Voraussetzungen zurück, die die radikale Rhetorik, die nur auf Überreden abzielt, von Sokrates und ihm selbst, Platon, trennen.

Dass der HMS die theoretische Voraussetzung der radikalen Rhetorik ist, das entwickelt Platon im *Theaitet*, indem er Sokrates die Rhetorikkonzeption des Protagoras in folgendem Sinn ausführen lässt. Wenn sich die individuellen Vorstellungen nicht auf eine von ihnen unabhängige Wirklichkeit beziehen, können sie sich auch nicht voneinander nach den Kriterien von Wahr und Falsch unterscheiden (ebd. 167 a). Wohl aber unterscheiden sie sich nach den Kriterien von Nützlich und Schädlich.

Das wird zunächst an Geschmacksempfindungen vorgeführt, wobei die triviale Voraussetzung ist, dass ein Mensch essen und trinken muss, um zu leben. Deshalb sind diejenigen Geschmacksempfindungen nützlich, die zum Essen und Trinken motivieren, und schädlich die umgekehrt wirkenden. Auch das wird im Text stillschweigend vorausgesetzt, während das dritte schon genannte Element, nämlich verschiedene körperliche Zustände, hier die des Gesunden und des Kranken, ausdrücklich ins Spiel gebracht werden: Während der Wein dem Gesunden lieblich vorkommt, schmecken er und die Speisen dem Kranken bitter und sind es für ihn (ebd. 159 c–e, 166 e). Also nützt es dem Menschen, gesund zu sein, denn dann hat man angenehme Wahrnehmungen von Speise und Trank, die uns ihrerseits nützen, während umgekehrt Krankheit unerfreuliche Wahrnehmungen von den Lebensmitteln auslöst und uns durch die Abneigung gegen sie schädigt.

Analog dazu soll eine schlechte seelische Verfassung ebensolche, also schädliche Meinungen in uns erzeugen, eine gute dagegen nützliche. Da es um eine Bestimmung der Rolle des Rhetors geht, sind politische Meinungen seines Publikums gemeint, näherhin solche, die zu einem Votum in der Volksversammlung und in den Gerichtsgremien führen (ebd. 167 a–c). Meinungen dieser Art sind Werturteile über Entwürfe und Vorschläge, und Sokrates berücksichtigt dabei – in Vertretung des Protagoras – nur diejenigen Werturteile, die mit den Prädikaten »gerecht« und »bewundernswert« operieren; nicht zufällig sind das die beiden Prädikate, die *Staat* 505 d von »gut« oder »nützlich« unterscheidet (s. oben II 6). Wie nun die angenehmen Wahrnehmungen, die der Drogensüchtige beim Konsum hat, ihn zu weiterem Konsum motivieren und so seiner Gesundheit schaden – diesen Parallelfall ergänze ich –, so können auch anerkennende Werturteile eines demokratischen Gremiums, das Entscheidungsgewalt hat, durch ihre Folgen politisch schaden.[49]

Die Aufgabe des Rhetors ist, das zu verhindern und umgekehrt zu bewirken, dass die Versammlungen nur solche Vorschläge anerkennend, also als »gerecht« oder »bewundernswert«, beurteilen, die dem Staat in der Folge nutzen (*Tht.* 167 c). Als Sprecher des Protagoras vergleicht Sokrates das Wirken des Redners mit dem des Arztes: Wie dieser den Zustand des Kranken mit Medikamenten so verändert, dass dessen Wahrnehmungen für ihn wieder nützlich, d. h. appetitanregend und lebensförderlich werden, so verändert – oder bestimmt – der Rhetor mit seinem Diskurs den seelischen Zustand seines Publikums derart, dass es das für gerecht und bewundernswert hält, was dem Staat nützt.

Dabei ist die politische Nützlichkeit so wenig im Motivationshorizont des Publikums wie der Geheilte, dem es wieder schmeckt, dabei wahrnimmt, dass das seinem Organismus nützt. Analog zu »wohlschmeckend« sind vielmehr »gerecht« und »bewundernswert« die Kriterien, nach denen sich die Zustimmung des Publi-

[49] Ich ergänze den analogen Fall des Drogensüchtigen, um darauf aufmerksam zu machen, dass die Analogie des Textes unvollständig ist. Denn die Kranken werden nur durch ihre unangenehmen Wahrnehmungen charakterisiert, während dem Publikum des Redners nur lobende Bewertungen zugeschrieben werden. Den Kranken können aber auch angenehme Wahrnehmungen schaden, das Publikum kann sich auch durch abwertende Beurteilungen selbst schädigen, wenn es nützliche Vorschläge für ungerecht oder verächtlich hält.

kums richtet. Und der Redner muss aus Erfahrung wissen, wie seine Zuhörer zu diesen Beurteilungen kommen, denn er muss sie so beeinflussen können, dass sie nützliche Vorschläge für gerecht oder bewundernswert halten.[50]

Damit haben wir einen bestimmten Zusammenhang, in dem Platon sich das bestätigt, was er im *Staat* VI, 505 d, sagt, dass sich nämlich »die meisten« bei ihren Entscheidungen nach dem richten, was als gerecht und bewundernswert *gilt*. Denn unter dem Einfluss einer effektvollen Rede werden die Zuhörer ihre gewohnten Bewertungsmaßstäbe nicht in Frage stellen, sondern spontan auf den dargestellten Fall anwenden. Und der Redner muss genau dieses Verhalten herbeiführen, um sein Ziel zu erreichen.

9. *Nützlichkeit ist keine Frage der Meinung.*

So, wie Sokrates ihn vertritt, wendet Protagoras den HMS auf die Werturteile des Publikums an, so dass die Frage nach ihrer Wahrheit oder Falschheit sinnlos wird, nicht aber auf das Urteil des Redners, dass bestimmte Vorschläge, wenn sie angenommen und ausgeführt werden, dem Staat nutzen oder für ihn gut sind. Natürlich bricht Platon in diese Bresche der gegnerischen Konzeption ein, und zwar so, dass er prüft, ob das Werturteil über Nutzen oder Schaden, nach dem sich der Staat unter dem Einfluss der Redner richtet, dem *Homo-mensura*-Prinzip unterworfen werden *könnte* (*Tht.* 171 d–172 b, 177 c–178 a).

Zum Zweck dieser Prüfung geht Platon probeweise von der Hypothese aus, dass der HMS für die Einschätzung des Staates hinsichtlich dessen, was ihm nützt, gültig ist. Dann wäre z. B. ein

[50] Es wird nicht gesagt, der Redner solle direkt dafür plädieren, dass Maßnahmen, die er für nützlich hält, gerecht und bewundernswert sind. Er soll vielmehr auf das Publikum so einwirken, dass es zu diesen Urteilen kommt. Das bedeutet, dass die öffentliche Rede nicht so sehr argumentiert als vielmehr Stimmungen erzeugt. Das stimmt mit den Leistungen der Rede überein, wie sie der berühmte Rhetor Gorgias in seiner Rede *Lobpreis der Helena* beschreibt: Sie bewirkt oder dämpft Angst, besänftigt Trauer, ruft Freude hervor und macht Vergnügen, weckt Mitleid und Sehnsucht (s. Gorgias von Leontinoi, *Reden, Fragmente und Testimonien*, hg. v. Thomas Buchheim, Hamburg 1989, Frg. 11, § 8–10).

Gesetz, das sich ein Staat um seiner Nützlichkeit willen gibt, so lange nützlich für ihn, wie es in Kraft ist – gerade so, wie es für ihn gerecht ist, wenn er es in der Meinung verabschiedet hat, es sei gerecht. Dass sich Einschätzung und Realität unter dem Gesichtspunkt der Nützlichkeit decken, das würde aber niemand, sagt Platon, zu behaupten wagen, denn oft täusche sich der Gesetzgeber in dieser Hinsicht – immer dann, wenn sich ein Gesetz als nachteilig für den Staat herausstellt (vgl. ebd. 179 a).

Mit dieser *demonstratio per absurdum* hält Platon den allgemeinen HMS für widerlegt, denn dafür genügt ein Fall, in dem er evidentermaßen nicht zutrifft. Dieser Fall ist die Bildung von praktisch relevanten Werturteilen mit Hilfe des Prädikats »gut« oder »nützlich«. Sobald sich ein kollektives oder ein individuelles Subjekt für ein bestimmtes Verhalten entscheidet, weil es dasselbe für nützlich hält, setzt es sich der Möglichkeit aus, durch die damit ausgelöste Ereignisfolge widerlegt zu werden: Wenn ihm die mehr schadet als nützt, zeigt sich im Nachhinein, dass das für nützlich gehaltene Vorgehen *in Wirklichkeit* nicht nützlich war.

Auf diese Weise eröffnet der Gesichtspunkt des Nutzens oder des Guten wieder den Horizont der Wirklichkeit – im Unterschied zu unseren Vorstellungen –, den Protagoras mit seiner Gleichsetzung von »einem Individuum erscheinen« und »für ein Individuum sein« verschlossen hatte. Zugleich bekommt der Unterschied zwischen Wahr und Falsch wieder Sinn, denn manche Einschätzungen, bestimmte Verhaltensweisen seien nützlich, erweisen sich als wahr, andere als falsch.

Schließlich muss Protagoras auch akzeptieren, dass die Kompetenz eines Redners, die er für die Fähigkeit hält, das Publikum in bestimmte seelische Zustände zu versetzen, in kognitiven Termini bestimmt wird. Denn er selbst verspricht jeweils seinen Auftraggebern, besser als jeder Andere im Voraus einschätzen zu können, welche Rede ein Publikum überzeugt.[51] Damit verstößt er gegen den HMS, dem zufolge die Meinungen beliebiger Leute über die Wirkung einer noch zu haltenden Rede auf das Publikum gleich viel

[51] Das betrifft den Handel mit Gerichtsreden: Die Rhetoren, die nicht als Anwälte auftreten durften, verkauften vorgefertigte Reden an Ankläger und Angeklagte, die diese dann im eigenen Namen der zahlreichen Versammlung von Laienrichtern vortrugen.

wert sind. Denn Protagoras beansprucht für sich eine generell überlegene Prognosefähigkeit. Er kann seine Prognosen aber nicht als wahre Meinungen gegenüber den Prognosen anderer auszeichnen, weil der HMS den Unterschied von wahren und falschen Meinungen gegenstandslos macht. Wenn nun die Prognosen des Protagoras nur entweder als wahre Meinungen oder als Erkenntnisse eingeordnet werden können – was Platon nicht ausdrücklich als Prämisse annimmt –, dann bleibt Protagoras keine andere Wahl als seinen Überlegenheitsanspruch damit zu begründen, dass er *erkennt*, welche Rede das Publikum überzeugen wird.[52]

10. *Verwendet Platon das Nützlichkeitskriterium korrekt?*

Platons Argument bedeutet, dass Protagoras selbst, sein philosophisch radikalster Gegner, in seiner Bestimmung der Rolle des Redners auf das fundamentale Kriterium der praktischen Entscheidungen, das des Guten oder Nützlichen, nicht verzichten kann. Deshalb müsse er zugeben, dass er das voraussetzt, was die Verwendung dieses Kriteriums impliziert, also die Unterschiede von Wirklichkeit und Vorstellung, wahr und falsch, Meinung und Erkenntnis. Sofern der Gegner selbst, wenn auch durch Sokrates als Sprachrohr, seine Konzeption darstellt und sofern er auch die Differenz von Meinung und Erkenntnis zugeben muss, geht dieses Argument des *Theaitet* über das des *Staates* hinaus, mit dem es im Übrigen konvergiert (vgl. oben II 6).

Indem Platon im *Staat* skizziert, dass die vorphilosophische Vorstellung vom Guten oder Nützlichen das höchste praktische Kriterium ist und die gerade genannten Unterschiede zur Konsequenz hat, stellt er eine Prämisse für seine Theorie der IdG auf

[52] Ebd. 178e–179b. Im Vordergrund steht hier, dass Protagoras in eigener Sache dem HMS widerspricht. In der Sprache des HMS zieht Platon daraus die Konsequenz, dass der Kompetentere (»Weisere«) Maß sein soll und nicht der *Unwissende* (179b). Daraus folgere ich, dass Kompetenz auf Wissen beruhen soll, Protagoras also seinen Anspruch nur unter Berufung auf Wissen aufrechterhalten kann. – Im Unterschied zu Protagoras erkennt Platon den Wert wahrer Meinungen im praktischen Leben durchaus an, wenn es z.B. um den Weg nach Larissa geht (s. *Mn.* 97a–c).

(den Schluss s. unten II 12). Im *Theaitet* erarbeitet er – im Wesentlichen – dieselbe Prämisse als Resultat der Widerlegung seines radikalsten Gegners. Im Rahmen seiner Methode, Erkenntnis auf die Prüfung und Widerlegung (*elenchos*) von Argumenten zu gründen, fällt deshalb der Widerlegung des Protagoras eine Schlüsselrolle für die Theorie der IdG zu.[53]

Dieser grundlegenden Bedeutung wegen möchte ich auf drei Mängel hinweisen, von denen der dritte auch das Argument des *Staates* betrifft; so soll die Problematik des Schlußsteins der platonischen Metaphysik – nur dem *Staat* zufolge – deutlich werden.

a) *Wer* hat Nutzen oder Schaden?

Der HMS besagt, dass das, was einem Individuum oder einem Kollektiv so oder so erscheint, für *dasselbe* auch so gilt (s. z. B. *Tht.* 168 b, 170 a). Deshalb kann der HMS auch nur dadurch widerlegt werden, dass sich das, was einem Subjekt nützlich erscheint, als schädlich für es herausstellt. Als dieses Subjekt kommt das Publikum des Redners, das Protagoras mit dem Staat identifiziert, nicht in Frage, soweit es um die Nützlichkeit seiner Entscheidung geht. Denn Protagoras' Redner zielt zwar auf den Nutzen des Staates ab, betreibt die Meinungsbildung des Publikums aber nur nach den Gesichtspunkten der Gerechtigkeit und Bewunderungswürdigkeit. Wie gesagt, stimmt das Publikum, die Volksversammlung, einem Gesetzesvorschlag z. B. nicht wegen der erwarteten Nützlichkeit des Gesetzes zu und kann deshalb auch nicht durch schädliche Folgen widerlegt, auf ›den Boden der Wirklichkeit‹ zurückgeholt werden. Es kann in einem solchen Fall das Gesetz unverändert für gerecht halten.

Aber auch der Redner ist nicht derjenige, dem ein Gesetz nützlich erscheint, bevor es sich als schädlich *für ihn* herausstellt. Denn es geht ihm wie dem Arzt um das Wohl *der anderen*. Deshalb erweist sich ein Gesetz, das er für förderlich hält, eventuell als schädlich für die anderen, nicht für ihn, jedenfalls nicht unmittelbar.[54]

[53] Zur Methode vgl. *Gor.* 486 d – 487 a.

[54] Dass die Rhetorik, die die Werturteile des Publikums reproduziert, evtl. zu nachteiligen Ergebnissen führt, das ist auch in *Phdr.* 260 c–d klar, nicht aber, wem sie schaden. Der Arztanalogie zufolge ist es aber das Publikum bzw. der

Es kommt aber darauf an, dass ein Vorhaben eben dem Subjekt, dem es nützlich erscheint, nützt oder nicht. Dem will Platon in seinem Einwand gegen den HMS Rechnung tragen, indem er den Staat (*polis*) zu dem Subjekt macht, das ein Vorhaben für nützlich hält und dann davon profitiert oder nicht (s. 172 a–b, 177 c–d). Nicht der Staat ist aber nach Protagoras das Subjekt der Meinung, das Vorhaben sei nützlich, sondern der Redner. Dieses Konzept hat Platon also nicht widerlegt.

b) Der Doppelsinn von »nützlich sein für«

Der springende Punkt des Arguments, dass ein Projekt, das einem Subjekt nützlich erscheint, ihm in Wirklichkeit doch nicht nützt, enthält einen schwerwiegenden logischen Fehler, wenn damit der HMS durch seine Anwendung auf praktische Sätze mit dem Prädikat »nützlich« widerlegt werden soll. Protagoras' Prinzip lautet in der für diese Anwendung geeigneten Form:

Wenn einem Individuum oder einem Staat etwas so oder so erscheint, dann ist es das auch für es oder ihn.

Die Anwendung lautet:

Wenn einem Staat ein Projekt als ihm nützlich erscheint, dann ist es auch nützlich für ihn.

In der Anwendung bereitet Platon den logischen Fehler dadurch vor, dass er im Vordersatz zu dem von Protagoras vorgesehenen Dativ »einem Staat«, der das Verb »erscheint« näher bestimmt, einen zweiten (»ihm«) hinzufügt, der das Adjektiv »nützlich« näher bestimmt. Der logische Fehler besteht dann darin, dass Platon im Nachsatz den Dativ »ihm« (in der Übersetzung: »für ihn«) nur als nähere Bestimmung von »nützlich« verwendet, aber den Eindruck erweckt, dass er damit nichts anderes tut, als im Nachsatz anstelle des unbestimmten »das« aus der Formulierung des Prinzips das bestimmte »nützlich« einzusetzen. In Wirklichkeit bedeutet aber

Staat. Der Redner muss davon nicht betroffen sein, weil er oft von Stadt zu Stadt zog, in keiner also die Früchte seiner Aktion ernten musste.

»ist … für« im Nachsatz von Protagoras' Prinzip so viel wie »gilt für«, während Platon in der Anwendung mit »ist … nützlich für« dasselbe meint wie »gereicht zum Vorteil von«.

Wenn Platon also annimmt, die Einsetzung von »nützlich« oder »gut« in den HMS führe zu einem absurden Resultat und widerlege damit den HMS, dann beruht das auf der Ersetzung eines Sinnes von »ist für« durch einen anderen, und das ist der logische Fehler in einem Schlussverfahren, den man »Paralogismus« nennt. Ohne die Ersetzung des Sinnes lautete der Nachsatz: »dann ist es auch für ihn nützlich für ihn« im Sinn von: »dann gilt es ihm auch als vorteilhaft für ihn«. Und dann ist das hypothetische Urteil, »die Anwendung«, keineswegs absurd:

Wenn einem Staat ein Projekt als ihm nützlich erscheint, dann gilt es ihm auch als vorteilhaft für ihn.

c) Auch das Schlechte ist praktisches Prinzip.

Im *Theaitet* wie im *Staat* will Platon die unklare Vorstellung, die wir vom Guten oder Nützlichen haben, als diejenige auszeichnen, die uns die Wirklichkeit vom Schein oder von unseren Vorstellungen, Wahres von Falschem und Wissen von Meinungen unterscheiden lässt. Aber lässt sich nicht dasselbe von der Vorstellung vom Schlechten oder Schädlichen sagen? Kann man nicht auch einerseits von der Verwendung abwertender Prädikate wie »ungerecht« und »verächtlich« behaupten, dass Menschen überhaupt und Redner und Politiker im Besonderen darin dem Mainstream folgen und dass sie Wert darauf legen, nicht ungerecht und verächtlich zu erscheinen? Und trifft nicht andererseits zu, dass es ihnen darauf ankommt, wie es sich wirklich verhält, wenn ihnen Personen oder Verhältnisse zu schaden drohen, also schlecht sein können? Und was die Redner angeht, die Schaden von der politischen Gemeinschaft abwenden wollen, werden nicht manchmal Ankläger, die einen Beschuldigten seiner Vergehen wegen aus ihr zu verbannen verlangen, durch später erbrachte Beweise seiner tatsächlichen Unschädlichkeit widerlegt?

Platon hat diese Fragen nicht gestellt, also auch nicht negativ beantworten können, wie er es tun müsste, um die Prinzipienfunktionen allein der Vorstellung vom Guten und der IdG zu verteidigen. So hat der Interpret auch nichts zu prüfen und kann nur unter Berufung auf den allgemeinen Menschenverstand behaupten, dass das Schlechte nicht weniger als das Gute die Rolle spielen kann, die Platon dem Letzteren vorbehält.

11. *Wirklichkeit und Theorie kontextualisiert*

Ungeachtet der Mängel des Argumentes im *Theaitet* sind Platons Reflexionen über die Funktion der Vorstellung des Guten oder des Nutzens von erheblicher philosophischer Bedeutung, und das unter zwei Aspekten.

a) Wirklichkeit als Korrelat

Wirklichkeit oder »Sein« versteht sich nicht an sich selbst, sondern im Unterschied (1) zu unseren Vorstellungen, von denen Protagoras das »Sein für jeden« gerade nicht unterscheiden wollte, und (2) zum Schein, d.h. zu der ungeprüften, aber allgemein akzeptierten Meinung oder zu der aus Machtinteresse erzeugten Täuschung. Anders gesagt, Wirklichkeit ist für das Denken kein erschöpfender Horizont – dann könnten wir sie wohl gar nicht denken –, sondern bestimmt sich *im Gegensatz* zu dem, was sie nicht ist, zur Vorstellung oder zum Schein. Da dasselbe für die Vorstellung und den Schein gilt, können Sie sagen, dass Wirklichkeit bzw. Sein und Vorstellung bzw. Schein sich korrelativ zueinander verhalten.

Das ändert nichts daran, dass sich die einander entgegengesetzten *Relata* innerhalb der Korrelation unterschiedlich aufeinander beziehen: Die Vorstellung ist immer Vorstellung von Wirklichem, der Schein gibt sich als Sein aus bzw. wird dafür gehalten, aber das gilt nicht umgekehrt: Wirklichkeit oder Sein denkt man nicht in dem Sinn, dass sie von Hause aus vorgestellt werden oder erscheinen (vgl. oben S.74, Anm. 47).

Die Bedeutung dieses Aspektes von Platons Konzeption des Guten ergibt sich aus der Tatsache, dass Aristoteles und die ihm folgende Tradition Sein und Wirklichkeit gerade nicht in eine Korrelation zu Vorstellungen und zum Schein gesetzt haben. Sofern dadurch Sein in der Tat als der erschöpfende Horizont des Denkens erscheint, können Sie die folgende Überzeugung mittelalterlicher Philosophen verstehen: Was immer denkbar sein soll, muss in irgendeinem Sinn als seiend, d. h. existierend betrachtet werden, so auch die auf Wirkliches bezogenen Gedanken, die man reflektierend zu Gegenständen des Denkens macht; deshalb wurden sie als »Verstandesseiende« (*entia rationis*) betrachtet.[55]

b) Theorie von Praxis abhängig

Indem Platon das Gute oder den Nutzen für den Beurteilungsgesichtspunkt hält, der die Unterschiede von Sein und Schein, wahr und falsch, Erkenntnis und Meinung zu denken erlaubt, macht er die Grundbegriffe von Theorie überhaupt von einem – er meint, von *dem* – Schlüsselbegriff der Praxis abhängig. Dass Platon das Verhältnis von Praxis und Theorie so ansetzt, das bestätigt sich in der näheren Ausführung der Argumente, insbesondere in der Erinnerung daran, dass sich nicht jedes für gut gehaltene Projekt auch als gut erweist.

Die Wirklichkeit, die sich in dieser Erfahrung geltend macht, ist nicht das Objekt eines nur an Erkenntnis interessierten Betrachters, sondern das Milieu, mit dem es der Handelnde *zu tun* hat. Sofern es unsere Erwartungen durchkreuzt, belehrt es uns über seine Selbständigkeit im Verhältnis zu unseren Vorstellungen. Indem Platon diese praktische Grunderfahrung aufruft und mit ihr gegen Protagoras Theorie legitimiert, macht er es verständlich, dass das Wirkliche als *vorgegebener* Gegenstand der theoretischen Erkenntnis gedacht werden kann.

Zusammengefasst bedeuten Platons Reflexionen, dass Theorie nicht ohne Rekurs auf Praxis gegen Angriffe wie den des Protagoras verteidigt werden kann, also Bestand hat – auch das ein Gegenkonzept zu Aristoteles und der ihm folgenden Tradition.

[55] In der präzisen Absicht, den Begriff der falschen Rede ontologisch, d. h. aus der Struktur aller Seienden, also aller Ideen zu erklären, hat auch Platon einmal die Rede als eine Art Seiendes aufgefasst (*Soph.* 260 a).

Oben (S. 83 f.) habe ich behauptet, Platon mache die Kriterienfunktion der Vorstellung vom Guten oder Nützlichen mit ihren Implikationen zu einer Prämisse seiner Theorie von der IdG. Das heißt, nach Platon soll man daraus, dass *das unklar vorgestellte Kriterium des Guten* zur Anerkennung von Wirklichkeit, Wahrheit und Erkenntnis nötigt, auf die Funktion der *IdG* als Prinzip der Ideen und damit von Erkenntnis und Wissen schließen. Diese Interpretation kann sich aber auf keinen Text stützen, der den Schluss von dem vorgestellten Guten auf die IdG darstellt.

Folglich kann ich meine These nur dadurch aufrechterhalten, dass ich die Rede von der IdG im Sinn der generellen Ideenlehre verstehe. Das heißt, dass die IdG das Objekt der Definition des Prädikats »gut« ist.[56] Und dass diese philosophisch zu erkennende Idee mit Bezug auf alle anderen eine Funktion ausüben soll, die der Funktion des bloß vorgestellten Guten für unser vorphilosophisches Denken entspricht – wenn denn das vorgestellte Gute an der IdG teilhat, also Rückschlüsse auf sie erlaubt (das ist die zweite Prämisse).[57] Ich unterstelle also Platon den folgenden Schluss:

(1) Das vorgestellte Gute ist das Kriterium der praktischen Entscheidungen und deshalb das Prinzip der Anerkennung von Wirklichkeit, Wahrheit und Erkenntnis.

(2) Das vorgestellte Gute hat an der IdG teil, so dass man von der Funktion des vorgestellten Guten auf die der IdG schließen kann.

(3) Also kann man von der Prinzipienfunktion des vorgestellten Guten auf eine analoge Prinzipienfunktion der IdG für Wirklichkeit, Wahrheit und Erkenntnis schließen.[58]

[56] Sollte sie nicht nach II 4 (oben) das Objekt der Definition des Glücks sein? Das ist sie als praktisches Prinzip, nicht als das theoretische, das die anderen Ideen und ihre Erkenntnis begründet. Wie in Anm. 45 (S. 73) gesagt, dürfte die praktisch verstandene IdG die Erkenntnis der Ideen sein. Als theoretisches Prinzip jedoch kann die IdG auf keinen Fall »die Erkenntnis der Ideen« sein, denn wer sie so definierte, wiederholte nur das, was das Prinzip IdG begründen soll.

[57] Da das vorgestellte Gute nicht zu den SGP gehört, kann es an der IdG nur so teilhaben wie die Bestimmungen der SGP (s. o. S. 33, Anm. 21, u. S. 48, Anm. 29).

[58] Der Ausdruck »analoge Funktion« soll außer dem Unterschied von vorgestelltem und philosophisch erkanntem Guten auch den Unterschied von »Prinzip der Anerkennung« und »Prinzip« schlechthin überbrücken.

Für diese Interpretationshypothese spricht zweierlei:

(1) Platon bespricht das unklar vorgestellte Gute im Textzusammenhang der Erörterung der IdG (*Staat* VI, 505 d – 506 a).

(2) Generell sollen die Zusammenhänge, die wir unter unseren Begriffen entdecken, auf Ideenverbindungen beruhen (s. oben S. 53).

Zur Prüfung der Hypothese sollte man fragen, ob sie mit der Darstellung der Funktion der IdG mindestens vereinbar ist, wie Platon sie im »Staat« anhand der drei »Gleichnisse« (Sonnen-, Linien- und Höhlengleichnis) vorträgt.

a) Leistungen der IdG

Der Vergleich der IdG mit der Sonne bestätigt jedenfalls die Analogie der Funktionen: Wie die Sonne Quelle des Lichtes ist, dank dessen unsere Augen sehen und ihre Objekte sichtbar werden, so verleiht die IdG der Vernunft Erkenntnis und ihren Objekten Wahrheit im Sinne von Authentizität, d. h. dass sie nicht zu sein vorgeben, was sie nicht sind (*Staat* VI, 508 a u. e). Das entspricht der Funktion der unklaren Vorstellung vom Guten, sofern die Protagoraskritik gezeigt hat, dass diese Vorstellung dazu nötigt, Erkenntnis von Meinung und Wahres von Falschem zu unterscheiden.

Und wie die Sonne dem, was sichtbar ist – den Lebewesen –, Entstehen und Wachsen, ihre zeitliche Wirklichkeit, gibt, so bekommen die Ideen ihre Wirklichkeit, ihr Sein, von der IdG (ebd. 509 b). Damit wiederum lässt sich in der politischen Erfahrungswelt der Gesichtspunkt des Nutzens vergleichen, der uns veranlasst, den wirklichen vom bloß vorgestellten abzuheben.

Schließlich soll die IdG die anderen Ideen auch in ihrer jeweiligen Besonderheit begründen, die sie voneinander unterscheidet. Diese These gehört in die Entwicklung des Liniengleichnisses, das zweierlei sinnliche und zweierlei begriffliche Erkenntnisweisen in einem proportionalen Verhältnis wie vier Abschnitte einer Linie einander zuordnet. Aus dieser Proportion ergibt sich aber kein Begriff der IdG in dem Sinn, dass die anderen Ideen das, *was* sie sind, ihr verdanken.

b) Die IdG stiftet Erkenntnis und Wahrheit.

Was Erkenntnis und Wahrheit angeht, gibt es keinen Grund zu meinen, dass die IdG durch irgendeine geheimnisvolle Tätigkeit beides vergibt. Sie entfaltet ihre Wirkung, wenn sie selbst erkannt wird – was sie von der Sonne unterscheidet (ebd. VII, 517 b–c). Dann gibt es auch Erkenntnis der anderen Ideen, d. h. dessen, was wir mit den Prädikaten der Sprache meinen, aber mangels Definition nur unklar verstehen, so dass uns die Projektionen unserer Vorurteile als reale Objekte erscheinen. Diesen Irrtum werden wir korrigieren, wenn wir dank der Erkenntnis der IdG die anderen Ideen so erkennen, dass uns dabei auch ihre Authentizität (Wahrheit) klar ist (ebd. VI, 508 e).

Wie ist das möglich? Unter der Bedingung, dass derjenige, der die IdG als das Prinzip aller anderen Ideen und diese als Konsequenzen der IdG erkennt, dabei die Erkenntnisqualität der IdG auf die anderen Ideen überträgt. Diese Qualität besteht darin, dass die Definition des Guten keine Hypothese ist, wie es alle Definitionen sein müssen, die man unabhängig von der Erkenntnis des Guten im Bewusstsein ihrer prinzipiellen Korrigierbarkeit vorschlägt.[59] Keine Hypothese sein bedeutet so viel wie evident sein. Dieser Ausdruck kommt in den Texten nicht vor, wohl aber die subjektive Folge der Evidenz, die unerschütterliche Erkenntnis des Prinzips, d. h. der IdG (ebd. VII, 533 c–d). So formuliert Platon als erster, dass ein Gesamtzusammenhang von Erkenntnissen, dass also Wissenschaft auf einem mit Gewissheit erkannten Prinzip beruhen muss.

Woher weiß er, dass die Definition des Guten ein solches ist? Er hat eventuell auf die Definition des Guten das übertragen, was er über die unklare Vorstellung vom Guten ermittelt hat, dass sie nämlich *unbezweifelbar* unser Tun und Lassen steuert und deshalb sogar von dem entschiedensten Gegner, Protagoras, zum Prinzip gemacht wird.[60] Wenn die Definition des Guten in gleicher Weise

[59] Ebd. VI, 510 b u. 511 b. In *Mn.* 86 e–89 e und *Phd.* 101 d–e führt Platon Verfahren hypothetischer Erkenntnis vor und beschreibt sie.

[60] Wie sich diese Qualität der Vorstellung vom Guten als Ergebnis der kritischen Prüfung von Protagoras' Konzeption herausstellt, soll auch die Erkenntnis der IdG durch ein umfassendes Prüfungsverfahren gewiss werden (ebd. 534 b–c). Wenn die Gewissheit des Erkennens auf der Evidenz des Gegenstan-

einleuchtet, kann sich diese Erkenntnisqualität unter einer noch zu erörternden Bedingung den anderen Definitionen mitteilen, die mit derselben Gewissheit erkannt werden sollen (ebd. 537 c; s. unten S. 94 f.).

c) Die IdG begründet das Sein der Ideen.

Vom Sein der Ideen sagt Platon nicht wie von ihrer Authentizität, dass es *als erkanntes* von der IdG abhängt. Das entspricht der Weise, in der wir die Wirklichkeit dessen denken, mit dem wir es in unserer Praxis zu tun haben: Es ist wirklich, ob wir es richtig oder falsch im Hinblick auf unsere Interessen eingeschätzt haben, ob es unsere Zielsetzungen befördert oder durchkreuzt. Protagoras muss Wirklichkeit in diesem Sinn konzedieren, *weil* er nicht auf das Kriterium der Nützlichkeit verzichten kann.

Platon dürfte denken, dass die Abhängigkeit des Begriffs erfahrbarer Wirklichkeit von der Vorstellung vom Guten, wie sie sich in der Debatte zeigt, die Abhängigkeit der Wirklichkeit der anderen Ideen von der IdG nur abbildet. Denn es handelt sich um einen Zusammenhang, den wir unter unseren Begriffen entdecken. Also sollte er auf einer Ideenverbindung beruhen. Natürlich unterscheidet sich die Wirklichkeit der Ideen von der erfahrbaren Realität darin, dass sie unwandelbares Bestehen und nicht unstetes Werden ist.

d) Die IdG begründet das Wesen der Ideen.

Die anderen Ideen sollen der IdG aber nicht nur ihre Wirklichkeit verdanken, sondern auch das, was sie jeweils sind, ihr je besonderes Wesen (*usia*). Denn Platon unterscheidet es vom Sein (*einai*) im Sinn von Existenz (*Staat* VI, 509 b; VII, 524 d–e u. 534 b).

Lässt sich dazu, dass die IdG das jeweilige Wesen der Ideen begründet, eine analoge Abhängigkeitsbeziehung zwischen der Vorstellung vom Guten und den Gegenständen der praktischen

des beruht, dann ist diese also nicht unmittelbar gegeben, sondern durch viele Gedankenschritte vermittelt (vgl. oben I 6 f).

Entscheidung denken? Allenfalls in dem Sinn, dass Vorverständnisse vom Guten, als letzter Zweck verstanden, also Bestimmungen des Glücks als Genuss z. B., Macht oder Erkenntnis, es erlauben, Glücksmittel bis hin zu Lebensprojekten wie Freundschaften, Erwerb »materieller« Güter oder Studien ihrem jeweiligen Wert nach zu unterscheiden.

Davon ist in den einschlägigen Texten aber nicht die Rede. Deshalb möchte ich mich auf die Überlegung beschränken, dass die Vorstellung vom Guten praktische Bewertungen steuern kann, dass sie also unter diesem Aspekt mit der Funktion der IdG für die Unterscheidung der einzelnen Ideen verglichen werden *kann*, die beiden Konzepte also nicht miteinander inkompatibel sind.

Unabhängig davon werden Sie sich aber fragen, wie die eine IdG alle anderen in ihrer Besonderheit begründen soll. Oder besser fragen, was Platon genau meint: dass die IdG im Allgemeinen garantiert, dass jede der anderen Ideen einen anderen objektiven Gehalt als alle anderen darstellt – oder dass die IdG die Quelle all dieser Gehalte ist.[61] Das heißt fragen, ob die IdG eine notwendige oder die notwendige und zureichende Bedingung der anderen Ideen ist.

Diese Frage erinnert an das oben (II 2–3 a) erörterte Problem, dass die vermutlich höchst wertvolle IdG als Prinzip aller anderen Ideen anscheinend auch schlechte und wertneutrale begründen müsste, das aber nicht könnte, weil Begründen für Platon in der Übertragung der Qualität des Prinzips besteht. Das Problem löst sich auf, sofern die IdG die anderen Ideen als *theoretisches* Prinzip begründet, d. h. ihnen formale Eigenschaften wie Authentizität, Sein und Wesen verleiht. Denn das sind keine Werte im moralischen Sinn wie Gerechtigkeit oder Selbstbeherrschung.

Selbst wenn man annehmen muss, dass die IdG Quelle der objektiven Gehalte aller anderen Ideen, also auch derjenigen des Schlechten sein soll, kann man ihr diese Funktion zuschreiben, sofern sie

[61] Der Gedanke einer allgemeinen Garantie der Besonderheit des jeweiligen Gehalts der Ideen ist Platon nicht fremd. Dem *Soph.* 255 c–e zufolge soll die Idee der Andersheit diese Funktion ausüben. Als Verhältnis unter Ideen bedeutet Andersheit nicht nur bloße Nichtidentität wie im Verhältnis von Individuen. Denn der Bedeutung eines jeden Prädikats, wie die Definition sie ausdrückt, entspricht genau eine Idee, so dass zwei Ideen auch zwei semantische Gehalte haben müssen.

als theoretisches Prinzip selber nicht im moralischen Sinn gut sein muss. Als theoretisches Prinzip stellt sie ja nicht die Antwort auf die Frage dar, worin das höchste Gut oder das Glück besteht. – Wendet man allerdings den Begriff an, dass Begründen im Übertragen von Eigenschaften besteht, dann müssten der IdG alle Gehalte der anderen Ideen, also die Gerechtigkeit gerade so wie die Schlechtigkeit zukommen, damit sie sie ihnen übertragen kann. Was ist denn nun letzten Endes die IdG?

13. *Wie begründet die IdG die Ideen?*

Platon verrät seinen Lesern nicht, wie das Gute zu definieren ist, d.h. was die IdG sein soll. Wenn Sie seinem Schüler Aristoteles glauben, definierte Platon das Gute durch Identifikation mit dem Einen, so dass die IdG reine Einheit wäre – wie auch Plotin das erste Prinzip verstand (*Met.* I 6, 987b20–23). Auch wenn man die Zuverlässigkeit dieses Zeugnisses dahingestellt sein lässt, vermittelt es mindestens eine Vorstellung von dem hohen Grad an Abstraktheit, den Platon der IdG geben musste, wenn sie das Prinzip der Wirklichkeit *aller* anderen Ideen und ihrer Erkenntnis sein sollte.

Das legt die Vermutung nahe, dass die IdG als notwendige Bedingung nur die formalen Züge der Ideen, ihre Einheit, Einfachheit und ihr unwandelbares Bestehen begründen soll, nicht aber ihre verschiedenen Gehalte (vgl. oben S. 64). Daraus folgt, dass sie ihnen Authentizität als Erkenntnisobjekten und Existenz verleiht, nicht aber ihr jeweiliges Wesen.

Platon äußert sich aber nicht klar zu der Frage nach der genauen Prinzipienfunktion der IdG. Meist *können* Sie ihn so verstehen, dass die IdG nur eine notwendige Bedingung der Wirklichkeit und Erkennbarkeit der anderen Ideen sein soll, *wenn* Sie schon davon ausgehen, dass das die einzige vernünftige Antwort auf die Frage ist. Zu dieser Auffassung kommt man deshalb, weil aus der Definition des Guten wie etwa »das Gute ist das Eine« als einziger Prämisse überhaupt nichts gefolgert werden kann (ein Schluss erfordert immer zwei Prämissen).

Manches spricht aber für die entgegengesetzte Antwort, d.h. dass die IdG die vielen anderen Ideen auch ihren verschiedenen Inhalten nach begründen, insofern ihre hinreichende Bedingung sein soll. So deutet Platon an keiner Stelle an, dass analog zur Erzeugung des Sehens, das außer dem Sonnenlicht auch die Farben der Dinge voraussetzt (VI, 507 d – 508 c), die Erzeugung der begrifflichen Erkenntnis noch ein weiteres Prinzip oder mehrere zusätzlich zur IdG erfordert, weil die Ideen von der IdG und anderen Prinzipien abhängen. Darin unterscheidet sich die Ideenlehre des *Staates* klar von Aristoteles' zitiertem Bericht über die Ideenlehre, denn dem Bericht zufolge gehen die Ideen aus der Einheit und dem Unbestimmten, »Materie« genannt, hervor. Wenn man sich an Platons Text hält, scheint es, als habe er eine solche Lösung, die einen Dualismus entgegengesetzter Prinzipien bedeutet, gerade vermeiden wollen.

In diesem Sinn legt man sich auch mit der Interpretation fest, nach der die Erkenntnis der anderen Ideen ihre Gewissheit durch Übertragung von der zuerst gewissen Erkenntnis der IdG bekommt (s. oben II 12 b). Denn das ist nur möglich, wenn die Bestimmung der IdG die einzige Prämisse für die Erkenntnis der anderen Ideen ist: Käme noch eine zweite Prämisse hinzu, dann müsste sie ebenso gewiss sein wie die erste, und davon ist nicht die Rede. Ist aber die Erkenntnis der IdG die einzige Voraussetzung dafür, dass man alle anderen Ideen erkennt, dann muss sie auch deren inhaltliche Vielfalt erschließen.

Schließlich stellt Platon im »Liniengleichnis«, in dem es um die nichthypothetische Erkenntnis der Grundlagen der Mathematik geht, diesen Erkenntnisprozess bildlich wie einen Abstieg von der Erkenntnis der IdG dar (ebd. 511 b–c). Dabei hält sich der Erkennende, so heißt es, an die Ideen, die ihrerseits an der IdG festgemacht sind. Wie sollte dieses Bild etwas anderes bedeuten als das, was wir mit einer anderen Metapher »Ableitung« nennen? Dann aber ist gemeint, dass die Ideen der Elemente der Mathematik und alle Ideen überhaupt von der IdG abzuleiten sind und dass diese, wenn sie »Prinzip« oder »Grund« aller anderen Ideen genannt wird, ihre notwendige und zureichende Bedingung sein soll.

Das ist, wie gesagt, aus logischen Gründen nicht möglich. Diese Schwierigkeit sollte eine philosophische Interpretation nicht verschweigen, andererseits aber auch nicht den Wert der Entdeckung mindern, die Platons Theorie der IdG als Prinzip der anderen Ideen enthält: Über die Wahrheit mancher Aussagen kann man sich Gewissheit verschaffen, indem man sie von anderen schon gewissen Aussagen *deduziert*.

B. Grundzüge der aristotelischen Metaphysik

I. Einleitung

1. *Womit haben wir es zu tun?*

a) Eine schwer zu fassende Theorie

Wie Goethe ist Aristoteles eine Welt, aber wohl kaum eine wohlgeordnete, ein Kosmos. Seit der Antike versuchen die Kommentatoren, die Ordnung der aristotelischen Welt aufzudecken. Der kopernikanische Interpret wurde jedoch noch nicht gefunden, die vielfachen Deutungsvorschläge gleichen eher denjenigen, die die mittelalterlichen Astronomen zur Verbesserung des ptolemäischen Weltmodells machten. Offenbar leistet Aristoteles' Werk dem Interesse an Einfachheit und Übersichtlichkeit mehr Widerstand als das Sonnensystem.

Das ist nicht besonders erstaunlich, wenn man zwei Umstände berücksichtigt: Dieses Werk ist in Vorlesungsmanuskripten überliefert, die nicht zur Veröffentlichung bestimmt waren; Aristoteles' Philosophie und insbesondere seine Metaphysik haben sich mit der Zeit entwickelt. Sie können also nicht davon ausgehen, dass die überlieferten Schriften eine Konzeption aus einem Guss enthalten. Ohne Aristoteles zu unterstellen, er habe bestimmte Theorieelemente bewusst nur provisorisch erprobt, kann man rückblickend sagen, dass die Vorlesungstexte eher Experimentiercharakter haben. Deshalb werde ich auch in meinem Leitfaden zum Studium der Metaphysik nicht versuchen, schwer oder gar nicht vereinbare Elemente der Theorie zu harmonisieren und Schwierigkeiten zu verdecken, die auch kundige Interpreten nicht ausräumen konnten. Im Gegenteil, ich werde auf einige hinweisen.

b) Ein erfolgreiches Grundkonzept

Platons Ideenlehre war attraktiv, weil sie die Welt, die physische wie die soziale, mit der wir es zu tun haben, als vorläufig, provisorisch erscheinen ließ und zugleich eine Perspektive auf rationale Politik, auf eine grundlegende Verbesserung der Ordnung des Zusammenlebens der Menschen eröffnete. Im Höhlengleichnis hat Platon diese Konzeption zu einem Bild verdichtet, dem die Widerlegungen der Ideenlehre nichts anhaben konnten.

Aristoteles' Metaphysik war attraktiv, weil sie ein einfaches Schema zur Einteilung der erfahrbaren physischen Welt einführte, die – uns selbstverständlich gewordene – Unterscheidung zwischen Dingen (Substanzen) und ihren Eigenschaften (Akzidenzien). Da sie die Eigenschaften noch einmal in verschiedene Gattungen wie Quantität und Qualität einteilte, schien die Metaphysik die Welt übersichtlich zu machen. Denn man konnte meinen, dass diese Metaphysik erlaubt, von jedem Wirklichkeitselement, das wir mit einem sprachlichen Ausdruck bezeichnen, ganz allgemein zu sagen, worum es sich da handelt, um eine Substanz (ein selbständiges Ding oder Lebewesen), eine Qualität, eine Beziehung, ein Tun usw.

Zweifellos war das ein bestechendes Ordnungsschema, das wir immer noch gebrauchen. Aber der Anspruch auf Vollständigkeit, mit dem es – wie jede philosophische Theorie – auftrat, ist illusionär. Sie brauchen nur an die Gesetze, physikalische wie politische, zu denken, um das zu bemerken: Sie sind weder Substanzen noch Eigenschaften von solchen, haben also in Aristoteles' Metaphysik keinen Platz, obwohl sie bestimmen, wie sich Substanzen, Körperdinge oder Bürger, verhalten.[62] Insofern markiert Galileis Entde-

[62] Dass die Einteilung des Wirklichen in Dinge (oder Personen) und ihre Eigenschaften eine bedeutende Entdeckung gewesen sein soll, will zunächst nicht einleuchten, weil uns die Einteilung höchst trivial vorkommt. In der Tat haben die Griechen den Unterschied auch vor Aristoteles ständig *gemacht*, aber konkret, wenn z. B. Homer am Anfang der *Ilias* den Agamemnon Bildung, Wuchs, Geist und Kunstfertigkeit seiner Geliebten preisen lässt (I 114–115). Das heißt aber noch nicht, dass man auch in *allgemeinen* Begriffen sagen kann, was man da macht. Die Schwierigkeit des abstrakten Begreifens lässt sich am besten bei dem Vorsokratiker Anaxagoras bemerken, der Qualitäten und Quantitäten wie Dinge behandelt, die sich mischen und Teile haben (DK II 59, B 4, S. 34, 17–35, 3; B 6). Anaxagoras will wie später Aristoteles die Struktur der Realität allgemein

ckung der Fallgesetze das Ende der von Aristoteles dominierten Epoche der Wissenschaftsgeschichte.

Ungeachtet ihres überzogenen Geltungsanspruchs stellte die aristotelische Metaphysik einen schwer zu überschätzenden Fortschritt dar, denn mit ihr arbeitete Aristoteles als erster einen allgemeinen begrifflichen Rahmen für die wissenschaftliche Erkenntnis der Welt der *Erfahrung* aus. Um diese Leistung auch nur ansatzweise ermessen zu können, sollte man sich die Grundkonzepte von Vorgängern vergegenwärtigen, insbesondere die von Parmenides und Platon.

2. *Parmenides*

a) Wissen nur vom »Seienden«

Aristoteles' Metaphysik wird von ihm selbst und seinen Interpreten als eine Theorie des Seins verstanden. Dass das so ist und was es bedeutet, können Sie nicht verstehen, ohne auf Parmenides zurückzugehen. Denn er hat die These formuliert, dass es kein Denken ohne das »ist« gibt und dass das »ist nicht« nicht gedacht werden kann (DK I 28, B 2 u. 8, 34–36). Eine paradoxe These angesichts der Tatsache, dass wir ständig Negationen, auch Negationen von »ist« aussprechen.

Wenn man sich fragt, wie die These dennoch wahr sein kann, erlaubt einer der verschiedenen Sinne von »ist« eine Antwort. Die These ist nämlich unter der Bedingung wahr, dass sie etwas von der *Form* der Aussagesätze, sofern sie im Unterschied zu Fragen und Bitten *Behauptungen* sind, betrifft: Wir können sie nicht aussprechen, ohne zu denken und verstehen zu geben, dass es so *ist*, d. h. sich in Wirklichkeit so verhält, wie wir sagen; anders gesagt, dass das, was wir sagen, wahr ist. Dagegen können wir nicht etwas behaupten und zugleich denken, dass es *nicht* so *ist*. Natürlich können wir uns mit unserem subjektiven Fürwahrhalten irren, objektiv kann es sich anders verhalten, als wir behaupten.

bestimmen, verfügt aber noch nicht über abstrakte Termini wie »Ding« und »Eigenschaft«.

Sie könnten den Fall der Lüge einwenden, die man doch mit dem Gedanken begleitet, dass es sich nicht so verhält, wie man behauptet. Darauf ist zu erwidern, dass sich die Lüge parasitär zur Behauptung verhält, sofern sie nämlich nur gelingt, wenn der Belogene glaubt, dass der Lügner für wahr hält, was er sagt; die Lüge setzt also als *Form der Behauptung* das Fürwahrhalten der Aussage voraus.

Zurück zu Parmenides' These, Denken sei notwendig Denken von »ist«. Wenn man Denken im Sinn von Behaupten versteht und das »ist« als »ist wahr«, kann man sagen, dass die These zutrifft. Das ist der veritative Sinn von »ist«, den Aristoteles als erster von anderen Sinnen des »ist« unterschied. Allerdings fasste Aristoteles den veritativen Sinn in der Weise auf, dass man eigens »Es *ist* so, dass« sagt, um im Sinn einer Bestätigung auszudrücken, dass irgendeine konkrete Aussage, die auch eine Negation (»Es regnet nicht«) sein kann, wahr ist: »Es ist so, dass es nicht regnet«.[63]

[63] S. Aristoteles, *Met.* V 7, 1017 a 31–35; zu den verschiedenen Sinnen von »sein« s. unten IV 1. So, wie man heute, d. h. seit Frege, das veritative »ist« versteht, enthalten es schon die konkreten Aussagen wie »Der Kaffee ist kalt«, sofern sie Behauptungen sind (s. G. Frege, »Funktion und Begriff«, in: G. F., *Funktion, Begriff, Bedeutung*, hg. v. G. Patzig, ³Göttingen 1969, S. 32 [zuerst Jena 1891, S. 21 f.]; vgl. E. Tugendhat, »Die Seinsfrage und ihre sprachliche Grundlage«, in: E. T., *Philosophische Aufsätze*, Frankfurt am Main 1992, S. 100 f.). – Aristoteles bietet eine Möglichkeit, das »ist« des Parmenides anders zu interpretieren, als ich es vorgeschlagen habe: Was nicht wahr ist – dass sich z. B. die Sonne um die Erde dreht –, kann nicht *erkannt* – statt gedacht, wie ich sagte – werden. Aristoteles, der hier nicht Parmenides interpretieren will, drückt sich eindeutig aus, indem er sagt, dass der Gegenstand falscher Aussagen nicht *gewusst* (*epistasthai*) werden kann (*An. post.* I 2, 71 b 25–26). Parmenides dagegen verwendet das Verb *noein*, das »denken« und »erkennen« bedeutet und an den entscheidenden Stellen bei Parmenides generell mit »denken« übersetzt wird. Nun kann einer auch das denken und subjektiv für wahr halten, was objektiv falsch ist, also aus der Perspektive eines anderen im veritativen Sinn von »ist« nicht ist –; erkennen kann man dergleichen aber nicht. Sollte also Parmenides den Gedanken des Aristoteles vorwegnehmen, dann müsste man das *noein* mit »erkennen« übersetzen und verstehen, dass solches nicht erkannt werden kann, was objektiv nicht ist, d. h. falsch ist. Ich würde diese Interpretation vorziehen, weil sie von Aristoteles inspiriert ist, der Parmenides ungleich viel näher steht als wir. Dann ergäbe sich aber eine Schwierigkeit aus der Tatsache, dass Parmenides hinzufügt, das Nichtseiende, d. h. das »ist nicht«, könne nicht *ausgesprochen* werden (DK I 28, B 2, 8; 8, 8–9). Denn es steht außer Zweifel, dass man objektiv Falsches – wie die Kreisbewegung der Sonne – aussprechen, sogar behaupten kann, weil man es irrtümlich für wahr hält. Wenn Parmenides nicht ausschließ-

Parmenides unterschied aber noch nicht verschiedene Sinne von »ist« oder »sein«, ebenso wenig die Form der Behauptungen von ihrem Inhalt. Deshalb machte er aus der entdeckten Form einen *Gegenstand*, den Gegenstand der Erkenntnis schlechthin. Dabei kam ihm die griechische Sprache entgegen oder verführte ihn, sofern sie das Partizip auch eines so abstrakten Verbums wie »sein« umstandslos zu verwenden erlaubt. So bildete Parmenides, vom Interesse an umfassendem Wissen geleitet, aus der allgemeinen Form der Behauptungen den abstraktesten aller Gegenstände, »das Seiende«.

Das Wissen besteht dann aus Erkenntnissen vom Seienden, derjenigen z. B., dass es eines ist (DK I 28, B 4 u. 8, 6). Damit überträgt Parmenides die Einheit des Wortes »Seiendes« auf dessen Referenten, d. h. auf das, was man mit dem Wort meint. Wenn das Seiende aber eines ist, kann man es nicht in Gattungen aufteilen, die Unterthemen des Wissens abgäben. Wissen erschöpft sich also in der Bestimmung des einen Seienden. – Schon auf den ersten Blick unterscheidet sich davon das Wissen von den Ideen nach Platon, denn es bezieht sich auf eine Vielheit von Gegenständen; dasselbe gilt für das, was Aristoteles unter Wissen versteht.

b) Wissen nur vom Ewigen

Ungeachtet dessen müssen Sie im Hinblick auf Platon und Aristoteles aus Parmenides' Darstellung des Wissens das Theorem zur Kenntnis nehmen, dass das Seiende ewig ist, weder entstanden sein noch vergehen kann (ebd. B 8, 5–21). Warum soll es sich so verhalten? Weil die Voraussetzungen für Entstehen und Vergehen des Seienden unannehmbar sind, was Parmenides mit zwei Argumenten formuliert:

lich das Aussprechen von *Erkanntem* meint – was sich nicht nachweisen lässt –, wäre er im Irrtum, wenn er sagen wollte, im veritativen Sinn objektiv nicht Seiendes könne man nicht aussprechen. Wollen wir also bei Parmenides eine fundamentale Einsicht finden, dann müssen wir ihn so verstehen, dass sich keine Behauptung mit dem Gedanken und mit der Äußerung verträgt, es sei nicht so wie behauptet.

(1) Vor und nach dem Zustand des »ist« müsste es den des »ist nicht« geben; den aber kann man nicht denken.

(2) Damit es entstehen und vergehen könnte, dürfte das Seiende nicht existieren, bevor es existiert und nachdem es existierte.

Von der Sprache her gedeutet, betrifft das erste Argument das bloße Aussagen, das in der Tat nicht mit dem veritativ verstandenen Gedanken »ist nicht (wahr)« zusammen vollzogen werden kann, ganz gleich, wovon jeweils die Rede ist, was also das Subjekt der Aussage ist. Genau darauf kommt es aber in dem zweiten Argument an, denn es bedeutet, dass es widersprüchlich ist, vom Seienden zu sagen, es existiere nicht – wenn auch Parmenides noch keinen Begriff und Terminus für den Widerspruch hat.

Beide Argumente haben keinen Bestand, wenn *wir* sie kritisch betrachten. Denn das erste Argument trifft wohl für das veritative »ist nicht« zu. Es müsste aber auf das Nicht*existieren* angewandt werden, um dieses zutreffend auszuschließen, denn Entstehen und Vergehen, die Parmenides bestreitet, sind ja die Übergänge zwischen Existenz und Nichtexistenz. »Existiert nicht« kann man aber wohl denken. So führt im ersten Argument die Nichtunterscheidung der Sinne von Sein (Existenz und Wahrsein) zur Bestreitung von Entstehen und Vergehen.

Das zweite Argument ist schlicht und einfach zirkulär, denn in ihm wird das Seiende von vornherein nicht als das zu einer bestimmten Zeit Existierende, also vielmehr als das immer Existierende oder als das Zeitlose verstanden. Von einem zu einer bestimmten Zeit Existierenden könnte man ja widerspruchsfrei sagen, es existiere zu einer anderen Zeit nicht. Also wird vom Seienden schon vorausgesetzt, was das Argument zeigen soll, dass es nämlich immer oder nicht in der Zeit existiert.

Rückblickend muss man also sagen, dass Parmenides' Festlegung, die Platon uneingeschränkt und Aristoteles ganz abgeschwächt akzeptierten, nach unseren Begriffen nicht gerechtfertigt ist, die Festlegung, dass alles, was entsteht und vergeht, aus dem Bereich der Gegenstände des Wissens ausgeschlossen ist.

Aber sind denn nicht Entstehen und Vergehen durch Erfahrung evident und insofern gewusst, und hat nicht Parmenides' älterer Kollege Heraklit die Vernünftigkeit des Naturgeschehens gerade darin gesehen, dass das Werden die Gegensätze wie den von Tag und Nacht zu einer Einheit verbindet (DK II 22, B 57)? Um diesem Einwand zu begegnen, erfand Parmenides die Unterscheidung von Wirklichkeit und Schein: Die Sinne und die gängigen Reden, auch die des Heraklit, täuschen uns, wenn wir sie nicht mit der rationalen Überlegung des Parmenides überwinden und erkennen, wie es sich wirklich verhält (DK II 28, B 7,3–8,1; 8, 51–52 u. 60–61; 19, 1). Parmenides disqualifiziert also unsere Erfahrungen als Schein, um als Wirklichkeit das Seiende auszuzeichnen, das ihm als der einzig adäquate Erkenntnisgegenstand erscheint – als liefere die Form der Behauptung (»Es ist so und nicht anders«) einen solchen Gegenstand.

3. *Platon*

Aristoteles' Lehrer hat das Muster der Konzeption des Parmenides übernommen: Die Welt der sinnlichen Erfahrung genügt nicht den Anforderungen, die an Erkenntnisgegenstände zu stellen sind, insbesondere Eindeutigkeit und Unwandelbarkeit (denken Sie an die Gegenstände der Mathematik!). Wie Parmenides schließt Platon aus dieser Unzulänglichkeit der Erfahrungsdinge, dass wir uns täuschen, wenn wir sie für wirklich (»seiend«) halten (*Staat* VII, 515b–c). Welche Voraussetzung erlaubt es den beiden Denkern, diese fundamentale These zu vertreten?

Sie müssen die unbestreitbare Annahme (A), dass alle Erkenntnisgegenstände wirklich sind, in dem Sinn umgekehrt haben (B), dass alles Wirkliche erkennbar ist; dann (C) kann, was nicht erkennbar oder wissbar ist, auch keinen Anspruch auf Wirklichkeit (»Sein«) erheben.[64] Wenn wir die wandelbaren, mehrdeutigen Erfahrungsdinge trotzdem für wirklich halten, liegt das Parmenides und Platon zufolge daran, dass sie uns so erscheinen, Wirklichkeit vortäuschen. Da der Schein gerade darauf beruht, dass er nicht als solcher durchschaut wird, leben wir alle in der Verblendung, in unseren Erfahrungen hätten wir es mit der Wirklichkeit zu tun.

[64] C lässt sich nicht aus A logisch herleiten, denn aus »Wenn etwas erkennbar ist, ist es wirklich« (A) können Sie nur nach dem Modus tollendo tollens folgern, dass das, was nicht wirklich, auch nicht erkennbar ist. C hingegen folgt nach demselben Modus aus B. – Im Übrigen vgl. oben S. 33f. mit Anm. 22.

Nur die Philosophen überwinden die Verblendung, definieren nach Vernunftkriterien, was wirklich ist, und heben es von den gängigen, selbstverständlichen Überzeugungen als Illusionen ab. Indem Platon den fundamentalen Gegensatz von rationaler Wirklichkeit und sinnlichem Schein von Parmenides übernimmt, verfügt er über die Möglichkeit, auch moralische, rhetorische und politische Gegenstände wie Reichtum, Ansehen und Macht als nur scheinbare Güter zu kritisieren.

Während sich Platons Philosophieren in der Differenz von Schein, den er enttarnen will, und Wirklichkeit, die er intellektuell zugänglich macht, hält, verliert diese Differenz für Aristoteles ihre strukturierende Funktion. Das ist für die Form der aristotelischen und der von ihr inspirierten mittelalterlichen Philosophie von großer Bedeutung: Sie ist eher Lehre als Kritik (des Scheins).

Aristoteles trennt sich von Parmenides und Platon, sofern er das, was rational erkennbar und wirklich ist, nicht mehr von der Welt der sinnlichen Erfahrung abhebt. So bestreitet er gegen Platon die Theorie der Ideen, die an die Stelle des einen Seienden des Parmenides die Vielfalt der Objekte unserer Definitionen setzt. Aristoteles bestreitet aber keineswegs Platons Ausgangspunkt, dass Wissen auf Definitionen beruht, sondern nur die These, dass sich die Definitionen auf Ideen und nicht auf Erfahrungsdinge beziehen. Also muss Aristoteles erklären, wie sich Definitionen auf Erfahrungsdinge beziehen können.

Da Definitionen nicht so verstanden werden, dass sie für bestimmte zeitliche Momente oder Perioden gelten, bezieht sich ein Wissen von Erfahrungsdingen, das sich auf Definitionen gründet, nicht auf diese Dinge, sofern sie nur eine begrenzte Zeit lang existieren, sondern auf das an ihnen, was nicht entsteht und vergeht – modern gesprochen, auf ihre Strukturen. Darin bleibt Aristoteles Parmenides und Platon verpflichtet.

4. *Aristoteles' Konzeptionen der Metaphysik*

Die »Erste Philosophie«, wie Aristoteles die Metaphysik nennt, sucht die Prinzipien, d.h. ersten Ursachen (*Met.* IV 1, 1003 a 26–27 u. 31–32). Die Ursachen einer Tatsache angeben heißt erklären können, *warum* etwas geschieht oder so ist, wie es ist. Und das definiert für Platon und Aristoteles das Wissen im Unterschied zur wahren Meinung über die Tatsachen oder zum Sich-Auskennen in einem Praxisfeld, das auf Erfahrung beruht (Platon, *Mn.* 97e–98a; Aristoteles, *Met.* I 1, 981a24–30). Die Metaphysik ist also ein Wissen, aber nicht eines von vielen speziellen Wissensfächern, sondern, weil auf die *ersten* Ursachen gestützt, von denen *alles andere* abhängt, das umfassende Wissen, also das allgemeinste (*Met.* I 2, 982a4–10 u. 19–25).[65]

Was sind dann die ersten Ursachen oder die Prinzipien? Wenn man in einem ersten Schritt von den Zusammenhängen absieht, die die Prinzipien miteinander verknüpfen und die Gegensätzlichkeit ihrer Bestimmungen relativieren, lassen sich drei Arten Prinzipien unterscheiden: zwei nach der Seite der Allgemeinheit ihrer Geltung hin, nämlich die Prinzipien des Seienden als solchen und die Prinzipien aller Beweise, und eine nach der Seite der physischen Ursächlichkeit hin, nämlich Gott. Prinzip sein heißt in jedem der drei Fälle etwas anderes.

(a) Unter den Gegenständen der Metaphysik ist nur Gott eine Ursache in dem Sinn, dass er eine bestimmte Veränderung in Raum und Zeit – allerdings ohne Anfang und Ende – bewirkt und mittels

[65] Natürlich folgt daraus, dass es von den ersten Ursachen kein Wissen geben kann, sonst wären sie nicht erste, sondern hingen von vorangehenden Ursachen ab. Aristoteles hat das Problem erkannt und zwei Lösungen ins Auge gefasst: Entweder versteht man das aus Ursachen beweisende Wissen als nur einen Typ von Wissen, eben als Beweiswissen, und eröffnet so für das kognitive Verhältnis zu den Beweisgründen oder Ursachen einen anderen Typ Wissen, das, da grundlegend, gewisser als das Beweiswissen sein muss. Oder man belässt es bei der Gleichsetzung von Wissen mit Beweiswissen und beschreibt das kognitive Verhältnis zu den Prinzipien als ein »besseres« im Vergleich mit dem Wissen (*An. post.* I 2, 72a25–b4). Was das heißen kann, dafür gibt der Fall des Prinzips der Widerspruchsfreiheit ein gutes Beispiel (s. unten S. 130 mit Anm. 90).

Eine Bemerkung zu meiner Terminologie: Ich habe hier nicht Prinzipien, erste Gründe und erste Ursachen unterschieden, obwohl Ursachen Naturvorgänge wie der Regen sind, die ebenso natürliche Wirkungen wie die Befeuchtung der Erde hervorbringen, Gründe und Prinzipien dagegen die Prämissen von Beweisen, also Aussagen, aus denen man Schlüsse zieht. Diese Unterschiede werden aber überbrückt, sobald ein Wissenschaftler Ursachen anführt, um bestimmte Phänomene als ihre Wirkungen zu *erklären*, denn dann werden die Aussagen über die Ursachen zu Gründen oder Prämissen für die Aussagen über die Phänomene.

dieser Veränderung alle Veränderungen überhaupt (zu »Veränderung« s. unten S. 110, Anm. 67). Gott kann Ursache in diesem Sinn sein, weil er ein individuelles, wenn auch unkörperliches Lebewesen ist. Die Metaphysik erforscht Gott so, dass sie seine Funktion, alle Veränderungen zu bewirken, erklären kann. Wenn das gelingt, weiß der Metaphysiker, dass es Veränderungen gibt, und zwar nicht de facto, wie wir alle es zu wissen meinen, sondern mit Notwendigkeit, weil mit der göttlichen Kausalität begründet.

(b) Wenn der Metaphysiker die Prinzipien des Seienden als solchen erforscht, untersucht er weder ein Individuum noch eine bestimmte Vielheit oder Klasse von Individuen. Mit dem »Seienden als solchen« ist vielmehr alles Wirkliche gemeint, sofern es unter keinem anderen Gesichtspunkt betrachtet wird als dem seines Seins, das sich als mehrdeutig herausstellen wird. Deshalb analysiert der Metaphysiker die Struktur alles dessen, was wirklich ist, um in allgemeinen Termini zu ermitteln, welches Element in einem jeden Wirklichen für dieses Wirkliche die Rolle des Prinzips spielt und welche Elemente desselben Wirklichen jeweils durch sein immanentes Prinzip bedingt sind. Für dieses Prinzip verwendet Aristoteles auch den Terminus »Ursache« (s. z. B. *Met.* V 8, 1017 b 14–16).

Im Rahmen der Untersuchung der Seienden als solcher versteht der Metaphysiker also anders als im Rahmen der Theologie die Ursache nicht als etwas, das auf etwas anderes wirkt. Die Ursache oder das Prinzip der Seienden als solcher bedingt vielmehr andere Elemente derselben. Denn das Prinzip ist nichts anderes als das Wesen des jeweiligen individuellen Dinges oder Lebewesens, also das, *was* dieses ist – im Unterschied zu dem, wie es beschaffen ist und was sich zum Teil aus dem Wesen erklären lässt. Damit ist das Prinzip analog zur platonischen Idee der Gegenstand der Definitionen, auf denen alles Wissen beruht.

Der Metaphysiker ist aber nicht auf dieses Wissen aus, denn es bezieht sich immer auf die mit den Definitionen abgegrenzten Klassen von Individuen wie die Planeten oder die Paarhufer und ist deshalb Sache der Fachwissenschaften. Der Metaphysiker arbeitet nur diejenige Struktur alles Wirklichen aus, die den Definitionen und damit dem Fachwissen garantiert, dass es sich auf die Welt, auf das Wirkliche beziehen kann. Anders gesagt, das metaphysische Wissen von der allgemeinen Struktur des Wirklichen ist eine notwendige, aber keine hinreichende Bedingung des konkreten Fachwissens, dieses lässt sich aus jenem nicht ableiten. Darin unterscheidet sich das Verhältnis von Metaphysik und Fachwissen, wie Aristoteles es bestimmt, von Platons Skizze einer Ableitung der Grundbegriffe der Mathematik im Liniengleichnis (s. oben A II 13).

(c) Mit den Prinzipien aller Beweise meint Aristoteles nicht die Definitionen, die für jede Klasse von Realitäten je andere sind, sondern solche Voraussetzungen, die für alle Beweise ein und dieselben sind: rein logische Prinzipien, insbesondere das der Widerspruchsfreiheit und das vom ausgeschlossenen Dritten. Sie liegen nicht nur den wissenschaftlichen Beweisen zugrunde, sondern sind die Bedingungen von Verstehen überhaupt. Dabei werden sie aber weder im nichtwissenschaftlichen Diskurs thematisiert noch in den Wissenschaften als Prämissen bestimmter Beweise verwendet (*An. post.* I 11, 77 a 10–12).

Die Anregung dazu, sich mit ihnen zu beschäftigen, verdankt der Metaphysiker den Sophisten, deren Thesen wie der HMS die Zulassung des Widerspruchs zur Konsequenz haben (*Met.* IV 5, 1009 a 6–15). Dass es der Metaphysiker ist, der die logischen Prinzipien gegen die Sophisten zu verteidigen hat, das begründet Aristoteles einerseits damit, dass kein Spezialwissenschaftler dafür in Frage käme, andererseits mit der ontologischen Version derselben Prinzipien, dass sie für alles Seiende als solches gelten – wenn denn die Formen des Denkens eine Entsprechung in der Wirklichkeit haben (ebd. Kap. 3, 1005 a 19–33).

De facto behandelt die Metaphysik die Prinzipienfrage aber nicht nur unter diesen drei Aspekten von »Prinzip«, sondern auch mit Reflexionen darauf, was es überhaupt heißt, Ursache oder das zu sein, von dem anderes abhängt, und warum man erste Ursachen annehmen muss. Aristoteles berücksichtigt diese Reflexionen nicht, wenn er die Erste Philosophie charakterisiert, aber wir sollten mit diesem Thema beginnen, weil es da um Kriterien geht, von denen sich Aristoteles bei der Konstruktion der Metaphysik leiten lässt.

II. Begriffe von Kausalität und Abhängigkeit

1. *Die vier Typen von Ursachen*

Aristoteles bestreitet Platons Scheidung der unwandelbaren Gegenstände des Wissens von den unsteten der Erfahrung. Gegen diese Trennung geht er nicht so vor, dass er wie ein Spezialwissenschaftler einzelne Erfahrungsdinge oder Lebewesen mit ihrem je besonderen Entstehen und Vergehen zu bestimmten Zeiten zu erklären versucht. Vielmehr arbeitet er darauf hin, generell die natürlichen Prozesse des Entstehens und Vergehens in der Erfahrungswelt der wissenschaftlichen Erkenntnis, von der Platon sie ausschließen wollte, zugänglich zu machen.

Im Hinblick darauf unterscheidet er vier Typen von Ursachen, also Formen der Erklärung. Um die Funktion dieser Einteilung zu klären, sind zwei Vorbemerkungen nötig. Erstens bezieht sie sich auf Prozesse, in denen ein Ding, eine Pflanze oder ein Tier neu entsteht, nicht auf solche, in denen ein und dasselbe sich wandelt (so unterscheidet *Physik* [im Folgenden *Phys.*] I 7, 189 b 30 – 190 b 17). Zweitens verteilen sich die Ursachentypen nicht auf verschiedene Arten von Prozessen, sondern Ursachen verschiedener Typen wirken bei ein und demselben Prozess zusammen (*Met.* V 2, 1013 b 3–9).

Schließlich sollten Sie sich über über den Leitfaden im Klaren sein, anhand dessen Aristoteles die Ursachen in Arten einteilte: Wie die Beispiele zeigen, geht er dabei von den Aspekten aus, die den Produktionsprozess des Handwerkers oder Künstlers bestimmen. Das rechtfertigt er damit, dass Technik und Kunst die Natur nur ergänzen oder nachahmen – eine These von erheblicher historischer Wirkung. Wenn Technik und Kunst also die Naturprozesse in ihrer Struktur widerspiegeln, dann können wir diese Struktur aus dem uns vertrauteren technisch-künstlerischen Wirken erschließen (»Handwerkermodell«).[66]

[66] *Phys.* II 8, 199 a 15–32. Aristoteles plädiert hier für dieses Verfahren, indem er von der relativen Plausibilität profitiert, mit der *ein* Element der Struktur, die Zweckursache, in *bestimmten* Fällen der Natur scheinbar zugeschrieben werden kann: Weil z. B. die Schwalben ihre Nester mit dem Zweck bauen, darin ihre Eier zu legen und ihre Jungen aufzuziehen, scheint es möglich,

Die Ursachentypen sind also folgende (*Met.* V 2, 1013 a 24 – b 28):

(1) Das Ingrediens oder die Ingredienzien, aus denen etwas entsteht wie etwa die Statue aus Erz. Diesen Typus nennt Aristoteles »Materie«, und daraus wurde der Handbuchterminus »Materialursache« gebildet. Es kommt darauf an, Materie in diesem Sinn von unserem Verständnis des Wortes zu unterscheiden: Aristoteles meint das *relativ* unbestimmte, aber spezifisch geeignete Material, aus dem etwas Bestimmteres entsteht / gemacht wird wie der Tisch aus Holz.

So, wie Aristoteles diesen Begriff im Hinblick auf die handwerkliche Fertigung gebildet hat, kann er ihn nicht ohne Modifikationen auf die Lebensprozesse, an deren Erklärung ihm besonders liegt, d. h. auf die Zeugung von Tieren, anwenden. Aristoteles betrachtet da entweder das weibliche »Element« – die Mutter oder das Monatsblut – als Materie, weil passiv, aber er kann es nicht für ein Ingrediens des Kindes halten. Außerdem können aus dem weiblichen »Element« nicht verschiedenartige Wesen hervorgehen wie verschiedenartige Produkte aus ein und demselben Werkstoff. Oder Aristoteles erklärt anstelle des weiblichen »Elementes« Bestandteile des Körpers, »Fleisch und Knochen«, zur Materie des Tieres; dann muss er davon ausgehen, dass Materie das ist, woraus etwas besteht (und nicht das, woraus es entsteht, wie das Monatsblut).

(2) Die Form(ursache), das bestimmte Gegenstück zur relativ unbestimmten Materie, also die Gestalt der Statue oder das Modell des Tisches. Wenn Sie einen Handwerker fragen, *was* das ist, was er da machen will, wird er nicht mit einem Verweis auf das Material antworten, sondern mit Ausdrücken wie »einen Tisch« oder »eine

die Zweckorientierung technischer Fertigungen wie des Hausbaus als eine Nachahmung der Natur zu erklären.

Als kritische Leser werden Sie einwenden, auf diese Weise könne nicht auch nur plausibel gemacht werden, (1) dass die Zweckursache *allgemein* in Naturprozessen wirkt, (2) dass diese Prozesse sich durch die *gesamte* Struktur der vier Ursachen erklären lassen, (3) dass die handwerkliche Fertigung diese Struktur aufweist, *weil* das Handwerk die Natur nachahmt. Wenn Aristoteles aber nicht *zeigen* kann, dass die Technik mit ihrem Vorgehen nach der Struktur der vier Ursachen die Natur nachahmt, werden Sie folgern, dass die Rede von der Nachahmung vergeblich das zu rechtfertigen sucht, was Aristoteles wirklich tut: umgekehrt ein Modell der handwerklichen Fertigung in die Natur als Struktur der Prozesse projizieren, die sich in ihr abspielen.

Zeusstatue«, wobei er sich auf bestimmte bekannte Formen bezieht, die mit *verschiedenen* Materialien realisiert werden.

Analog dazu erklärt Aristoteles, dass die wissenschaftliche Festlegung dessen, was etwas ist, die Definition, die Form der Naturwesen zum Gegenstand hat. Als Beispiel nimmt er hier, d. h. in *Met.* V 2, einen unselbständigen Gegenstand, den musikalischen Akkord der Oktave, und bestimmt als deren Form das arithmetische Verhältnis (der Saitenlängen) 2:1 (1013 a 28). Man braucht ja nur die Länge einer Saite eines beliebigen Instruments zu halbieren, um sie eine Oktave höher tönen zu lassen.

Dieses Beispiel zeigt zweierlei: erstens, dass die Angabe der Form (2:1) über den Gegenstand, die Oktave, etwas mitteilt, was die gängige Vorstellung des Gegenstands, hier der gehörten Oktave, nicht enthält; damit ist die Angabe der Form informativ, was der bloße Ausdruck »Form der Oktave« nicht wäre. Zweitens, dass die Form für die Entstehung des Gegenstands maßgeblich ist, sofern sich der Geiger nach dem Verhältnis 2:1 richtet, wenn er eine Oktave erzeugt. Beide Aspekte müssen die Formen auszeichnen, auf die sich der aristotelische Naturwissenschaftler mit seinen Definitionen bezieht.

(3) Der Ursprung der Veränderung, im Unterschied zu Materie und Form ein äußerer Faktor, der später »Wirkursache« genannt wurde.[67] Natürlich sind das der Handwerker für die Fertigung des Tisches und der Vater für die Zeugung des Kindes. Im Gegensatz zu der Vorstellung von dem mechanischen Anstoß eines Prozesses von außen durch Druck oder Stoß legt Aristoteles Wert darauf, dass der Handwerker nach seinem Fachwissen das Material verändert und der Vater als Träger der Form des Menschen wirkt. Der Ursprung der Veränderung bestimmt also den Veränderungsprozess und sein Resultat inhaltlich. Damit schließt Aristoteles an den platonischen Kausalitätsbegriff an, nach dem Verursachen heißt, eine Bestim-

[67] Ich übersetze das griechische Wort *kinèsis* mit »Veränderung« und nicht wie üblich mit »Bewegung«, weil wir dazu neigen, unter »Bewegung« Ortsveränderung (griech. *phora*) zu verstehen und nicht das, was Aristoteles mit *kinèsis* meint, was nämlich der Ortsveränderung, dem qualitativen Wandel, dem Wachsen und Schwinden gemeinsam ist. Gelegentlich ersetzt er auch *kinèsis* durch das Wort *metabolè*, das traditionell mit »Veränderung« übersetzt wird (s. *Phys.* VIII 6, 258 b 14–15; *Met.* XII 7, 1072 b 9).

mung oder Qualität auf etwas Anderes zu übertragen; oder: etwas Anderes sich ähnlich machen.[68]

Hier liegt ein wohl typischer Fall des Verhältnisses der beiden Metaphysiken vor. Aristoteles verabschiedet sich von der Ideenlehre und dem Kausalitätsbegriff, der sie begleitet: Eine Idee verursacht – unter einem bestimmten Aspekt – eine andere oder eine(n) der SGP, indem sie ihnen mitteilt, was sie selbst ist. Für Aristoteles gelten nicht mehr die Ideen, die jeweils eine Einheit für viele raumzeitliche SGP bilden, als Ursachen, sondern die *einzelnen* raumzeitlichen Dinge oder Lebewesen selbst werden als »Ursprünge der Veränderung« zu Ursachen in dem Sinn, wie wir dieses Wort verstehen: Sie lassen zu einem bestimmten Zeitpunkt und an einem bestimmten Ort etwas Neues entstehen.

Dabei wirken sie aber auf eben die Weise wie nach Platon die Ideen, d.h. durch Mitteilung oder Übertragung einer Bestimmung oder Qualität. So gibt der Vater die Form des Menschen an das Kind weiter, und der Handwerker überträgt das Modell des Tisches z.B., mit dem er sich auskennt, auf das Holz, aus dem er einen Tisch schreinert. Aristoteles hat also die platonische Kausalität nicht zurückgewiesen, sondern auf die raumzeitlichen Prozesse angewandt, die für ihn – im Gegensatz zum Ideentheoretiker Platon – die Realität ausmachen.

(4) Der Zweck, d.h. dasjenige, um dessentwillen anderes getan wird oder geschieht. So fertigt der Silberschmied eine Schale an, damit man aus ihr trinken oder in ihr Obst sammeln kann, und die Form der Schale hängt dann von dem jeweiligen Zweck ab; an anderen Produkten wie etwa Waffen kann man zeigen, dass sich auch die Wahl des Materials nach dem Verwendungszweck des Produkts richtet. Auch Naturprozesse sollen von dem Zweck gesteuert werden, der erst an ihrem zeitlichen Ende wirklich wird, wenn z.B. die Spinne das Netz spinnt, in dem sich die Fliege verfängt, *damit* sie sie fressen kann.[69]

An diesem Verlaufsmodell orientiert sich die teleologische Naturerklärung, die Aristoteles begründet hat und die erst in der neu-

[68] S. oben S.61 mit Anm. 36 u. bei Aristoteles *Met.* II 1, 993b23–27; *Über Entstehen und Vergehen* I 7, 324a 9–14.

[69] Aristoteles spricht klar das Paradox aus, dass der Zweck Prinzip ist, bevor er existiert, d.h. verwirklicht ist, s. *Über die Teile der Tiere* I 1, 640a 3–6.

zeitlichen Physik durch die mechanische Erklärung der Naturprozesse abgelöst wurde. – Im Fall der Zeugung ist der Zweck nichts anderes als die Form oder das Wesen der jeweiligen Pflanzen- oder Tierart, genauer gesagt: die Erhaltung dieses Wesens trotz der Vergänglichkeit der Individuen (s. *Phys.* II 7, 198 a 25–26; *Über die Seele* [im Folgenden *DA*] II 4, 415 a 25 – b 7).

2. *»Früher – später«, die Formel der Hierarchisierung*

Aristoteles zielt darauf ab, in den allgemeinsten Strukturen der Wirklichkeit ein hierarchisches Muster zu finden, so z. B. den Vorrang eines Dinges, genauer gesagt: seines Wesens, vor seinen Eigenschaften. Vorrang und Nachordnung drückt er mit den Adjektiven »früher« und »später« aus. Was sie bedeuten, definiert er mit Berufung auf Platon so: A ist früher als B und B später als A, wenn A ohne B sein kann, B aber nicht ohne A (*Met.* V 11, 1019 a 1–4). Damit ist das Verhältnis einsinniger Abhängigkeit beschrieben, in klarem Gegensatz zu wechselseitiger, bei der keiner der Terme ohne den anderen sein kann.

Aristoteles sagt zwar einmal, in einer nach dem Früher-später-Verhältnis geordneten Reihe sei das jeweils Frühere Ursache der folgenden Elemente (*Met.* II 2, 994 a 11–13). Man kann aber nicht generell sagen, dass das Vorrangige Ursache des Nachgeordneten in dem präzisen Sinn von Ursächlichkeit ist, dass es *ausreicht*, um das Nachgeordnete zu erklären. So lassen sich die Eigenschaften eines Kirschbaums nur zum Teil aus seinem ihnen vorgeordneten Wesen erklären, z. B. die grüne Farbe seiner Blätter aus ihrer unentbehrlichen Funktion für den Stoffwechsel der Pflanze, aber nicht die Tatsache, dass er in diesem Jahr keine Früchte trägt, denn daran waren die Nachtfröste zu seiner Blütezeit schuld. Allerdings konnten die Fröste nur aufgrund der Form dieser Art Baum wirken, die ihn zu einer bestimmten Zeit blühen, die Blüten aber Frost nicht ertragen lässt. Diese Nuancierung ändert jedoch nichts daran, dass man Vorrang oder Vorangehen von Ursächlichkeit unterscheiden muss: Vorrang impliziert nicht Kausalität im Sinn hinreichender Bedingungen, Kausalität impliziert dagegen stets Vorrang.[70]

[70] Sie könnten einwenden, dass die *Gesamtheit* dessen, was früher als ein be-

Dass Aristoteles die Wirklichkeit auf einsinnige und nicht auf wechselseitige Abhängigkeitsverhältnisse hin interpretiert, das lässt sich als ein theoretisches Interesse deuten: Er will in der Metaphysik nachweisen, dass es in der Realität die Unabhängigkeit gibt, die er als politische und soziale Freiheit (keinem anderen als dessen Sklave gehören) sowie als Selbstgenügsamkeit, Bedürfnislosigkeit des glücklichen Lebens schätzt.[71] Denn nur in einsinnigen Abhängigkeitsverhältnissen gibt es jeweils ein unabhängiges Element, das Frühere oder Vorrangige. – Es ist dies nicht der einzige Grundzug der aristotelischen Metaphysik, der sich aus einer Präferenz des Ethikers in dem Sinn erklärt, dass ihm die Metaphysik dazu dient zu garantieren, dass diese Präferenz der Wirklichkeit im Prinzip angemessen ist, dass man also nach ihr leben kann.

3. *Begrenzung der Reihen von Ursachen*

Wenn Aristoteles die Metaphysik als Wissenschaft von der ersten Ursachen definiert, setzt er nicht naiv voraus, dass es erste Ursachen gibt. Das ergibt sich vielmehr daraus, dass weder eine Reihe von Ursachen desselben Typs noch die Menge der Ursachenarten aus unendlich vielen Elementen bestehen kann, und für diese fundamentale These argumentiert Aristoteles (*Met.* II 2).

Die Begründung für den zweiten Teil der These lautet, dass wir in begrenzter Zeit eine unendliche Menge von Gegenständen nicht erkennend durchlaufen könnten (*regressus ad infinitum*). Deshalb würde die Aussicht auf Wissen, das von der Erkenntnis der Ursachen abhängt, durch eine unendliche Menge von Ursachenarten von vornherein vereitelt (ebd. 994 b 27–31).

stimmtes Ereignis oder ein Zustand ist, ausreicht, um die Letzteren zu erklären – also z. B. das Wesen des Kirschbaums, die Nachtfröste und eventuell anderes, das den Ernteausfall verursacht. Aristoteles bildet aber keine solchen Gesamtheiten aus ganz heterogenen Bestandteilen, denn damit würde er die fundamentale Einteilung alles Wirklichen in selbständige Dinge oder Lebewesen wie den Baum und ihre verschiedenen Arten von Eigenschaften wie die Kälte der Luft nivellieren.

[71] S. *Politik* (*Pol.* im Folg.) I 4, 1254 a 8–16; *Nikomachische Ethik* (*EN* im Folg.) X 7, 1177 a 27 – b 1).

Gegen die Hypothese von unendlichen Reihen von Ursachen desselben Typs wendet Aristoteles ein, dass sie die Vernunft aus der Wirklichkeit verbannt. Denn der Vernünftige handle um der Verwirklichung eines Zweckes willen, d. h. mit der Aussicht auf den Endpunkt einer Reihe von Taten und Geschehnissen; ohne eine solche Aussicht dagegen versuche niemand zu handeln (ebd. 994 b 9–16).

Was das Wissen angeht, so setzt Aristoteles hier voraus, dass es nicht intuitiv ist, d. h. Ganzheiten – wie eine Wirkung mit ihren Ursachen – mit einem Schlag erfasst, sondern diskursiv vorgeht, also Ganzheiten Schritt für Schritt aus ihren Bestandteilen zusammensetzt. Was die Gegenstände des Wissens angeht, so bestimmt Aristoteles die Beschaffenheit der *objektiven* Kausalität in doppelter Hinsicht (Reihen und Arten von Ursachen) von den Bedingungen der menschlichen Subjektivität her: Unsere Erkenntnis geschieht in unserer begrenzten Lebenszeit und begrenzt deshalb das, was ihr Objekt werden können soll.

Also bildet die praktische, zweckorientierte Vernunft von uns endlichen Wesen den Maßstab dafür, was objektive Rationalität ist – darin spricht sich dasselbe Denkmodell aus, dem Aristoteles auch folgt, wenn er die Zweckursache für die Naturprozesse gerade so wie für unser Verhalten bestimmend macht. Wenn es also erste Ursachen gibt, dann liegt das daran, dass jede Ursachenreihe begrenzt sein muss, weil sie sonst irrational nach dem Maßstab der menschlichen, d. h. endlichen Vernunft wäre.

III. Metaphysik als Theologik

1. *Eine Planskizze*

Den Begriff der Ersten Philosophie gewinnt Aristoteles, indem er diese »gesuchte Wissenschaft« von schon bekannteren doppelt unterscheidet (*Met.* III 1, 995 a 24; VI 1):

(1) Während sich jede der anderen Wissenschaften mit einer bestimmten Gattung der »Seienden« unter dem Gesichtspunkt ihrer spezifischen Bestimmtheit beschäftigen, widmet sich die Erste Philosophie den »Seienden als solchen«, also den Gegenständen aller

Wissenschaften insgesamt, aber nur unter dem Gesichtspunkt der Frage betrachtet, was es für sie heißt zu sein.

(2) Während die Physik selbständige, aber veränderliche Gegenstände studiert und die Mathematik unveränderliche, aber mindestens zum Teil unselbständige, müsste eine Erste Wissenschaft selbständige und unveränderliche »Dinge« untersuchen, d.h. schlechthin vorrangige: die ewigen Ursachen; damit wäre sie Theologik, Wissenschaft vom Göttlichen oder von Gott.[72] Insofern bietet Aristoteles einen Anhaltspunkt für die heute nahe liegende Assimilation der Metaphysik an Theologie.

Als Theologik soll die aristotelische Erste Philosophie aber nicht nur eine Wissenschaft von dem schlechthin Vorrangigen sein, sondern eben dadurch auch die allgemeinste Wissenschaft, die vom Seienden als solchen (ebd. Z. 29–32). Dieses anspruchsvollste Konzept der Ersten Philosophie hat Aristoteles nie ausgeführt, de facto hat er Theologik und Ontologie (Theorie des Seienden) getrennt behandelt, wenn er sie auch inhaltlich konvergieren lässt.

Deshalb kann man nur erschließen, wie es gemeint sein kann, dass die Theologik zugleich Ontologie ist. Diese Idee muss auf dem Vorrang des Göttlichen beruhen, d.h. darauf, dass es die beiden höchsten Wertkriterien erfüllt: die Unveränderlichkeit, die schon Parmenides von dem adäquaten Gegenstand des Wissens verlangte, und die Selbständigkeit, die Aristoteles, wie gesagt, als Wertkriterium aus der Ethik in die Metaphysik überträgt (s. oben S. 101 f. u. 113). Und das so ausgezeichnete Göttliche muss Ursache der nachgeordneten Stufen der Realität sein, sowohl der mathematischen Größen wie der Naturwesen, so dass die Erste Philosophie diese Stufen aus ihrer Erkenntnis des Göttlichen müsste ableiten können.

Aristoteles tat gut daran, diesen Plan nicht auszuarbeiten, sondern die theologische Metaphysik den Neuplatonikern zu überlassen. Dieser Typ Metaphysik enthält nämlich von vornherein zwei elementare Schwierigkeiten.

[72] VI 1, 1026 a 7–23; »Theologik« ist nach dem griechischen »theologikè« gebildet. Oben, S. 105, Anm. 65, habe ich auf die Schwierigkeit hingewiesen, die Aristoteles selbst an dem Begriff des Wissens von ersten Ursachen bemerkt hat. Das hat ihn allerdings nicht veranlasst, den Wissenschaftscharakter der Theologik zu problematisieren.

Erstens müsste das erste Prinzip die hinreichende Bedingung des ihm Nachgeordneten sein – wie das Leuchten der Sonne für die Erhellung des offenen Raumes –, wenn dieses aus ihm abgeleitet werden soll (vgl. oben S. 94 f.). Das erste Prinzip ist aber nur eine notwendige Bedingung. Das zeigt sich, wenn man sich klar macht, dass Aristoteles mit der Kausalität seines Gottes zwar eventuell die Selbständigkeit der Naturwesen und die Unveränderlichkeit der mathematischen Größen erklären mag, aber nicht abzusehen ist, wie er aus seinem Begriff von Gott die Veränderung der Naturwesen und die Unselbständigkeit der mathematischen Größen ableiten können soll. Denn generell soll die Kausalbeziehung nicht den Charakter von Schöpfung haben, sondern, wie gesagt (S. 110), nur die Übertragung einer Qualität sein, wie es dem Modell der handwerklichen Formung eines Materials entspricht. Also könnte Gott weder die Ursache der Naturwesen sein, sofern sie veränderlich sind, noch der mathematischen Größen, sofern sie unselbständig sind.

Zweitens müsste Aristoteles aus seinem Begriff von Gott auch den Gesichtspunkt des »Seienden als solchen« ableiten. Das aber wäre ein zirkulärer Gedankengang, denn Aristoteles muss zuerst Gott bestimmen, und dafür verwendet er Termini wie »Substanz« und »Tätigkeit«. Die aber hat er zuvor aus der Entwicklung des Themas »Seiendes als solches« anhand des »ist« der menschlichen Sprache gewonnen. Also ist es besser, dass er sie nicht noch einmal abzuleiten versucht.

2. *Elemente der aristotelischen Theologik*

a) Gottesbeweis

Auch wenn Aristoteles die Theologik nicht als Ontologie entwickelt hat, gehören doch zu seiner Metaphysik, sogar zur Physik, theologische Lehrstücke. Der Physik fällt dabei aus folgenden Gründen eine Schlüsselrolle zu:

(I) Die Theologik kann nur unter der Bedingung Erste Philosophie sein – und sinnvoll betrieben werden –, dass es die unveränderliche Substanz (selbständiges Wirkliches) neben den veränderlichen Substanzen gibt; andernfalls wäre die Physik, d. h. die Naturphilosophie, die Erste Wissenschaft.[73]

(II) Da die Theologik mit der Existenz der unveränderlichen Substanz steht und fällt, kommt es nicht ihr zu, diese Existenz zu beweisen, vielmehr ist das Sache der Physik. – Nun ist die Physik die Theorie der Veränderung, erlaubt aber in folgender Weise, stark zusammengefasst und vereinfacht, auf die Existenz der unveränderlichen Substanz zu schließen[74]:

(1) Was immer einer Veränderung unterliegt, wird von etwas verändert, d. h. von sich selbst oder von etwas Anderem. Die Selbstveränderung kennzeichnet die Lebewesen einschließlich der Sterne, die Veränderung durch anderes die leblosen Dinge.

(2) Die Veränderung *überhaupt* ist ewig, denn sie kann nicht entstehen oder vergehen (das wäre selbst eine Veränderung), und kontinuierlich. In beiden Hinsichten gleicht sie der Zeit, die die quantitative Eigenschaft der Veränderung ist, d. h. ihr Mehr oder Weniger bestimmt (*Phys.* IV 11, 219 b 1–5).

(3) *Besondere* Veränderungen, die zu einem bestimmten Zeitpunkt einsetzen, beruhen auf einer Veränderung dessen, was ihre Ursache ist. Dasselbe wird zu ihrer Ursache erst dadurch gemacht,

[73] S. *Met.* VI 1, 1026 a 27–30, in dem oben (S. 115) skizzierten Zusammenhang mit der Frage nach der Ersten Philosophie. Es ist bezeichnend, dass Aristoteles für dem Fall, dass es keine unveränderliche Substanz gäbe, der Physik einen Vorrang vor der Mathematik einräumt, denn das heißt, dass die Selbständigkeit der Naturdinge für ihn mehr zählt als die Unveränderlichkeit der mathematischen Gegenstände.

[74] *Phys.* III 1, 200 b 12–15; VIII 4–5, 255 b 31 – 256 a 21; Kap. 5, 257 a 27 – b 13 u. 257 b 26 – 258 b 8; Kap. 6, 258 b 10 – 259 a 20; *Met.* XII 6, 1071 b 6–22. Dieses Verfahren entspricht nicht dem oben (S. 104 f.) angegebenen Begriff von Wissen, nach dem dieses darin besteht, eine Tatsache aus ihrer Ursache oder aus ihren Ursachen zu erklären. Der Schluss von der Veränderung bzw. den veränderlichen Wesen auf eine unveränderliche Substanz kehrt vielmehr den Gang des Wissens um, indem er von der Wirkung her die Ursache erschließt. Aristoteles thematisiert dieses Vorgehen nicht, wohl aber das analoge, das sich so vollzieht, dass man mit Hilfe der Erkenntnis der Akzidenzien Wissen von der Substanz gewinnt (*DA* I 1, 402 b 16 – 403 a 2). Man hat die Verdoppelung des Wissensprozesses so interpretiert, dass der Rückgang von den Wirkungen zu den Ursachen und von den Akzidenzien zur Substanz den Forschungsprozess kennzeichnet, der Fortgang dagegen von den Ursachen zu den Wirkungen und von der Substanz zu ihren Akzidenzien die Darstellung der gewonnenen Forschungsergebnisse.

dass es (a) entweder durch eine von ihm verschiedene Ursache, oder (b) durch sich selbst verändert wird.

(4) (a) Die Reihen der Ursachen, die von anderen zu solchen gemacht werden – wie der Stock den Stein bewegt, weil er selbst von der Hand bewegt wird –, können nicht ins Unendliche fortgehen (vgl. oben II 3). Also muss es für jede Reihe von Veränderungen eine erste Ursache geben, die nicht wieder durch etwas anderes verändert wird. Falls sie verändert wird – und nur dann wirkt –, muss sie also durch sich selbst verändert werden.

(5) (b) Als eine einfache Einheit betrachtet, kann aber die jeweilige erste Ursache einer Reihe nicht sich selbst verändern, denn dann hätte ein und dasselbe gegensätzliche Bestimmungen in derselben Hinsicht, d. h., sofern es aktiv ist, verursachte es seine Kausalität, und es verursachte sie nicht, sofern es passiv ist.

(6) Also muss solches, das sich selbst verändert, die Lebewesen (s. 1), komplex sein: Sie haben in sich etwas Veränderndes, ihre Seele, und den Körper, der der Veränderung unterliegt.

(7) Die Seele kann aber nicht wiederum erste Ursache der Veränderungen derart sein, dass sie sich selbst verändert, denn dann übernähme sie die Rolle des Lebewesens als ganzen (und das Problem von 5 b kehrte wieder). Also verändert die Seele das Lebewesen, ohne sich zu verändern, und spielt insofern die Rolle der jeweils ersten Ursache einer besonderen Reihe von Veränderungen.[75]

(8) Dafür dass die globale Veränderung ewig und kontinuierlich geschieht (s. 2), kommen Seelen, die bald existieren und bald nicht – wie die Seelen der Tiere – als Ursachen nicht in Frage.

(9) Vielmehr verursacht ein einziges ewiges Wesen, Gott – der sich ebenso wenig verändert wie die Seelen –, die ewige, kontinuierliche Veränderung der Welt als ganzer und damit auch Existenz und Nichtexistenz der Seelen.[76]

[75] Damit widerspricht Aristoteles Platons Begriff der Seele, dass sie, weil sich selbst verändernd, Ursprung aller Veränderungen ist (s. *Phdr.* 245 c).

[76] Dieses Argument hielt Thomas von Aquin für den am meisten einleuchtenden Gottesbeweis (*Summa theologiae* I 2, 3), Leibniz verknüpfte es mit dem Schluss vom zufällig oder kontingent Existierenden (solches, das auch nicht existieren kann) auf dessen notwendig existierenden Grund (*Monadologie*, § 36–39), und Kant nannte nur diesen letzteren Schluss den »kosmologischen Beweis vom Dasein Gottes« (*Kritik der reinen Vernunft*, B 632–633). – Aristoteles unterstellt nicht, dass *alle* Seelen mit den von ihnen gesteuerten Lebewesen

Wie kann eine unveränderliche Substanz Prinzip aller Veränderung sein?

b) Gott ist Intellekt.

Aristoteles überwindet den von Parmenides und Platon aufgebauten Gegensatz von erkennbarem Unveränderlichem und unerkennbaren Veränderungen, indem er diese auf ein unveränderliches Prinzip zurückführt. Wie Unveränderliches Veränderung hervorrufen kann, diese Frage beantwortet Aristoteles mit einer genialen Idee: indem das Unveränderliche Objekt von Erkenntnis und Begehren wird. Denn Erkenntnis ist eine Veränderung der Seele, ohne dass sich deshalb ihr Objekt verändern müsste, ja dürfte, und mit dem Begehren löst die Seele eine körperliche Veränderung, »Handlung« genannt, aus.[77] Da nur Wertvolles Begehren hervorruft, muss das Prinzip der Veränderung höchst wertvoll sein, um die erste, als sol-

auftauchen und wieder verschwinden (die Termini »entstehen« und »vergehen« sind den vergänglichen Lebewesen als ganzen vorbehalten). Vielmehr sind die Seelen der Sterne gerade so ewig wie diese (s. *Met.* XII 1, 1069 a 30–31). Also betrifft sie der Argumentationsschritt (8) nicht, sie könnten vielmehr die Funktion erster Veränderer erfüllen. In der *Metaphysik* (XII 8) gesteht Aristoteles ihnen das jeweils für eine der Sternsphären zu, hält aber an der These fest, dass es einen ersten Gott gibt, weil nur durch ihn die Einheit der Welt und ihre hierarchische Ordnung von einem Ersten her gesichert sei (ebd. 1073 b 1–3, 1074 a 31–38; vgl. Kap. 10, 1075 a 14–15). – Aristoteles' Argument für die Existenz *eines* Gottes beruht also nicht auf den Voraussetzungen, die die speziellen Kausalketten betreffen (Argumentationsschritte 3–7), insbesondere auf ihrer Begrenzung durch erste Ursachen, sondern auf dem Begriff einer einzigen, hierarchisch geordneten Welt.

[77] S. *Met.* XII 7, 1972 a 21–27 u. 30; vgl. *DA* III 10, 433 b 10–21. Aristoteles versucht nicht, diesen Begriff von Erkenntnis und Begehren mit seinem Argument, dass die Seele ohne eigene Veränderung das Lebewesen verändert, in Übereinstimmung zu bringen. Um das zu bewerkstelligen, müsste er seinen Begriff von Veränderung differenzieren. Ausgangspunkt dafür wäre seine Erklärung, dass alles, was von einem Zustand in einen anderen übergeht, aus Teilen bestehen muss, damit der eine Teil noch in dem ersten Zustand bleiben und der andere schon in den zweiten gelangt sein kann (*Phys.* VI 4, 234 b 10–17). Daraus folgert er, dass alles, was der Veränderung unterliegt, räumlich ausgedehnt und zusammenhängend ist (*Phys.* VIII 5, 257 a 33 – b 1). Das trifft für die Seele nicht zu. Also muss die seelische Veränderung anders konzipiert werden: als Übergang von bloßer Fähigkeit zu ihrer Verwirklichung (so *DA* II 5, 417 a 31 – b 16).

che auch vollkommenste Veränderung zu verursachen. – An dieser Stelle wird klar, dass Aristoteles' Theologik, wenn sie auch von der Physik ausgeht, gleichwohl normativ entwickelt wird.

Nun soll das Prinzip der Veränderung ein selbständiges Wesen, eine Substanz sein. In welchem Sinn kann sie Objekt von Begehren sein? Als Zweck, sagt Aristoteles, aber wie soll ein selbständiges Wesen Zweck für ein anderes sein? So, dass es ihm in seiner Form den Wert exemplarisch darstellt, den das andere sich in seinem eigenen Interesse zum Ziel setzt, so weit es ihn verwirklichen kann.[78] Mit anderen Worten, das erste Prinzip wirkt, indem es sich erkennen und nachahmen lässt.

Diese Wirkung soll die erste Veränderung sein, von der wiederum alle weiteren abhängen. Die erste Veränderung versteht Aristoteles aber nicht nur psychisch und kognitiv als Erkennen und Begehren, sondern zugleich kosmologisch als die ewige, vollkommen gleichmäßige Kreisbewegung des Fixsternhimmels – nach dem geozentrischen Weltbild –, diejenige Veränderung, die der Unveränderlichkeit am nächsten kommt und von der die anderen kosmischen Veränderungen abhängen sollen (*Met.* XII 7, 1072 b 3–10).

Wie kann der Fixsternhimmel das erste Prinzip erkennen und nachahmen? Indem er ein Lebewesen oder ein beseelter Körper ist, dessen Seele erkennt und begehrt (*Über den Himmel* II 2, 285 a 29–30, u. Kap. 12, 292 a 18–21 u. b 1–2).

Inwiefern ahmt der Fixsternhimmel das erste Prinzip nach, wenn er sich – für uns heute scheinbar – ewig im Kreis dreht? Sofern er dessen Tätigkeit nachahmt, die in Selbsterkenntnis besteht und das Glück ausmacht, das auch wir suchen.[79] Denn sich im Kreis bewegen, das können Sie so verstehen, dass es heißt, an jeder Stelle im Raum in gleicher Weise auf sich selbst zurückzukommen.

78 So lässt sich die berühmte These, das erste Prinzip verändere, indem es geliebt wird (*Met.* XII 7, 1072 b 1–3), auf dem Hintergrund von Platons *Symposion* 211 d–212 a verstehen.

79 *Eudemische Ethik* (im Folg. *EE*) VII 12, 1244 b 23 – 1245 a 10. Wenn ich von göttlicher Selbst*erkenntnis* und nicht *Denken* seiner selbst spreche, so gebe ich die in diesem Text verwendeten Verben *gnôrizein* und *ginôskein* wieder. In dem berühmten Kapitel der *Metaphysik*, auf das ich mich im Folgenden beziehe, steht *noein*, das mit »denken« oder mit »erkennen« übersetzt werden kann. Da man sich denkend irren kann, erkennend aber nicht, ziehe ich im Unterschied zu den meisten Übersetzern »erkennen« vor.

So lässt sich die Drehung des Fixsternhimmels als Nachahmung der göttlichen Selbsterkenntnis verstehen, aber dass die Nachahmung im Medium der Ortsveränderung stattfindet, das ist, wie gesagt (S. 116), aus diesem Begriff von Gott nicht abzuleiten.

Das erste Prinzip der Veränderung, die göttliche Substanz, ist also ein Intellekt, ein unkörperliches Vernunftwesen, das sich selbst erkennt. Diese überraschende Wendung ergibt sich nicht nur aus der Notwendigkeit, ein unveränderliches Vorbild für die Kreisbewegung des Fixsternhimmels zu finden, sondern auch aus der Identifikation des Veränderungsprinzips mit dem höchsten Wert. Denn den bestimmt Aristoteles aufgrund dessen, was für uns höchst wertvoll ist, d. h. unser Glück konstituiert: Das ist die vollkommenste Tätigkeit, zu der wir fähig sind, das Erkennen.[80] Wenn das den höchsten Wert ausmacht und Gott vollkommener ist als die Menschen, dann lebt Gott immer, so schließt Aristoteles, das vollkommen glückliche Leben, das theoretische, interesselose Erkennen, das wir nur gelegentlich vollziehen können (*Met.* XII 7, 1072 b 14–18).

Warum erkennt er nur sich selbst? Aristoteles prüft die Frage, was der vollkommene Intellekt erkennt, indem er sie umformt: Wenn der Intellekt nichts anderes ist als seine Erkenntnistätigkeit, bekommt er dann seine Würde aus dieser Tätigkeit oder aus ihrem Gegenstand (*Met.* XII 9, 1074 b 15–35)? Er kann sie nicht aus der Tätigkeit bekommen, weil diese sich auch auf minderwertige Gegenstände beziehen kann und insofern wertneutral ist, also nur aus dem Gegenstand, und zwar aus dem höchst wertvollen, der er selber, der Intellekt, und das heißt, sein Erkennen ist.[81] Deshalb ist er Erkennen des Erkennens und darin vollkommen selbstgenügsam, weil unabhängig von anderen Objekten (*EE* VII 12, 1245 b 16–19).

[80] *EN* I 6, 1097 b 22 – 1098 a 18; X 7, 1177 a 12–22.

[81] Der vollkommene Intellekt darf sich nicht von seiner Erkenntnistätigkeit unterscheiden, denn eine solche Unterscheidung beruhte für Aristoteles darauf, dass der Intellekt zu Erkenntnissen nur fähig und insofern unvollkommen ist – wie unser Intellekt (ebd. b 18–21; vgl. Kap. 6, 1071 b 17–20; *DA* III 5, 430 a 17–18). Wenn aber der vollkommene Intellekt nichts als Erkennen ist, widersprechen sich die beiden Thesen, nach denen er das Wertvollste, das Erkennen aber wertneutral ist.

Weil es Aristoteles auf diese Selbstgenügsamkeit ankommt, spielt es für seinen Begriff vom göttlichen Erkennen keine Rolle, ob es sich auch auf die Welt bezieht oder nicht, ob ihm, wie manche Interpreten gemeint haben, etwas entgeht, wenn es die Welt nicht zum Gegenstand hat. Dass die Welt für Gott irrelevant ist, das lässt sich auch daraus verstehen, dass er nicht Weltschöpfer, sondern nur durch Erkanntwerden Prinzip der Veränderungen sein sollte. Denn so bezieht sich das Erkennen des vollkommenen Intellekts nicht auf eine Art Plan der Welt, also kann es sich nur auf ihn selbst beziehen.

Um auf das Projekt der Theologik, die zugleich Ontologie sein soll, zurückzukommen (s. oben IV 1), kann man jetzt konkreter sagen: Weder der Begriff des Veränderungsprinzips noch derjenige des ausschließlich selbstbezogenen Erkennens lässt auf so etwas wie das Wirkliche im allgemeinsten Sinn schließen, ob man es nun mit der Formel »Seiendes als solches« oder anders bestimmt. Es ist also nicht verwunderlich, dass Aristoteles die Idee einer Theologik, die zugleich allgemeine Ontologie ist, nicht ausgeführt hat.

Affinitäten zwischen den beiden Teilen der Metaphysik gibt es gleichwohl in dem Sinn, dass in der Ontologie manches angelegt ist, was sich im Gottesbegriff konkretisiert: der Vorrang des Selbständigen, der Substanz, vor den abhängigen Akzidenzien, der Vorrang der unveränderlichen Form(ursache) vor der veränderlichen Materie und dem ebenso instabilen Einzelding, der Vorrang der Wirklichkeit oder Aktivität vor der Potentialität oder Fähigkeit.

IV. Metaphysik als Ontologie

1. *Sinn und Sinne von »sein«*

a) Wissen vom »Seienden«

Obwohl das Wort »Ontologie« aus dem 17. Jahrhundert stammt, gebraucht man es für Aristoteles' Auffassung der Ersten Philosophie als Wissenschaft vom »Seienden als Seienden« oder von den Prinzipien des Seienden als Seienden (*Met.* IV 1). Ich komme auf den Sinn dieser Ausdrücke zurück: Aristoteles hat das Wort »als« (hè) in die philosophische Sprache eingeführt, um von einem Objekt die

Aspekte zu unterscheiden, unter denen es betrachtet werden kann. So meint er, dass nur die Erste Philosophie alles Wirkliche *als* Seiendes, d. h. unter dem Gesichtspunkt seines Seins, erforscht, während andere Wissenschaften wie Physik und Mathematik das Wirkliche unter je verschiedenen speziellen Aspekten erforschen, die Physik unter dem Aspekt der Veränderung und die Mathematik unter dem Aspekt der Größe.[82]

Diese Aspekte weisen verschiedene Grade von Allgemeinheit auf: So ist derjenige der Größe allgemeiner als der der kontinuierlichen Größe, der das Objekt der Geometrie im Unterschied zur Arithmetik definiert (*Met.* VI 1, 1026 a 23–27). Analog dazu ist der Gesichtspunkt des Seins, der die Erste Philosophie definiert, der allgemeinste überhaupt. Deshalb kann Aristoteles, statt Aspekte zu unterscheiden, auch sagen, dass nur die Erste Philosophie das Wirkliche *schlechthin* erforscht, während sich alle anderen Wissenschaften mit einem bestimmten Bereich oder einer bestimmten Gattung des Wirklichen beschäftigen (ebd. 1025 b 3–10).

Wie ich im Folgenden zeigen will, gewinnt Aristoteles die Bestimmung des allgemeinsten Forschungsgesichtspunktes aus einer bestimmten Deutung sprachlicher Ausdrücke. Vorläufig soll die Erinnerung an Parmenides genügen: Er hat »das Seiende« zum einzigen Gegenstand des Wissens erklärt (s. oben I 2 a). Platon wandte dagegen aber ein, dass Parmenides selbst schon das Seiende von seiner Einheit oder Identität unterscheidet und dass überhaupt die allgemeinste Struktur, nach der wir *Beliebiges* denken, komplex ist, außer den Bestimmungen »Sein« und »Identität« nämlich auch »Andersheit«, »Stabilität« und »Veränderung« enthält (*Soph.* 244 b–d, 254 b – 255 e). Im Verhältnis zu diesem Konzept bezieht sich Aristoteles eher auf Parmenides zurück, wenn er »das Seiende« zum Zentralbegriff der Metaphysik macht.

[82] *Met.* XI 4. Auch im Hinblick auf Aristoteles könnten Sie mich fragen, ob wir von ihm etwas ganz unmittelbar für unser Alltagsverhalten von ihm lernen können. Wie oben (S. 28, Anm. 15) mit Bezug auf Platon würde ich auch hier mit dem Hinweis auf ein Reflexionsverfahren antworten: Wenn Sie etwas von etwas aussagen, sollten Sie sich fragen, unter welchem Gesichtspunkt es gelten soll. Dann werden Sie finden, dass eine affirmative Aussage nicht ihrer Negation widerspricht, wenn die beiden Aussagen nicht unter demselben Gesichtspunkt getroffen werden.

b) Unterscheidungen der Sinne von »sein«

Was aber sind »die Seienden«, auf die sich der allgemeine Terminus »das Seiende« ebenso beziehen muss wie »der Gegenstand« auf die vielen Gegenstände? Dinge, Lebewesen (Pflanzen, Tiere, Menschen, Götter) oder vielmehr Tatsachen, d. h. existierende Sachverhalte, wie dass es regnet? Um diese Frage zu beantworten, müssen Sie die Sinne unterscheiden, in denen das Verb »sein« gebraucht wird. Aristoteles hat das als erster unternommen, um aber seine Differenzierung der Sinne von »sein« einordnen zu können, sollten Sie von der heute üblichen ausgehen[83]:

(1) »sein« heißt so viel wie »existieren« (»Es war einmal eine Prinzessin«);

(2) »sein« ist das mit einer Aussage gemeinte Verhältnis von Sache und Attribut, daher die Bezeichnung »prädikatives Sein« (»Die Prinzessin ist schön«, »Eisen ist ein Metall«);

(3) »sein« bedeutet so viel wie »identisch sein« (»Das ist Herr Meier«);

(4) »sein« bedeutet »wahr sein«, daher die Bezeichnung »veritatives Sein« (»Es *ist* kalt« in dem Sinn, dass sich der Sprecher nicht nur vorstellt, es sei kalt).

Aristoteles berücksichtigt das veritative Sein, ignoriert »sein« im Sinn von Identität, differenziert nicht *terminologisch* prädikatives und »existentielles« Sein, obwohl er in vielen konkreten Zusammenhängen »etwas sein« und »schlechthin sein«, d. h. existieren, unterscheidet.[84] Dass er diesen Unterschied aber nicht thematisiert, wenn er die verschiedenen Sinne von »sein« bestimmt, das erschwert unser Verständnis insbesondere von »akzidentell sein« und »an sich sein« außerordentlich. Denn in beiden Fällen sind sowohl

[83] S. B. Russell, *The Principles of Mathematics*, ²London 1937, S. 64, Anm. Zum veritativen Sein, das Russell nicht nennt, s. oben S. 100, Anm. 63.

[84] So vor allem anhand der Frage, ob etwas existiert, und der Frage, was es ist, d. h. wie es zu definieren ist. Dabei *gebraucht* er den Unterschied von existentiellem und prädikativem »sein«, um die zwei Etappen des Erkenntnisprozesses zu bestimmen, die er mit den Fragen kennzeichnet. Man muss zuerst klären, ob der Referent eines Ausdrucks wie »Gott« existiert, bevor man ihn zu definieren unternimmt (*An. post.* II 1, 89 b 31–35; vgl. *Hermeneutik* [im Folg. *Her.*] 11, 21 a 25–26).

»etwas sein« wie »existieren« gemeint. Aristoteles stellt folgende Liste der Sinne von »sein« auf (*Met.* V 7, VI 2):

(1) akzidentell (*kata symbebèkos*) sein, d. h. (a) etwas sekundär, nicht wesentlich sein (wie »jener Baumeister ist ein Literaturkenner« – weil primär dazu derselbe Mensch beides ist) – oder (b) zufällig vorkommen (*Met.* VI 2, 1026 b 27–33);

(2) an sich (*kath'hauto*) sein, d. h. (a) etwas wesentlich sein (»Der Mensch da ist – wesentlich – ein Lebewesen«) oder (b) im Sinn der Kategorien existieren, d. h. als eine Substanz (selbständiges Wirkliches), eine Quantität, Qualität, Relation, Tätigkeit, Leiden, Befindlichkeit an einem Ort oder Zeitpunkt;[85]

(3) wahr sein, wobei die Aussage von Sein – »so ist es« – auch für negative Sachverhalte gelten kann, wenn es z. B. wahr ist, dass es nicht regnet, und umgekehrt die Aussage von Nichtsein – »so ist es nicht« – auch für positive, wenn sie nicht gegeben sind;

(4) etwas der Möglichkeit bzw. Fähigkeit nach oder der Wirklichkeit bzw. Aktivität nach sein (»Baumeister sein« kann sowohl heißen, dass einer bauen kann, wie auch, dass er sich als solcher betätigt).

Nun kann ich die Frage wieder aufnehmen, ob das Partizip »seiend« in der Definition der Ersten Philosophie auf Tatsachen oder auf Dinge bzw. Lebewesen bezogen ist. Spontan neigen wir zu dem Verständnis, dass Seiende Dinge oder Lebewesen sind, und Aristoteles korrigiert uns nicht, indem er ausdrücklich darauf hinwiese, dass es auch Tatsachen sein können. Jedoch setzt er im Zuge seiner Differenzierung der Sinne von »sein« mehrfach voraus, dass Tatsachen gemeint sind. Das ist da der Fall, wo es um den veritativen Sinn von »sein« geht: Es *ist* so, dass Sokrates gebildet ist (*Met.* V 7,

[85] Dass es sich dabei für Aristoteles um *einen* Sinn von Sein handelt, ergibt sich daraus, dass er ihn als An-sich-Sein dem zufälligen *oder* abgeleiteten Sein (1) entgegensetzt, ohne dabei den Unterschied, den er *de facto* zwischen Existieren und Etwassein macht, zu thematisieren. Aber nicht einmal die doppelte Entgegensetzung will einleuchten: Warum ist in dem gewählten Beispiel der Mensch nicht all das *an sich*, was er nicht *akzidentell*, weil sekundär, ist (Baumeister, Literaturkenner), sondern nur das, was ihn definiert (»Lebewesen«)? Warum ist die Existenz im Sinn der Kategorien dem zufälligen Vorkommen entgegengesetzt? Zur Beantwortung dieser Fragen werde ich auf die Elemente der doppelten Entgegensetzung zurückkommen (s. unten IV 4 b – 5 b). Zu den Kategorien s. unten IV 4 a.

1017 a 31–35). Auch wenn er davon spricht, dass »sein« so viel bedeuten kann wie zufällig vorkommen oder sekundär (»akzidentell«) zukommen, denkt er offenbar an Tatsachen (V 7, 1017 a 7–13; VI 2, 1026 b 6–10 u. 1026 b 27 – 1027 a 5).

Diese beiden Sinne von »sein«, Wahrsein und Zukommen, spielen in der Metaphysik aber eine untergeordnete Rolle gegenüber dem »sein«, das als Existieren oder als Etwas-wesentlich-Sein verstanden wird. Deshalb prägt »Seiendes« im Sinn von »existierendes Ding oder Lebewesen« – so wie wir es spontan verstehen – die aristotelische Metaphysik: Dass sie Theorie der Seienden als solcher sein soll, diese Themenbestimmung macht sie zur Wissenschaft von dem, was allen Dingen und Lebewesen gemeinsam ist, *sofern* sie existieren und immer so oder so bestimmt sind.

2. *Haupt- und Nebenthemen der Metaphysik*

Was aus dem Thema »Seiendes als solches« in der Ausführung wird, ergibt sich zum Teil aus Aristoteles' Liste der Sinne von »sein«. So geht es in der Metaphysik vor allem um zwei Fragen: Was heißt es generell, (1) als das eine vorrangig (substanziell als »Mensch«) und zugleich als mehreres andere unter nachgeordneten Hinsichten (akzidentell als »bleich« und »zwei Meter groß«) bestimmt zu sein, (2) etwas der Möglichkeit bzw. Fähigkeit oder der Wirklichkeit bzw. Aktivität nach zu sein? Kurz behandelt Aristoteles auch das Wahrsein, sogar die zufälligen Tatsachen, von denen er zeigen will, dass sie keine Gegenstände von Wissen sein können; konsequenter Weise hat die Metaphysik als Theorie der Objekte des Wissens mit ihnen darüber hinaus nichts zu tun (*Met.* VI 2 u. 4, IX 10).

Dafür, dass er das veritative Sein nicht ausführlich erörtert, gibt Aristoteles eine bedeutsame Begründung: Mit »wahr« und »falsch« bestimmt man keine Sachverhalte oder Dinge, sondern die Gedanken und ihren sprachlichen Ausdruck, die affirmativen oder negativen Aussagen, in ihrer Beziehung auf Sachverhalte (*Met.* VI 4, 1027 b 18–28). Wie er das meint, erklärt Aristoteles so: Mit »So ist es« oder »Das ist wahr« bestätigt man affirmativen Aussagen, dass die mit ihrem Subjekt und Prädikat jeweils gemeinten »Elemente« in der Wirklichkeit verbunden sind (»Die Sonne wärmt«), und negativen Aussagen, dass die entsprechenden Elemente getrennt sind (»Schnee ist nicht schwarz«). Und mit »So ist es nicht« oder »Das ist falsch« bestreitet man affirmativen Aussagen die Verbindung der gemeinten Wirklichkeitselemente und negativen Aussagen, dass die Elemente getrennt sind.

Auf den ersten Blick überzeugt es uns, wenn Aristoteles das veritative Sein so versteht und es deshalb aus der Theorie vom »Seienden als solchen« ausklammert. Es handelt sich dabei aber nicht um eine Selbstverständlichkeit, denn Aristoteles sieht von dem Sinn von »wahr« ab, den man mit »echt« oder »authentisch« umschreibt. So verstanden, bedeuten »wahr« und »falsch« objektive Qualitäten von Eigenschaften oder Beziehungen, und zwar Qualitäten, die oft als Wert oder Unwert gelten wie »falsche Demut« oder »wahre Freundschaft«.

Wenn Sie mit Aristoteles diesem Sinn von »wahr« und »falsch« keine theoretische Funktion zubilligen, können Sie Platons Auszeichnung der Ideen als wahrer Gegenstände gegenüber ihren täuschenden Abbildern nicht mehr angemessen finden (s. z. B. *Staat* VI, 508 e). Sie erscheint dann vielmehr so, als projiziere Platon auf die Ideen eine Eigenschaft der Aussagen – ihre Wahrheit –, mit denen *wir* die Ideen von ihnen selbst prädizieren, wenn wir z. B. sagen, die Idee der Gerechtigkeit sei gerecht.

Um nun auf Themen der Metaphysik zurückzukommen, die Aristoteles nicht beiseite setzt: Zwei von ihnen lassen sich nicht aus der Liste der Seinssinne erschließen.

Das ist einmal das Prinzip der Widerspruchsfreiheit – meist »Widerspruchsprinzip« genannt –, das für Aristoteles sowohl eine logische Regel für Aussagen ist wie auch für alles Wirkliche gilt, sofern dieses existiert (*Met.* IV 3).

Das sind sodann die Bestimmungen »Eines – Vieles«, »Identisches – Verschiedenes«, »Gleiches – Ungleiches«, »Ähnliches – Unähnliches« und ihre Arten wie der Gegensatz als eine Art Verschiedenheit (ebd., Kap. 2, 1003 b 22–36, 1004 a 9–25). Aristoteles widmet dem Verhältnis dieser Bestimmungen zueinander und den Kriterien ihrer Verwendung das 10. Buch der *Metaphysik* und erkennt damit im Prinzip doch Platons Konzept an, dass *jeder* Gegenstand nicht nur in welchem Sinn auch immer ist, sondern auch mit sich identisch und von anderem verschieden ist etc. (s. oben S. 53, 123).

Deshalb hat die Wissenschaft vom Seienden als solchen diese Bestimmungen genau so wie das Prinzip der Widerspruchsfreiheit zu behandeln.[86]

In meiner Darstellung werde ich zuerst auf das Prinzip der Widerspruchsfreiheit eingehen, bevor ich auf die akzidentellen und wesentlichen Seinssinne zurückkomme. Denn Aristoteles' Erörterung des Prinzips der Widerspruchsfreiheit bereitet das Verständnis dieser Seinssinne vor.

3. *Das Prinzip der Widerspruchsfreiheit (PWF)*

a) Funktionen des PWF

Aristoteles formuliert es zuerst ontologisch: »Ein und dasselbe kann nicht ein und demselben in derselben Hinsicht zugleich zukommen und nicht zukommen« (*Met.* IV 3, 1005 b 19–20) und dann logisch: »Man kann nicht ›von ein und demselben‹ ein und dasselbe zugleich wahr bejahen und verneinen« (ebd. Kap. 4, 1008 a 34 – b 1). Weil das Bejahen Zukommen und das Verneinen Nichtzukommen bedeutet, ergibt sich aus der logischen die ontologische Formulierung unter der Voraussetzung, dass eine logisch falsche, d. h. widersprüchliche Aussage nicht gleichwohl objektiv zutreffen kann.

Das PWF erfüllt eine bestimmte historische Funktion. Aristoteles versteht es als seine Antwort auf den Homo-Mensura-Satz (HMS) des Protagoras, nach dem für jedes Individuum das gilt, was es für wahr hält.[87] Da die Meinungen der Menschen einander widersprechen, hat der HMS für Aristoteles die Konsequenz, dass alle Meinungen gleich wahr sind und ein und derselbe Sachverhalt wirklich ist und nicht wirklich ist.

[86] Der interessanteste Gedanke des 10. Buches der *Metaphysik* dürfte die Idee sein, dass »Einheit« nicht einen einzigen, sondern einen vielfachen Sinn hat, nämlich das jeweils *spezifische* Maß, das man in *verschiedenen* Gegenstandsbereichen wie denen der Zahlen, der Töne oder der Gewichte zur Erkenntnis bestimmter Quantitäten gebraucht (Kap. 1, 1052 b 14 – 1053 a 35). Aber weder dieser Gedanke noch andere des 10. Buches scheinen mir zu den Grundzügen der aristotelischen Metaphysik zu gehören, auf deren Darstellung ich mich hier beschränke.

[87] *Met.* IV 4, 1007 b 18–25, u. Kap. 5, 1009 a 6–15; vgl. oben A II 7.

Wie schon der platonische Sokrates wird Aristoteles mit dieser Folgerung der Radikalität des Protagoras nicht gerecht, für den die Sachverhalte immer nur individuell gelten, d.h. in den Augen derjenigen, die meinen, dass es sich so verhält (vgl. Platon, *Tht.* 170e – 171c). Denn damit bestreitet Protagoras, dass es die Dimension einer den Menschen gemeinsamen Realität gibt, die Dimension, die Aristoteles noch beansprucht, wenn er aus dem HMS eine Aussage über die gemeinsame *Wahrheit* aller Meinungen und die Wirklichkeit – und Unwirklichkeit – eines Sachverhalts *schlechthin*, d.h. ohne Bezug auf ein Individuum, folgern will.

Auf das Verhältnis von Platon und Aristoteles wirft ein helles Licht die Tatsache, dass sie beide das erste Prinzip ihrer Philosophie, nämlich die IdG und das PWF, anhand ihrer Kritik des HMS gewinnen. Aristoteles spielt auf diese Gemeinsamkeit an, indem er vom PWF sagt, es sei keine Hypothese, ihm also genau die fundamentale Funktion für Wissen verleiht, die Platon der Idee des Guten gegeben hatte (*Met.* IV 3, 1005b 11–14; vgl. oben S. 91). Der Leser der *Metaphysik* erfährt aber nicht, wie Aristoteles sein Prinzip von dem platonischen unterscheidet, weshalb genau er also einen neuen Ansatz in der Protagoraskritik für nötig hielt.[88]

So, wie Aristoteles das PWF erklärt, ist es die erste logische Voraussetzung aller Erkenntnis und kann als solche nur ausgewiesen werden, indem man den Vorrang dessen, was etwas wesentlich ist, vor dem, was es nebenbei auch noch (akzidentell) ist, annimmt; das ist die eine Grundthese der Ontologie neben der vom Vorrang des Wirklichen oder Tätigen vor dem nur Möglichen oder nur Fähigen. Also verklammert das PWF die Ontologie mit der Logik in dem Sinn, dass die Ontologie diejenige Struktur alles Wirklichen ausarbeitet, auf die sich die philosophische Konzeption widerspruchsfreier Erkenntnis beziehen muss.

[88] In der *Nikomachischen Ethik* kritisiert Aristoteles an der Idee des Guten, dass sie kein einheitliches Konzept darstellen könne, weil das, was gut ist, nach verschiedenen Kategorien differenziert werden müsse: Es könne eine Substanz wie Gott sein, eine Qualität wie die Tugenden, eine Relation wie das Nützliche etc. (*NE* I 4, 1096a 19–34). Auch das PWF verteilt sich mit dem »ist« und »ist nicht« der Aussagen auf diese Kategorien (s. unten IV 4 b(3)), aber das stellt seine Einheitlichkeit als »rein formales« Prinzip für Aristoteles nicht in Frage (s. dazu unten S. 140, Anm. 99).

b) Das PWF als logisches Prinzip

Bevor ich diesen Zusammenhang darstelle, muss ich die Stellung des PWF in Aristoteles' Theorie des Wissens erläutern. Wissen besteht zunächst aus bewiesenen Aussagen (Theoremen). Jedes Theorem ist dann bewiesen, wenn es aus zwei wahren Prämissen folgt, deren Wahrheit wiederum nur durch Beweis gewusst werden kann. Wenn alles Wissen auf Beweis beruhte, entstünde so der fatale *regressus ad infinitum*, den unser Verstand nicht leisten kann (s. oben II 3); deshalb gäbe es dann kein Wissen (s. *An. post.* I 3, 72 b 7–15).

Wenn wir aber notgedrungen erste Prämissen (Prinzipien), die unbewiesen und deshalb auch nicht gewusst sind, setzten und aus ihnen folgerten, kämen wir auch nicht zu Beweisen und zu Wissen, denn aus Prämissen, die nicht als wahr gewusst sind, können keine Theoreme gefolgert werden. Also hängt das Wissen aus Beweis von einem Prinzipienwissen anderer Art ab, das Aristoteles »Vernunfteinsicht« (*nûs*) nennt (vgl. oben S. 105, Anm. 65). Seine Gegenstände sind einerseits die Definitionen der spezifischen Gegenstände der einzelnen Wissenschaften wie z. B. der Zahl, andererseits die Voraussetzungen jeglicher Erkenntnis, die Aristoteles »Axiome« nennt. Weder Definitionen noch Axiome können bewiesen werden, aber Aristoteles argumentiert für das PWF in der Absicht, es denjenigen als ihre eigene Voraussetzung nachzuweisen, die es bezweifeln, oder diejenigen zu widerlegen, die es bestreiten.[89]

Das PWF hält Aristoteles für das grundlegende Axiom, weil er die Vernunfteinsicht in dasselbe schon demjenigen nachweist, der den einfachsten sprachlichen Akt ausführt, d. h. nur etwas sagt, nicht einmal in einem Satz etwas aussagt. Wenn er bloß ein Wort, die kleinste semantische Einheit, sagt, meint er etwas Bestimmtes.[90] Also setzt er unmittelbar, *ohne Beweis*, als wahr voraus, dass das

[89] S. *Met.* IV 3, 1005 b 23–25; Kap. 4, 1006 a 11–15; Kap. 5, 1009 a 15–22.

[90] *Met.* IV 4, 1006 a 18–25. Aristoteles denkt nicht an synkategorematische Ausdrücke wie Konjunktionen oder Quantoren, die in Verbindung mit Nomina und Verben eine sprachliche Funktion, aber keine Bedeutung haben. – Der Terminus »Vernunfteinsicht« soll nur den Unterschied zum Wissen (*epistèmè*) durch Beweis ausdrücken, aber nicht bedeuten, dass sich jeder, der etwas sagt, das PWF als Voraussetzung bewusst macht. Das ist natürlich nicht der Fall, und Aristoteles scheint die Tatsache, dass wir das PWF *unthematisch*, d. h. ohne ausdrückliches Bewusstsein von ihm, voraussetzen, ausdrücken zu wollen, wenn er

Wort dies Bestimmte bedeutet, und hält das Urteil für falsch, das Wort habe diese Bedeutung nicht (Kap. 4, 1006 a 25–31). Insofern stimmt er der Negation des PWF nicht zu, derzufolge sich Beliebiges so und nicht so verhält (»S ist P und S ist nicht P«). Vielmehr geht jeder, der ein Wort sagt, davon aus, dass das PWF jedenfalls für das Bedeuten dieses Wortes gilt; also gilt das PWF für das Bedeuten aller Wörter, die man sagen kann.

c) Objektive Widerspruchsfreiheit

Die Widerspruchsfreiheit soll aber auch ein ontologisches Prinzip sein, nicht nur der Semantik der Wörter zugrunde liegen. Aristoteles begründet die ontologische Funktion des PWF, indem er zunächst erklärt, wie man zeigt, *was genau* man mit dem Aussprechen eines Wortes meint: Das zeigt man, indem man das Wort definiert, z. B. »Mensch« als »zweibeiniges Lebewesen« (die verkürzte Version eines Definitionsversuchs aus Platon, *Pltk.* 266 e).

Dann bestimmt Aristoteles den Sinn der Definitionen so, dass sie Folgendes ausdrücken: Wenn einer z. B. ein Mensch ist, dann heißt das für ihn, ein zweibeiniges Lebewesen zu sein (*Met.* IV 4, 1006 a 31–34). Oder: Wenn es wahr ist, dass er ein Mensch ist, dann *muss* er ein zweibeiniges Lebewesen sein, d. h. es ist unmöglich, dass er es auch nicht ist; so ist der Widerspruch im Fall der Subsumtion eines Individuums unter die Definition ausgeschlossen (ebd. 1006 b 28–34, vgl. Kap. 5, 1010 b 26–30). Das fundamentale Axiom aller Beweise, das PWF, wird so an der Funktion der Definitionen für die Elemente der definierten Klasse aufgezeigt.

Wie die zitierten Formulierungen zeigen, nimmt Aristoteles wie Platon an, dass die Definitionen nicht nur den Sprachgebrauch erläutern, sondern auch aussagen, wie das Objekt der definierten Termini jeweils konstituiert ist. Dieses Verständnis von den Definitionen, dass sie *Realdefinitionen* sind, macht Wissen, das auf Definitionen beruht, als objektive Erkenntnis im Prinzip möglich (vgl. oben S. 27–29).

sagt, dass ein Wissen vom PWF *mitbringen* muss, wer immer etwas erkennen will (ebd. Kap. 3, 1005 b 15–17).

Auch das PWF verdankt seinen ontologischen Charakter der Voraussetzung, dass die Definitionen Realdefinitionen sind. Denn dass das bloße Bedeuten von etwas Bestimmtem nicht zugleich das Nichtbedeuten desselben sein kann, das könnte auf einer Eigenart der Sprache beruhen, der nach Protagoras nichts in der Realität entspricht (s. oben S. 11 f.). Dass auch eine Sache nicht zugleich und in derselben Hinsicht so oder so bestimmt und nicht bestimmt sein kann, das zeigt Aristoteles nur daran, dass sie notwendig das ist, was die Definition ihrer Grundbezeichnung bedeutet.

Eine Bemerkung zu meiner Terminologie: Zur Unterscheidung von akzidentellen Prädikaten wie »schlank« nenne ich diejenigen »Grundbezeichnung«, mit denen man etwas primär klassifiziert, also z. B. »Mensch«, »Vase«, »Bergkristall«, ihren Referenten die »Grundbestimmung« der je gemeinten Dinge oder Lebewesen im Unterschied zu akzidentellen Bestimmungen wie dem Referenten von »schlank«. Die objektive Bedeutung der Definition soll »Wesensbestimmung« derselben Dinge oder Lebewesen heißen. Dabei unterscheiden sich »Grundbestimmung«, z. B. »Vase«, und »Wesensbestimmung«, also etwa »Gefäß für Schnittblumendekor«, nicht in der Sache. Ich mache den Unterschied nur, um der eminenten Bedeutung Rechnung zu tragen, die Aristoteles den Wesensbestimmungen als »Nachfolgerinnen« der Ideen gibt: Wie diese werden die Wesensbestimmungen von der Metaphysik angenommen, damit die Definitionen objektives Wissen begründen können; diese Funktion könnten die ungeklärten Grundbestimmungen nicht übernehmen.[91]

[91] Aristoteles selbst legt auf den Unterschied zwischen Arten von Sprachzeichen (Prädikat, Grundbezeichnung, Definition) und von objektiven Beständen (Bestimmung – akzidentelle oder Grundbestimmung –, Wesensbestimmung) meist keinen Wert, im Gegenteil, er wendet oft die Ausdrücke für sprachliche Gebilde auf die gemeinten Sachverhalte an. Er kann aber doch auch einmal terminologisch das Prädikat (*katègorumenon*) und das mit ihm Bezeichnete (*sèmainomenon*) unterscheiden, s. *De ideis*, p. 82, 13 Leszl (Übers. S. 103, vgl. oben S. 46, Anm. 28). Und er verfügt über andere Termini für die Definition (*logos, horos, horismos*) als für die Wesensbestimmung (*to ti èn einai*, s. dazu unten S. 166). Mein Verfahren ist also nicht anachronistisch. – Im Übrigen kann auch ich es nicht konsequent vermeiden, mit Ausdrücken wie im Folgenden »individuelles Subjekt« sowohl das sprachliche Zeichen wie das mit ihm Bezeichnete zu meinen.

d) Widerspruchsfreiheit erfordert Grundbestimmungen.

Die Funktion, für die Widerspruchsfreiheit objektiver Sachverhalte den Fixationspunkt zu bilden, zeichnet die Grundbestimmung nicht nur gegenüber bloß gemeinten Bedeutungen aus, sondern auch gegenüber objektiven Bestimmungen, die keine Grundbestimmungen, sondern akzidentelle sind. Denn angesichts dessen, dass man viele Prädikate von einem individuellen Subjekt aussagen kann, macht Aristoteles geltend, dass diese Aussagemöglichkeit jeweils nur im Fall *eines* Prädikats auch für seine Definition oder Bestandteile derselben gilt: So kann man die Gattung der Eiche von der einzelnen Eiche aussagen (»Sie ist ein Laubbaum«).

Die Definitionen oder Gattungen aller anderen Prädikate lassen sich dagegen von deren Subjekt nicht aussagen: Man kann von der grünen Eiche nicht sagen, sie sei eine Farbe.[92] Daran zeigt sich: Mit »Laubbaum« bezeichnet man, was die Eiche wesentlich ist, mit »grün«, was sie gelegentlich – im Winter nicht – und nur ihrer Beschaffenheit nach (akzidentell) ist. Wer nun den Widerspruch generell zulassen will, muss das (Etwas-)Sein im wesentlichen Sinn bestreiten, damit man ihm nicht vorhält, er könne nicht vom Einzelnen seine Wesensbestimmung oder seine Gattung aussagen und zugleich negieren (»Die Eiche ist kein Laubbaum«).

Wer den Widerspruch akzeptiert, muss also alle Aussagen zu solchen von akzidentellen Prädikaten erklären, denn zu diesen Aussagen kann man ihre Negation in dem Sinn hinzusetzen, dass z. B. die Eiche grün und nicht grün ist, weil sie noch vieles andere, z. B. langlebig, in demselben akzidentellen Sinn ist; sofern sie langlebig ist, ist sie nicht-grün.[93]

[92] Die klassische Definition einer Art wie »das Grün« setzt sich aus der Gattung wie »Farbe« und einer oder mehreren spezifischen Differenzen (für »Grün« etwa: »zu Rot komplementär«) zusammen (vgl. oben A I 4 a).

[93] Ebd. 1007 a 8–33. Aristoteles vernachlässigt hier einen wichtigen Unterschied, den er selbst an anderer Stelle klärt: Der Eiche z. B. die Eigenschaft der Langlebigkeit zuschreiben heißt, von ihr etwas *anderes* sagen, als dass sie grün ist, oder von ihr »nicht-grün« (d. h. etwas unbestimmtes Anderes als »grün«) *affirmativ* aussagen, nicht aber, die Eigenschaft »grün« mit Bezug auf die Eiche *negieren* (s. *Erste Analytiken* I 46, 51 b 5–35). Das ist der Unterschied zwischen »Die Eiche *ist* nicht-grün« und »Die Eiche *ist nicht* grün«. – Affirmative Aussagen mit einem negativen Prädikat erscheinen uns als künstliche Gebilde,

Die Voraussetzung für die Zulassung des Widerspruchs aber, dass »sein« nur im akzidentellen Sinn soll ausgesagt werden können, ist für Aristoteles unhaltbar. Denn solche Aussagen müssen Eigenschaften (Akzidenzien) einem *bestimmten* Subjekt zuschreiben; wäre dasselbe nämlich ein unbestimmtes X, dann bliebe auch die scheinbare Aussage (»X ist blau« z. B.) unbestimmt, könnte weder wahr noch falsch sein, also auch keine Aussage.

Wäre das Subjekt aber nur durch eine *Eigenschaft* bestimmt, dann könnte auch die ihm als bloßes Akzidens zugeschrieben werden, und das Subjekt müsste wiederum anders bestimmt sein; so ergäbe sich ein unendlicher Regress. Außerdem käme die Eigenschaft B dem als A bestimmten Subjekt nicht eher zu als die Eigenschaft A dem als B bestimmten Subjekt. Deshalb muss das Subjekt nichtakzidentell, also wesentlich bestimmt sein.[94]

Obwohl also die Grundbezeichnung (z. B. »Eiche«) und ihre Definition genau so wie die akzidentellen Prädikate vom Subjekt, der einzelnen Eiche, ausgesagt werden, bedeuten sie nichts anderes als das Subjekt. Diese Identität der Bedeutung hat die Konsequenz, dass dem Subjekt seine Grundbestimmung und seine Wesensbestimmung notwendig zukommen, d. h. nicht zugleich von ihm negiert werden können.

und wir lassen uns in diesem Eindruck auch nicht dadurch beirren, dass Kant sie in seine Urteilstafel als »unendliche« Urteile aufgenommen und ihren Sinn ausführlich dargestellt hat (*KrV* B 97–98). Analog dazu könnten Sie aber auch angesichts der heute üblichen Verwendung des semantischen Elements »anders« befremdet sein, ob es für sich allein wie in »alternativ« oder in zusammengesetzten Ausdrücken wie »eine andere Welt«, »altermondialisme« oder »altersummit« verwendet wird. Denn dieses Element bedeutet seiner Form nach dasselbe wie die mit einem Nomen kombinierte Negation: irgendetwas anderes als …, nur dass die Extension dieser Bedeutungen auf bestimmte Bereiche wie die politische Weltordnung oder die Gipfeltreffen eingeschränkt ist.

[94] S. *Met.* IV 4, 1007 a 33 – b 18; vgl. *An. post.* I 22, 83 a 30–32. Das zweite Argument zeigt, dass die Bestimmung des Verhältnisses der Eigenschaften zu ihrem Subjekt als »Zukommen« die einmal als Eigenschaften eingestuften Bestimmungen auf diese Funktion festlegt.

e) Widerspruchsfreiheit impliziert die Unterscheidung der Seinssinne.

So entwickelt Aristoteles die ontologische Version des PWF aus der eigens begründeten Voraussetzung, dass etwas aussagen heißt, etwas von etwas Bestimmtem aussagen, das deshalb eine Grundbestimmung haben muss. Diese Argumentation für das PWF gilt weniger umfassend, als wenn Aristoteles das PWF nur anhand der Notwendigkeit erläuterte, die Definitionen irgendwelcher Terme von deren Referenten auszusagen.

Damit meine ich: Wenn z. B. Grün als eine so und so geartete *Farbe* definiert ist, ist es unmöglich, dass es keine Farbe ist. Eine solche hypothetische Erläuterung des PWF machte alle Prädikate gleichermaßen zu Subjekten von – sie teilweise oder ganz definierenden – Aussagen, denen nicht zugleich und in derselben Hinsicht widersprochen werden kann. Dagegen lässt Aristoteles' tatsächliche Argumentation als Subjekte solcher Aussagen nur die individuellen Dinge oder Lebewesen unter dem Aspekt ihrer Grundbestimmung zu, also z. B. »dieses Haus«, nicht aber »das Grün da«; dieser letztere Ausdruck bezeichnet kein Einzelding und kein individuelles Lebewesen.

Das bedeutet, dass die Verteidigung des PWF im ontologischen Sinn erfordert, zwischen »etwas wesentlich sein« und »etwas nebenbei oder gelegentlich, d. h. akzidentell sein« zu unterscheiden. Das ist nichts anderes als die Unterscheidung zwischen den zwei Arten von Etwassein, dem akzidentellen und dem Ansichsein (s. oben S. 125). So verknüpft Aristoteles die Argumentation für die objektive Geltung des höchsten logischen Prinzips mit seiner ersten Grundunterscheidung der Sinne von Sein: Wer ihm diese bestreitet, kann auch nicht zeigen, dass das PWF und mit ihm die Logik überhaupt in der *Wirklichkeit* gelten, die wir mit unseren Aussagen meinen.

Denn Aristoteles konkretisiert die beiden Arten von Etwassein an den Individuen, die Wahrnehmung und Erfahrung uns für wirklich halten lassen: Nur an Einzelnem kann der Unterschied zwischen den Definitionen von Grund- und Akzidensbestimmungen demonstriert werden, der Unterschied, dass die Definitionen von Grundbestimmungen wie »Eiche« von den einzelnen Eichbäumen ausgesagt werden können, die Definitionen ihrer Eigenschaften wie »langlebig« aber nicht.[95] – Ich werde auf die Schlüsselfunktion der raumzeitlichen Einzeldinge und Individuen für die Definitionen zurückkommen (s. unten V 2 c).

4. *»Sein« als Kopula*

Zwar enthält die Argumentation zugunsten des ontologisch verstandenen PWF die Differenzierung des Etwasseins, diese muss ich aber jetzt in ihrem spezifischen Kontext erklären. Da Etwassein sprachlich so ausgedrückt wird, dass Formen des Verbs »sein« als Kopula für Subjekt und Prädikat fungieren, meine ich mit »spezifischem Zusammenhang« Aristoteles' Untersuchung solcher Aussagen. Obwohl diese Analyse das Etwassein betrifft, verwendet Aristoteles ihre Ergebnisse, insbesondere die Differenzierung von »sein« nach Kategorien, auch zur Bestimmung von »sein« als Existieren (vgl. oben S. 125 zum 2. Seinssinn). Deshalb werde ich mit Aristoteles' Analyse der Aussagen mit »sein« als Kopula beginnen und im folgenden Abschnitt (IV 5) sein Konzept von Existenz behandeln.

a) Die Form der Aussage und die größten Gattungen (Kategorien)

(1) Die logische und die historische Funktion der Kategorien

Die Form der Aussage richtig zu bestimmen, gehörte für Platon und Aristoteles zur Widerlegung der Sophisten, denn diese behaupteten, Aussagen bestünden darin, zu sagen, was ist, und folgerten daraus, dass man nichts Falsches sagen könne; denn das hieße ja sagen, was nicht ist, also nichts sagen (Platon, *Eud.* 283 e – 284 c, 286 c). Dagegen erklärte schon Platon, dass sich die Aussage in zwei Elemente gliedert, das Subjekt, von dem die Rede ist, und das, was man ihm

[95] Weniger subtil als Aristoteles haben andere Platonkritiker seiner Zeit ihre Überzeugung, dass wirklich nur die raumzeitlichen Einzeldinge und individuellen Lebewesen existieren, gegen die Ideenhypothese gekehrt, so Stilpo bei Diogenes Laertius, (um 200 nach Chr.), »Leben und Meinungen berühmter Philosophen«, übers. v. O. Apelt, 3. Aufl. Hamburg 1998, Buch II, § 119.

wahr oder falsch zuschreibt (*Soph.* 262 e – 263 d). Aristoteles fand dafür die einfache Formel, dass die Aussage darin besteht, von etwas etwas zu sagen, sei es im Sinn des Zuschreibens, sei es im Sinn des Absprechens (*Her.* 6, 17 a 25–26).[96]

In der einfachen Formel steht natürlich »von etwas« für das Subjekt der Aussage, »etwas« für ihr Prädikat. Man kann sagen, dass die Prädikate allgemeiner als die Subjekte sind, wenn man von Definitionen und anderen Prädikaten absieht, die dieselbe Extension wie die Subjekte haben, also die typischen Eigenschaften einer Art oder Gattung bezeichnen (wie »fähig zur Zivilisation« mit Bezug auf den Menschen). Sofern die Prädikate allgemeiner als die Subjekte sind, enthält Aristoteles' Formel »etwas von etwas sagen« den Gegensatz zwischen dem allgemeinen »etwas« und dem besonderen »von etwas«.

Das ist unmittelbar evident bei den *klassifizierenden* Aussagen der Art (»Katze«) vom Individuum (»Muschi«) sowie der Gattung (»Säugetier«) von der Art, bei den Aussagen also, die einerseits die Voraussetzung der Definition und andererseits den ersten Schritt zu ihr bilden.[97] Auf die Reihen von Prädikaten, die sich daraus ergeben (wie »Katze« – »Säugetier« – »Tier« – »Lebewesen«), wendet Aristoteles das Prinzip der zu meidenden Unendlichkeit an; das heißt, dass es jeweils letzte Subjekte und eine allgemeinste Gattung geben muss (*An. post.* I 22, 83 a 39 – b 17). Die letzten Subjekte sind die in Raum und Zeit existierenden Individuen, die allgemeinsten Gattungen sind die Kategorien Substanz, Quantität, Qualität, Relation, Tun, Leiden, Ort, Zeitpunkt.[98]

[96] Damit sind identifizierende Aussagen wie »Dieser Berg ist das Matterhorn« ausgeschlossen. Das ist historisch bedeutsam, weil zu Aristoteles' Zeit die Schule der Megariker Aussagen für nichts Anderes als Identifikationen hielt: Zwei Sätze, in denen von demselben Subjekt zwei Eigenschaften prädiziert werden, spalten es in zwei (s. K. Döring, *Die Megariker*, Amsterdam 1972, S. 60, frg. 198). Platon hat diesen Begriff von Aussagen kritisiert (s. oben S. 52), für Aristoteles scheint er damit abgetan gewesen zu sein.

[97] Die Voraussetzung der Definition, die immer eine Art, nie ein Individuum definiert, ist die Bestimmung von Individuen oder einzelnen Dingen durch ihre Art – so weiß man, dass die Art keine leere Klasse ist –, erster Schritt der Definition ist die Bestimmung der Art durch die Gattung.

[98] In der Kategorienschrift kommen noch Lage (oder Haltung wie z. B. Sitzen) und (An-sich)-Haben (wie Bewaffnetsein) hinzu, s. Kap. 4, 1 b 27 u. 2 a 2–3.

Aristoteles versucht nicht zu begründen, dass genau diese Termini und keine anderen die allgemeinsten Gattungen bezeichnen. Er sagt nicht einmal ausdrücklich, welche Funktion die Kategorien ursprünglich haben, Sie können es aber verschiedenen Texten entnehmen: Die Kategorien stellen die abstraktesten – und deshalb schwer fassbaren – von den Unterschieden dar, auf deren Unterschlagung bestimmte sophistische Fangschlüsse beruhen. So werden Substanz und Quantität nicht unterschieden, wenn die Sophisten wie folgt argumentieren (*Sophistische Widerlegungen* [im Folgenden *Soph. El.*] 22, 178 a 29–36):

(1) Wenn man das, was man jetzt hat, später nicht mehr hat, hat man es verloren.
(2) Wer von 10 Würfeln nur einen verliert, hat dann keine 10 mehr.
(3) Also hat er 10 verloren.

Aristoteles erklärt das verblüffende Resultat damit, dass der Sophist die Mehrdeutigkeit des »das, was« ausnutzt: Im Obersatz (1) versteht man darunter spontan ein Einzelding, also eine *Substanz*, und stimmt der so verstandenen Aussage deshalb richtig zu. Im Untersatz (2) wird jedoch »das, was« als eine Menge von Einzeldingen aufgefasst, die nur unter dem Aspekt ihrer bestimmten Anzahl betrachtet werden. Für diesen Aspekt der *Quantität* gilt aber der Obersatz nicht – wie in der Folgerung von (3) vorausgesetzt. Denn während man ein Einzelding dann verloren hat, wenn man es als *Ganzes* zuerst besaß und später nicht mehr hat, muss man nicht *alle* Elemente einer bestimmten Menge verloren haben, wenn man *diese Menge* nicht mehr hat, es genügt schon eines ihrer Elemente. In heutiger, von Wittgenstein beeinflusster Ausdrucksweise würde man sagen: Für Terme, die Substanzen bedeuten, gelten andere Verwendungsregeln als für solche, die Quanten bezeichnen.

Im Hinblick darauf, dass die Kategorien zu einer Art selbstverständlichem Lehrstück geworden sind, können Sie sich ihre geschichtliche Bedingtheit anhand der Tatsache vergegenwärtigen, dass sie zunächst eine defensive Funktion hatten, diejenige nämlich eines Instruments zur Widerlegung bestimmter sophistischer Techniken.

(2) Kategorien statt Transzendentalien

Aristoteles versteht sich als Neuerer im Verhältnis zu Platon insofern, als er weder »Seiendes« noch einen anderen Terminus, der wie z. B. »Eines« oder »Anderes« von *jedem beliebigen* Objekt gilt (s. oben S. 123), für die allgemeinsten Gattungen hält, sondern eben die klassifizierenden Kategorien, von denen jede nur *eine* Klasse von Objekten im Unterschied zu den anderen Klassen bezeichnet. Dabei meine ich mit »Objekt« nicht selbständige Dinge oder Individuen, sondern die Referenten von Prädikaten wie »Rose«, »70 cm hoch« oder »rot«, die Aspekte ein und desselben Dinges sein können. Von beliebigen Gegenständen dieser Art kann man »seiend«, »eines« und »anderes« aussagen, »Substanz« aber nur von der Rose, »Quantität« nur von der Höhe von 70 cm, »Qualität« nur von der Röte.

Warum lässt Aristoteles nur diese klassifizierenden, also unterscheidenden Kategorien als allgemeinste Gattungen gelten, nicht aber die universell unterschiedslos verwendbaren Termini? Seine Begründung dafür lautet: Ausdrücke wie »Seiendes« sind keine Gattungen, weil sie nicht so in Arten differenziert werden können, wie es bei Gattungen die Regel ist. Das zeigt Aristoteles in zwei Schritten (*Topik* [*Top.* im Folgenden] VI 6, 144 a 30 – b 3; *Met.* III 3, 998 b 22–28).

(a) Zuerst eine Regel für das richtige Verhältnis von Gattungen und den zugehörigen artbildenden Differenzen (*differentiae specificae*): Wenn die Differenzierung etwa der Gattung »Lebewesen« in die Arten »Mensch« und »Tier« durch die artbildenden Differenzen »vernünftig« und »vernunftlos« bewirkt wird, dann darf »Lebewesen« nicht – *als* Gattung, d. h. als erste Antwort auf die Frage »Was ist ›vernünftig‹/›vernunftlos‹?« – von den beiden Differenzen ausgesagt werden. Diese Aussage machte nämlich die Differenzen zu Arten von Lebewesen, die dann wiederum andere Differenzen zur Einteilung der Gattung »Lebewesen« erforderten.

(b) Sodann die Anwendung dieser Regel auf die Termini »Seiendes«, »Eines« und »Anderes«, probeweise als Gattungen verstanden: Von eventuellen Differenzen dieser Termini dürften »Seiendes«, »Eines« und »Anderes« der Regel (a) zufolge nicht als Gattungen ausgesagt werden. Also würden diese Differenzen zu Nichtseiendem, Nichtanderem und Nichtidentischem, verlören jede Existenz und Gegenständlichkeit. Also kann es zu »Seiendes«, »Eines«, »Anderes« und ähnlichen Termini keine Differenzen geben, und damit sind sie keine Gattungen, also auch keine Prinzipien wie für Platon.

Gleichwohl verschwanden sie nicht aus der Metaphysik, weder aus der aristotelischen noch aus der mittelalterlichen, die sie *transcendentia* oder »Transzendentalien« – d. h. die Kategoriengrenzen überschreitend – nannte.[99]

b) Die Verknüpfung in den Aussagen durch »sein«

(1) »Sein« als Kopula und die Doppeldeutigkeit von »Seiendes«

Der transzendentale Terminus »Seiendes« unterscheidet sich von den anderen wie »Eines« darin, dass er das Partizip eines Verbs ist. Wenn man sich an dem grammatischen Verhältnis orientieren kann, dass das Partizip vom Verb abgeleitet ist, wird man zur Klärung des Sinnes von »Seiendes« immer auf das Verb »sein« zurückgehen, und zwar nicht auf seinen isolierten Infinitiv, sondern auf seine flektierten Formen, an denen seine syntaktische und seine semantische Funktion zu erkennen sind.

[99] Aristoteles' Unterscheidung von allgemeinsten Gattungen und Transzendentalien wurde im 20. Jh. von Husserl bestätigt (s. *Ideen zu einer reinen Phänomenologie und phänomenologischen Philosophie*, 1. Buch, § 13, in *Husserliana* Bd. III, Den Haag 1950, S. 32): Generalisierung als Bestimmung der jeweiligen Gattung ist von Formalisierung zu unterscheiden, mit der man »Sachhaltiges« wie ›Dreieck‹ einem »reinlogisch Formalen« wie ›Gegenstand‹ unterstellt. Woran erkennen Sie, dass Sie es in einem konkreten Fall mit der Aussage von »reinlogisch Formalem« zu tun haben? Daran, dass diese Aussage – anders als die Aussagen von Gattungen (s. oben Anm. 18) – unmittelbar einleuchtet und nicht sinnvoll bezweifelt werden kann (s. E. Tugendhat, *Vorlesungen zur Einführung in die sprachanalytische Philosophie*, Frankfurt 1976, S. 38 f.).

Es charakterisiert aber die aristotelische und die ihr folgende mittelalterliche Metaphysik, dass sie die formalen Termini, von denen sie sich leiten lässt und die sie auch analysiert, gleichwohl nicht als Prinzipien betrachtet, insbesondere »sein« bzw. »Seiendes« und »Ursache/Prinzip«, s. *Met.* VII 16, 1040 b 16–24. In Husserls Sprache gesagt: Prinzipien sollen sachhaltig sein, wohl deshalb, weil sie damit unmittelbar Prinzipien einzelner Wissenschaften wie »Quantität« für die Mathematik sein können. Das gilt allerdings nur für Termini bzw. ihre Definitionen, nicht für das PWF, das »reinlogisch formal« ist.

Wenn das »ist« nicht im Sinn von »existiert« zu verstehen ist, vollzieht es die Verknüpfung von Subjekt und Prädikat in der Aussage (*Her.* 3, 16b22–25).[100] Dieselbe Funktion üben auch finite Vollverben wie »spielt« aus, aber Aristoteles unterscheidet deren allgemeine Verknüpfungsfunktion von ihrer je spezifischen semantischen Funktion (»spielen« im Unterschied zu »schlafen« etc.), indem er Sätze wie »Peter spielt« in »Peter ist ein Spielender« umformt. Durch die Umformung bekommt das Partizip die spezifische semantische Funktion, während die allgemeine Verknüpfungsfunktion auf die Kopula übergeht, die nur diese Funktion ausübt (ebd. Kap. 12, 21b9–10).

Wenn man nun mit demselben Umformungsverfahren das »ist« in das Partizip »seiend« verwandelt und dieses von einem Subjekt aussagt, erhält man zwei Arten künstlicher Aussagen: entweder des Typs »S ist ein Seiendes« im Sinn von »Existierendes«, was nicht mehr bedeutet als »S existiert«; oder des Typs »S ist ein *so oder so* Seiendes«, was nicht mehr bedeutet als »S ist so oder so«. In den Aussagen des zweiten Typs wird mit dem Prädikatsnomen »Seiendes« kein bestimmter Inhalt ausgedrückt, denn den meint man vielmehr mit »so oder so«. Also kann mit »Seiendes« nur die bloße Verknüpfungsfunktion *thematisiert* werden, die man zugleich mit der Kopula »ist« *gebrauchen* muss, um die Aussage »S ist ein so oder so Seiendes« zu erhalten.

Da die Verknüpfung ohne die *beiden* zu verknüpfenden variablen Termini (Subjekt und Prädikat) nichts bedeutet (ebd. Kap. 3, 16b21–25), kommt es bei der Thematisierung der Verknüpfung darauf an, zu dem Wort »Seiendes« das »so oder so« hinzuzusetzen. Damit unterscheidet man das kopulative »ist« vom existentiellen,

[100] Die üblichen Ausdrücke »Verknüpfung« und »Kopula« sind nicht angemessen, denn die Funktion, die sie bezeichnen, wird durch das Wort »und« ausgeübt. Was das »ist« – und die anderen flektierten Formen von »sein« – leisten, wenn sie mit einem Prädikatsnomen verbunden sind, erschließt sich besser, wenn Sie von Aristoteles' Begriff der Aussage ausgehen, dass sie darin besteht, etwas (Prädikat) von etwas (Subjekt) zu sagen. Das können Sie zu der Beschreibung »etwas (Subjekt) als etwas (Prädikat) zu verstehen geben« weiterentwickeln. Aristoteles selbst weist darauf hin, dass die Gedanken »A kommt B zu« und »A kommt B nicht zu« A und B nicht nacheinander, sondern als eine Einheit fassen (*Met.* VI 4, 1027b23–25). – Trotz dieses Bedenkens behalte ich die geläufige Ausdrucksweise bei.

d. h. demjenigen, das so viel bedeutet wie »existiert« und keine Ergänzung außer dem Subjekt braucht, um eine vollständige Aussage zu ergeben.

Sobald Sie die Verknüpfungsfunktion mit dem jeweiligen Subjekt und dem Prädikat zusammen denken, also die ganze Aussage, bekommt »Seiendes« den Sinn der mit der Aussage gemeinten *Tatsache* (vgl. oben S. 125 f.). Eine Schwierigkeit der Rede vom »Seienden« entsteht aber dadurch, dass Aristoteles diesen Sinn von »Seiendes« nicht festhält, sondern unter »dem Seienden« auch und meist die jeweils mit dem Prädikat ausgedrückte Gegebenheitsweise des Subjekts, das von ihm behauptete »so oder so« versteht.

Beide Seiten seines Sprachgebrauchs lassen sich da beobachten, wo er von Zufällen (*ac-cidentia*), einer Art von Seienden, spricht: Einerseits ereignet es sich zufällig, dass im Hochsommer Sturm und Kälte einbrechen, andererseits soll die Entdeckung eines Schatzes *für* den grabenden Bauern zufällig sein, ihm zufallen. Im ersten Fall ist »das zufällig Seiende« das ganze Ereignis, im zweiten Fall nur das, *was* dem Bauern zustößt (*Met.* V 30, 1025 a 4–7; VI 2, 1026 b 6–9 u. 33–34).

Dass Aristoteles zum zweiten Fall übergeht, versteht man mittels der sprachlichen Form: Er spricht da nicht von Zufall, sondern vom »Zufallenden« (*symbebèkos*), und das suggeriert ihm, dass es einem Subjekt zufällt. Analog zu dieser Zweideutigkeit verhält es sich mit der von »(so oder so) Seiendes«: Dies bedeutet sowohl den objektiven Zusammenhang, den man mit der Kopula »ist« ausdrückt, als auch das, was mit Hilfe der Kopula dem jeweiligen Subjekt zugesprochen wird, das »so oder so«.

Im Hinblick auf die Verknüpfungsfunktion des »ist« differenziert Aristoteles Sinne von »sein« auf zweierlei Weise: einmal durch die Unterscheidung von zwei Verhältnissen zwischen Subjekt und Prädikat, die jeweils zu verknüpfen sind; sodann vermittels der Klassifikation der verschiedenen Prädikate nach den Kategorien.

(2) Akzidentelles »Etwassein« vs. »etwas-an-sich-Sein«

Die zwei Verhältnisse zwischen Subjekt und Prädikat habe ich schon in der Übersicht über die Sinne von »sein« nach Aristoteles und im Zusammenhang mit dem PWF erwähnt (S. 125 u. 135):

(a) Das akzidentelle Verhältnis für den Fall, dass das Prädikat das Subjekt nicht klassifiziert, sondern etwas *anderes* mit Bezug auf es bedeutet (wie »Der Mensch da ist bleich«) – im Anschluss an Kant würde man von synthetischen Urteilen sprechen.

(b) Das wesentliche Verhältnis, wenn das Prädikat das Subjekt klassifiziert, d. h. nichts anderes als der Subjektterminus bedeutet, so dass man es mit einem analytischen Urteil zu tun hat (wie »Der Mensch da ist ein Lebewesen«, s. *An. post.* I 22, 83 a 24–30; vgl. *Met.* V 18, 1022 a 27–29).

In den Aussagen beiderlei Art hat das »ist« nicht denselben Sinn, denn im ersten Fall (a) bedeutet es akzidentelles Sein, d. h. dass das vom Prädikat Bezeichnete (»bleich«) dem Subjekt *zukommt*, während es im zweiten Fall (b) Ansichsein besagt: Das Subjekt *ist genau das*, was es heißt, das vom Prädikat Bezeichnete (»Lebewesen«) zu sein.

Aus dem jetzt bestimmten Begriff des kopulativen »Sein« im akzidentellen Sinn ergibt sich, dass es eine größere Extension als oben (S. 125) zunächst angenommen hat: Es liegt nicht nur dann vor, (1) wenn ein akzidentell bestimmtes Subjekt akzidentell weiter bestimmt wird wie in »Das Bunte da ist hübsch«. Den Sinn von Zukommen hat das »ist« vielmehr auch dann, (2) wenn von einem zunächst akzidentell bestimmten Subjekt seine Grundbezeichnung als Prädikat ausgesagt wird wie in: »Das Bunte da ist ein Mantel«. Beide Aussagetypen (1 u. 2) setzen voraus, (3) dass der Sache nach die akzidentellen Bestimmungen »bunt« und »hübsch« dem Subjekt »Mantel« zukommen, was man mit »Dieser Mantel ist bunt« und »Dieser Mantel ist hübsch« sagt (*Met.* V 7, 1017 a 7–18). Dieses Zukommen ist zwar primär im Verhältnis zu demjenigen, das man in Aussagen der Typen (1 u. 2) meint, aber auch in Aussagen des Typs (3) bedeutet das Prädikat etwas anderes als das Subjekt. Deshalb hat das »ist« in ihnen einen akzidentellen Sinn, den des Zukommens.

Nun setzt Aristoteles noch hinzu, von einem Individuum könne man z. B. sagen, es *sei* gebildet, »weil es – das, was das Prädikat bezeichnet – einem Seienden zukommt« (ebd. Z. 16 u. 21). »Sein« soll also primär im Verhältnis zu »Sein« im Sinn von Zukommen sein. Aristoteles klärt aber nicht die Frage, ob er das primäre »Sein« hier existentiell oder mit Bezug auf »ist« als Kopula meint. Wenn »Seiendes« Existierendes bedeuten soll, dann geht es um den Grundsatz, dass nur von existierenden Subjekten wahre affirmative Aussagen gemacht werden können (s. unten S. 146).

Denkt Aristoteles dagegen an das verknüpfende »ist«, dann will er sagen, dass das »ist«, das ein Verhältnis des Zukommens ausdrückt, das akzidentelle »ist« also, Ansichsein voraussetzt, d. h. die Bestimmung des Subjekts durch sein Wesen oder Teile desselben. Wenn die letztere Interpretation zutrifft, handelt die ganze Passage 1017 a 7–22 von der Einteilung des kopulativen »ist« in zwei Sinne: den grundlegenden der wesentlichen Bestimmung des Subjekts durch das von ihm nicht verschiedene Prädikat und den davon abhängigen, nach dem das vom Prädikat Bedeutete dem Subjekt als etwas anderem zukommt.

Können denn *nur* von Individuen, die mit ihrer Grundbezeichnung wie »dieser Mantel« oder »diese Fichte« benannt werden, analytisch solche Prädikate ausgesagt werden, die nichts anderes als die Subjekte dieser Sätze bedeuten? Nein, nach anderen Texten kann man auch die Akzidenzien eines einzelnen Subjekts ihrem Wesen nach bestimmen, d. h. durch analytische Aussagen.[101] Man kann z. B. sagen, dass das Weiß an diesem Tisch eine Farbe ist und dass die quantitative Bestimmtheit dieser Stange eine Länge ist – was man jeweils nicht vom Tisch und von der Stange sagen kann. Das »ist« in solchen Aussagen kann nur den Sinn von Ansichsein, nicht den von Zukommen haben. Also kann man das Ansichsein nicht nur mit Aussagen ausdrücken, in denen die Subjekte einzelne Dinge oder Lebewesen mit ihrer Grundbezeichnung wie »Tisch« oder »Stange« bedeuten.

Trotzdem kommen, wie sich zeigen wird, im Fortgang der aristotelischen Ontologie nur diejenigen Aussagen von Ansichsein zum Tragen, deren Subjekte Grundbezeichnungen sind, und nicht diejenigen, deren Subjekte einzelne Akzidenzien bezeichnen. Das können Sie verstehen, wenn Sie sich klar machen, für welche konzeptionellen Präferenzen die beiden Aussagenarten stehen: Wenn das »ist« in analytischen Urteilen Ansichsein ganz unabhängig davon bedeutet, ob das Subjekt eine Substanz oder ein Akzidens bezeichnet, ist das Kriterium dafür, ob »ist« Ansichsein besagt, allein das

[101] *Top.* I 9, 103 b 27–37; II 2, 109 a 34–38; *Met.* VII 1, 1028 b 1–2; Kap. 4, 1030 a 17–27.

logische Verhältnis der Analytizität. Der ontologische Unterschied von Substanz und Akzidenzien spielt dann keine Rolle für den Sinn des kopulativen »ist«.

Indem Aristoteles also gerade nicht daran festhält, dass auch analytische Urteile über Akzidenzien ein Ansichsein ausdrücken, bringt er den ontologischen Vorrang der Substanz vor den Akzidenzien gegen das logische Kriterium der Analytizität zur Geltung. Zwar kann er darauf verweisen, dass ohne diesen Vorrang das PWF nicht ontologisch gedacht werden kann (s. oben IV 3 d–e). Er nimmt damit aber in Kauf, dass die logische Analytizität verdeckt wird und der Anschein entsteht, nur von Substanzen könne gesagt werden, was sie an sich sind.

(3) Durch die Kategorien »eingefärbtes« »Etwassein«

Unabhängig von dem *Verhältnis* der zu verknüpfenden Termini differenziert Aristoteles die in »Seiendes« thematisierte Verknüpfungsfunktion, indem er das »so und so Seiende« in die allgemeinsten Gattungen oder Kategorien unterscheidet.[102] Das scheint zu bedeuten, dass das kopulative »ist« und das davon abgeleitete »Seiende« nicht nur auf die Prädikate wie »bleich« oder »Eiche«, die man mit »so und so« resümiert, angewiesen ist, um seine Funktion zu erfüllen, sondern auch durch die verschiedenen allgemeinsten Gattungen aller Prädikate zu einer je bestimmten Art von Verknüpfung geprägt wird – als färbe die Gattung des Prädikats auf den Sinn der Verknüpfung ab.

Das können Sie besser verstehen, wenn Sie an die Zweideutigkeit von »Seiendes« denken, d.h. dass dieser Terminus sowohl die allgemeine Funktion der Kopula »ist« thematisiert wie auch die mit den Prädikaten bezeichneten besonderen Gegebenheitsweisen der Subjekte vertritt (s. oben S. 142). Denn sobald zwei Sinne eines theoretischen Terminus nicht unterschieden werden, hindert nichts Übertragungen vom einen auf den anderen Sinn, wie ich sie hier mit »abfärben« beschreibe. Weil also die Gattungen der Prädikate die jeweilige Verknüpfung modifizieren, muss man die verschiede-

[102] S. *Met.* VII 1, 1028 a 10–18. Dass in dieser Passage »Seiendes« von der Verknüpfungsfunktion in Aussagen her verstanden wird, zeigt sich in Z. 15–18: »Wenn wir nämlich dieses (Ding) etwas qualitativ Bestimmtes nennen, dann sagen wir von ihm, es sei gut oder schlecht …«.

nen »ist« bzw. »sind« nach diesen Gattungen in substantielle, quantitative, qualitative, relative etc. einteilen.

Was kann das anderes heißen, als dass die kopulativen »ist« und »sind« stets unter einem bestimmten Gesichtspunkt ausgesprochen werden: Hans ist unter dem Aspekt seines Wesens ein Mensch, ist mit Bezug auf andere Vater, ist in qualitativer Hinsicht intelligent, ist in quantitativer Hinsicht 1,80 m groß etc.? Wenn wir mehr Verben hätten, die so ähnlich wie »sich qualifizieren« – mit einer Korrektur des Sinnes – die Kategorien ausdrücken, dann könnten wir, statt von »sein unter einem Gesichtspunkt« zu sprechen, auch diese Verben verwenden und sagen, dass Hans sich als intelligent qualifiziert, als Mensch substantiiert etc. Dann aber ginge mit dem Verschwinden des »ist« Aristoteles' entscheidende These verloren, dass die mit »Substanz«, »Qualität« etc. gemeinten Unterschiede verschiedene Verknüpfungsweisen in den Aussagen konstituieren.

5. *»Sein« im Sinn von Existieren*

a) Existenz nach den Kategorien differenziert

Man kann affirmative Aussagen von einem Subjekt wahr nur machen, wenn es ist, d.h. wenn es existiert.[103] Die Konsequenzen der Bedingung, dass das Subjekt existieren muss, ergeben sich erst,

[103] S. *Kat.* 10, 13b16–19 u. 27–33. Aristoteles zufolge ist von einem nicht existierenden Subjekt jede Affirmation falsch und jede Negation wahr (hat er Aussagen wie »Sokrates ist nicht tot« oder »Die Sphinx ist ein Fabelwesen« nicht berücksichtigt?). Das heißt, dass keine Aussage von Nichtexistierendem *deshalb* wahr oder falsch ist, weil sie ein bestimmtes Prädikat von einem bestimmten Subjekt geltend macht; all diese Aussagen sind allein aufgrund ihrer Form wahr oder falsch. Deshalb sehe ich in meinem folgenden Argument, in dem es um inhaltliche Voraussetzungen wahrer Urteile geht, von den wahren negativen Aussagen über Nichtexistierendes ab.

Aristoteles scheint gegen seine eigene Regel, dass von nicht Existierendem nichts wahr affirmativ ausgesagt werden kann, zu verstoßen, wenn er öfter auf die These eingeht, dass wir auch von nicht Seiendem sagen, es *sei* Nichtseiendes (z.B. *Met.* IV 2, 1003b9–10; distanzierter in *Met.* VII 4, 1025–27). Nun soll das die allgemeine Konsequenz daraus sein, dass auch die Negationen der Substanz oder nichtsubstantieller Bestimmungen wie Qualitäten durch ihre Beziehung auf die Substanz existieren (*Met.* IV 2, 1003b5–10). Mit »Negationen einer sol-

wenn man eine zweite Regel hinzufügt: Die negativen Aussagen hängen von den affirmativen ab, sofern man, um eine verneinende zu verstehen, zuerst die bejahende verstehen muss.[104] Da das Subjekt wahrer Aussagen existieren muss, beziehen sich also alle wahren verstehbaren Aussagen direkt oder indirekt auf Existierendes.

Ebenso wenig aber, wie das verknüpfende »ist« ohne die zu verknüpfenden Elemente Subjekt und Prädikat gedacht werden kann, zieht Aristoteles die Begriffe von reiner Existenz, geschieden von dem, was da existiert, oder von bloß Existierendem in Betracht. Vielmehr heißt für ihn Existieren immer als etwas existieren oder in einem bestimmten Sinn existieren. Das ist dann ganz plausibel, wenn er sagt, das Existieren der Lebewesen sei ihr Leben (s. *DA* II 4, 415 b 13).

Analog dazu müssen Sie es verstehen, wenn sich die allgemeinsten Sinne, in denen etwas existieren kann, wiederum aus den allgemeinsten Gattungen, den Kategorien, ergeben sollen: als Substanz, Quantität, Qualität, Relation etc.; ein Löwenzahn existiert als Substanz, ein Blau als Qualität. Auf eine jede dieser Weisen existieren heißt an sich sein.[105] – In zwei Hinsichten versteht man nicht, wie diese Differenzierung begründet ist.

chen ›Bestimmung‹ oder der Substanz« – als Prädikaten – dürfte das gemeint sein, was man mit den schon erwähnten negativen Ausdrücken wie »nicht-farbig« oder »Nicht-Vogel« bezeichnet (vgl. oben S. 133, Anm. 93). Wenn man diese Ausdrücke als *Prädikate* verwendet, schreibt man dem jeweiligen Subjekt, also einer Substanz, zu, unbestimmt Anderes als farbig oder als ein Vogel zu sein. Wie mit anderen seiner Eigenschaften (»der Grauhaarige«) kann man dann das *Subjekt* auch mit diesen unbestimmten bezeichnen, wenn es für uns auch sehr gesucht klingt: »das Nicht-Farbige« oder »der Nicht-Vogel«. Die Aussage »Das Nichtseiende ist nichtseiend« stellt dann nichts anderes als die allgemeine Form von Urteilen wie »Das Nicht-Farbige ist nicht-farbig« dar. Dabei wird die Regel, nach der von nicht Existierendem nichts wahr affirmativ ausgesagt werden kann, respektiert, denn das Nicht-Farbige existiert, ist irgendeine unter dem Aspekt einer unbestimmten Eigenschaft bezeichnete Substanz, z. B. ein Schwarz-Weiß-Druck.

[104] S. *An. post.* I 25, 86 b 33–36. Affirmative Aussagen haben für Aristoteles außerdem einen größeren Erkenntniswert, s. *Met.* III 2, 996 b 14–16. So ist es nicht erstaunlich, dass in der Ontologie, die die Strukturen erkennbarer Wirklichkeit entwickeln soll, negative Aussagen nicht zu den Ausgangspunkten der Analyse gehören.

[105] Die Auslegung der Passage *Met.* V 7, 1017 a 22–27, ist in der Forschung umstritten. Ich schließe mich der Interpretation an, die dem antiken Aristote-

Erstens möchte man gern wissen, warum die Arten und Weisen des Existierens nicht einfach in die selbständige der Substanzen und die abhängige der Akzidenzien unterschieden werden, sondern nach den zehn Kategorien. Aristoteles begründet das aber so wenig wie er erklärt, warum die Kategorien nicht nur die allgemeinsten Gattungen aller Prädikate sind, sondern auch den Sinn des kopulativen »ist« differenzieren.

Man kann aber sagen, was Aristoteles mit dieser zusätzlichen Funktionsbestimmung aller Kategorien, d. h. der verschiedenen Akzidenskategorien *neben* derjenigen der Substanz, aus unserer Perspektive *bewirkt*: Er gibt den allgemeinsten Gattungen der Prädikate, den Kategorien, einen ontologischen Stellenwert und verhindert damit, dass die Modi des Existierens, das selbständige und das abhängige, und die Prinzipien des Universums der Begriffe, die allgemeinsten Gattungen, auseinander treten – was die Funktion der Begriffe, Wirkliches zu bedeuten, zweifelhaft machte.

Zweitens befremdet, dass das »ist«, sobald es Existieren bedeutet, von Subjekten auch dann »an sich« ausgesagt wird, wenn die Subjekte Akzidenzien wie »ein Blau« sind. Denn das *kopulative* »ist« soll nur dann den Sinn von Ansichsein haben, wenn das Prädikat die Grundbezeichnung des Subjekts definiert oder mindestens einen Teil von deren Definition enthält. In allen anderen Verhältnissen von Subjekt und Prädikat, insbesondere der Aussage eines Akzidens von der Substanz, bedeutet die Kopula, dass das mit dem Prädikat Bezeichnete dem Subjekt nur zukommt. Warum soll die Beschränkung des Ansich nicht gelten, wenn es »sein« als Existieren qualifiziert?

Ein erster Schritt zur Beantwortung dieser Frage besteht darin, zur Kenntnis zu nehmen, dass für Aristoteles die Aussage eines Akzidens von seiner Substanz wie »dieser Stuhl ist rot« zwei Arten von Existenz ausdrückt:

(1) Dieses da existiert nicht nur als Stuhl, sondern auch als roter.
(2) Röte existiert am Stuhl.

Wenn ich auf die erste Interpretation des Satzes zurückkommen werde, wird sich zeigen, dass sie nach Aristoteles' Auffassung die

leskommentator des 2. Jahrhunderts nach Chr. Alexander von Aphrodisias folgt (*In Aristotelis* Metaphysica *commentaria*, S. 371, 17–33 Hayduck; *On Aristotle's* Metaphysics 5, transl. by W. E. Dooley, Ithaca 1994, S. 44, 18 – 45, 34).

zweite ausschließt. Trotzdem vertritt er in anderen Texten, dass Akzidenzien existieren.[106] Das müssen sie, wenn man, indem man sie von ihrer Substanz aussagt, bedeutet, dass sie ihr zukommen. Denn einem Anderen zukommen kann nur solches, das existiert. In der frühen Kategorienschrift drückte sich Aristoteles denn auch so aus, dass die Akzidenzien *an* den einzelnen Substanzen existieren; dieses Verhältnis haben die lateinischen Kommentatoren »Inhärenz« genannt, »Haften an«. Sobald man also das Verhältnis der Akzidenzien zur Substanz als Inhärenz beschreibt, setzt man die Existenz der Akzidenzien voraus.

b) Als etwas an sich, d. h. nicht zufällig, existieren

Wenn nun die Akzidenzien unter der Voraussetzung ihrer Inhärenz überhaupt existieren, wie soll man es dann verstehen, dass sie gerade so wie die Substanz *an sich* existieren? Der zweite Schritt meiner Antwort auf diese Frage besteht darin, dass ich auf meine Hypothese zurückkomme, nach der der Sinn von existentiellem Ansichsein demjenigen des akzidentellen Seins entgegengesetzt ist, das im zufälligen Vorkommen besteht (s. oben S. 125). Damit gehe ich auf den primären Sinn von »*accidens*« zurück: Es ist das Zufällige und deshalb auch das, was einem anderen zufällt oder zukommt (*Met.* V 30, 1025 a 14–24). Allerdings stellt Aristoteles – anders als mit Bezug auf »sein« als Kopula – »akzidentell« (*kata symbebèkos*) und »an sich« (*kath' hauto*) nicht eigens als Modi von Sein im existentiellen Sinn einander gegenüber.

Wohl aber bezeichnet er einen ontologischen Aspekt, unter dem »akzidentell« und »an sich« einander entgegengesetzt sind, ohne dass sich dieser Gegensatz mit dem von Substanz und Akzidenzien deckte. Aristoteles meint nämlich mit »an sich« und »akzidentell« auch die beiden unterschiedlichen Arten, in denen regelmäßige Ereignisse mit bekannten Ursachen und zufällige, d. h. ausnahmsweise mit irgendwelchen unbekannten Ursachen, vorkommen. Dieser Unterschied lässt sich über die Art und Weise, wie wir Ereignisse begreifen und über sie sprechen, erschließen:

[106] *Kat.* 5, 2 a 27 – b 6^{c}; *Met.* IV 2, 1003 b 6–10; XII 3, 1070 a 22–24.

Die regelmäßigen Ereignisse braucht man nur mit einem geläufigen Terminus wie »Anlandung« zu bezeichnen, um zu verstehen zu geben, was man meint, dass nämlich jemand nach einer Schiffsreise den gewünschten Hafen wie geplant erreicht. Wäre aber jemand durch besondere Umstände wie einen Sturm oder weil Piraten das Schiff gekapert hatten, gezwungen, in einen Hafen einzulaufen, dann führte die Verwendung von »Anlandung« zu dem Missverständnis, dieser Hafen sei wie gewöhnlich das geplante Ziel und *deshalb* erreicht worden. Es handelt sich vielmehr um eine Anlandung in einem anderen Sinn und aus anderen Gründen als wegen des Vorhabens und der Planung (*Met.* V 30, 1025 a 24–30).

Aristoteles drückt das nun so aus, dass, wenn etwas – so oder so Bestimmtes wie eine Anlandung – einmal zufällig und nicht regelmäßig ist, es dann nicht als das geschieht oder existiert, was es selbst, dieses Bestimmte, ist, d. h. entsprechend unserem Begriff davon, sondern als etwas anderes, d. h. abweichend von unserem Begriff wie eine ungeplante, durch außergewöhnliche Umstände erzwungene Anlandung.[107]

Das von Aristoteles übernommene Beispiel zeigt, dass zufälliges Vorkommen oder Existieren von der Bestimmung des jeweiligen Subjekts durch ein Akzidens bzw. von dessen Inhärieren zu unterscheiden ist. Denn auch das regelmäßige Anlanden, das es selbst ist, ist eine akzidentelle Bestimmung des reisenden Menschen, entweder eine Tätigkeit, wenn er selbst das Schiff steuert, oder ein Erleiden, wenn er ein Passagier ist.

[107] Beschreibt Aristoteles damit nicht den Schein? Die Notlandung scheint eine normale Landung zu sein, ist sie aber nicht. Offenbar will Aristoteles jedoch im 6. Buch der *Metaphysik* die Rede vom Schein gerade vermeiden und durch seine Begriffe vom Zufälligen, die er wohl für fundamentaler hielt, ersetzen. So interpretiert er mit diesen Begriffen den rhetorischen Schein, den die Sophisten erzeugten und der von Platon als Schein analysiert wurde (*Met.* VI 2, 1026 b 14–21). In dem Kapitel des 5. Buches jedoch, in dem er die Bedeutungen des Wortes »falsch« unterscheidet, rekurriert er nicht auf den Zufall, sondern nennt »falsch« u. a. Gegenstände wie Malereien oder Träume, die von Natur aus einen Schein erzeugen, d. h. eine Vorstellung von etwas anderem als dem hervorrufen, was sie sind (V 29, 1024 b 21–26). – Im Übrigen hat Aristoteles in den *Sophistischen Widerlegungen* untersucht, durch welche logischen Fehler Täuschungen zustande kommen, und in der *Rhetorik* die Verfahren der Bildung bloßer Meinungen erörtert.

Also gilt von Akzidenzien, dass ihrem zufälligen Existieren Ansichsein in dem Sinn entgegengesetzt ist, dass sie als das existieren, was sie entsprechend ihrer gängigen Bezeichnung und aus den Gründen sind, die man dabei regelmäßig annimmt. Was die Substanzen angeht, so gibt Aristoteles in der *Metaphysik* kein Beispiel für die zufällige Existenz einer Substanz (vgl. aber unten S. 208). Ließe es sich aus dem Bereich der Artefakte in dem Sinn ergänzen, dass aus einer technischen Prozedur durch eine Unregelmäßigkeit ein Zufallsprodukt hervorgeht, d. h. ein anderes als das geplante, aber ein durchaus brauchbares Produkt? Oder beschränkt man sich besser auf die Aussage, dass Substanzen von Hause aus an sich existieren, wie es eine Passage suggeriert, auf die ich umgehend zurückkommen werde (*Met.* IV 2, 1003 b 6)?

Der Begriff des Existierens an sich lässt sich auch aus einer anderen Perspektive erklären: Alle allgemeinsten Gattungen, die Kategorien, sollen *unmittelbar* je eine Einheit und je ein Seiendes sein.[108] Da die Kategorien nicht für sich existieren, sondern alles, was existiert, einteilen, beziehe ich Aristoteles' Theorem auf alles, was existiert, in dem Sinn, dass seine Kategorisierung als Substanz, Quantität, Qualität etc. seine Existenz unmittelbar impliziert. Das bestätigt die Interpretation, dass akzidentelle Bestimmungen gerade so wie Substanzen nicht durch Vermittlung von anderem, sondern an sich existieren. Also kann nicht nur »diese Maschine«, sondern auch »dieses Gewicht von zwei Tonnen«, »diese Leistungsfähigkeit« o. ä. an sich existieren –im Modus der Inhärenz.

c) Vorrang des Existierens als Substanz

Mit der Gleichstellung von Substanz und Akzidenzien in ihrem logischen Verhältnis zu »Sein« und »Einheit« kontrastiert das *ontologische* Inhärenzverhältnis, in dem die Akzidenzien von der Substanz abhängen. Wie oben (S. 144 f.) im Hinblick auf das kopulative Ansichsein gesagt, können der logische und der ontologische Aspekt der Kategorienlehre divergieren.

[108] *Met.* VIII 6, 1045 a 36 – b 7. Das ist die Konsequenz aus dem Argument, dass die Kategorien nicht wie Arten aus »Seiendes«, »Eines« etc. als Gattungen differenziert werden können; s. oben IV 4 a(2).

Das ontologische Inhärenzverhältnis hat den Vorzug, dass es erlaubt, eine Struktur des natürlichen Werdens zu begreifen: Wenn etwas nicht wie bei einer Geburt oder einer technischen Fertigung schlechthin entsteht, sondern sich nur wandelt, wird es aus etwas so oder so Beschaffenem (z. B. krank) zu etwas gegenteilig Beschaffenem (gesund), wobei das »es«, das Substrat (wie der einzelne Mensch), unverändert bleibt (s. *Phys.* I 7, 189 b 30 – 190 b 17). Einerseits lässt sich diese Unterscheidung rational rechtfertigen: Ohne die Voraussetzung eines bestimmten unveränderlichen Substrates, der Substanz, könnte man überhaupt nicht mehr von Wandel, sondern nur von einer zusammenhanglosen Abfolge verschiedener Verhältnisse sprechen – was die Rede »er wird gesund« nicht einholt. Andererseits folgt Aristoteles historisch dem Wirklichkeitskriterium, das Parmenides und Platon eingeführt haben (s. oben S. 102 u. 104): Das bleibende Substrat oder die Substanz hat Vorrang gegenüber den wechselnden Beschaffenheiten oder Zuständen.

Zurück zum Sein als Existieren, das für Aristoteles grundsätzlich Existieren als Substanz, Quantität, Qualität, Relation etc. ist. Ein berühmter Text verknüpft die beiden Aspekte – Gleichwertigkeit und Unterordnung der Akzidenskategorien unter die der Substanz – der Kategorien als Existenzweisen: Einerseits meint man, wenn man von etwas sagt, es existiere, dass es als Substanz, Zustand, Qualität etc. existiert. Andererseits heißt das im Fall der Nichtsubstanzen, dass etwas als Zustand, Qualität etc. *der jeweiligen Substanz* existiert (s. *Met.* IV 2, 1003 a 33 – b 10). Zwar kommt hier als Akzidenskategorie nur die Qualität vor, während an die Stelle der anderen Kategorien Zustand, Werden und Vergehen der Substanzen u. dgl. treten, aber die anderen Akzidenzien sind natürlich nicht weniger als die Qualität Bestimmungen jeweils einer Substanz.

Existieren als Akzidens lässt sich also nicht auf das Existieren als Substanz reduzieren, denn die Akzidenzien sind in keinem Sinn Varianten der Substanz und aus ihr zu erklären. Und doch existieren Akzidenzien nur an einer Substanz. Weil die Existenz als Substanz derart der gemeinsame Bezugspunkt der anderen Existenzweisen ist, statt ihre Gattung zu sein, hat man die Substanz als die »Brennpunktbedeutung« (*focal meaning* anstelle des quasi griechischen Ausdrucks »Pros-hen-Homonymie«) des Seinsbegriffs verstanden.[109]

d) Wie existieren Akzidenzien?

Wie oben (S. 148) angedeutet, hat es Aristoteles nicht bei der Auffassung bewenden lassen, dass die Akzidenzien als Bestimmungen der jeweiligen Substanz wie z. B. die rote Farbe des Stuhls existieren. Bei seiner unausdrücklichen Kritik dieser Auffassung geht er davon aus, dass man die Akzidenzien sprachlich verschieden bezeichnet: einerseits mit abstrakten singulären Termini wie »Quantität«, »Qualität« oder »Sitzen«, andererseits mit Partizipien oder Adjektiven wie »Sitzendes« oder »Gutes«, die er als konkrete singuläre Termini auffasst (*Met.* VII 1, 1028 a 18–29). Das heißt, dank ihrer Endung, die auch die maskuline (»Sitzender«) oder die feminine (»Gute«) sein könnte, bezeichnen diese Ausdrücke ein Individuum unter einem akzidentellen Gesichtspunkt, wie man auch in der Umgangssprache z. B. »der Falschparker« sagt.[110] Die Infinitive und abstrakten Termini dagegen bezeichnen kein Individuum, sondern Eigenschaften oder Zustände wie falsches Parken, die Individuen zukommen, ihnen inhärieren können.

Die Unterscheidung der Bezeichnungsweisen benutzt Aristoteles in dem zitierten Text (*Met.* VII 1), um die Idee der Substanz als

[109] Wäre »Sein« eine Gattung, dann wären ihre Arten, die nach den Kategorien unterschiedenen Seienden, synonym, weil sie durch ihre Gattung in ein und demselben Sinn bestimmt würden. Da »Sein« aber keine Gattung ist (s. oben IV 4 a(2)), die Kategorien also und die unter sie fallenden Realitäten wie z. B. Größen und Aktivitäten in je verschiedenem Sinn ausgesagt werden und existieren, sind die Kategorien und die Realitäten als seiende homonym, d. h. das Wort »seiend« gilt für sie gemeinsam, aber in einem je verschiedenen Sinn (zu dieser Terminologie s. *Kat.* 1, 1 a 1–12). Die Verschiedenheit der Sinne wird jedoch dadurch relativiert, dass sich alle Akzidenskategorien auf eines (*pros hen*), die Substanz als die einzige Kategorie außer ihnen, beziehen.

[110] Allgemeine Termini wie »gut« und »sitzend«, die im Deutschen als Prädikatsnomina fungieren können (»Der Kaffee ist gut«), bleiben unberücksichtigt. Das wird dadurch begünstigt, dass im Griechischen wie heute z. B. in den romanischen Sprachen das Prädikatsnomen entsprechend dem Subjekt flektiert wird (»La vie est belle«), so dass auch das Prädikatsnomen das oder die einzelnen Subjekte zu bezeichnen scheint.

Brennpunktbedeutung von »Sein« im Sinn von Existieren zu radikalisieren. Statt sich nämlich damit zu begnügen, dass Eigenschaften und Zustände immer solche von Substanzen sind, bezweifelt er hier, dass sie überhaupt existieren, wo sie doch nicht selbständig, d. h. von den einzelnen Substanzen nicht abzulösen sind. Eher schon existiere das, was die konkreten singulären Termini bezeichnen, das Sitzende und das einzelne Gute, weil das selbständige Individuen oder Einzeldinge – also Substanzen – sind, die bloß nicht unter dem Gesichtspunkt ihres Wesens, sondern unter akzidentellen Gesichtspunkten aufgefasst werden.

Aristoteles bedient sich also hier des Kriteriums der Selbständigkeit (s. oben S. 113), um inhärierende Eigenschaften aus dem Umkreis dessen, was existiert, auszuschließen, und lässt nur akzidentell bestimmte Einzelne existieren. Reale Eigenschaften können dann nur indirekt mit Ausdrücken wie »Falschparker« bezeichnet werden, die direkt das Einzelne bezeichnen, das primär eine bestimmte Substanz ist (»dieser Mensch«). An dem Unterschied von »falsches Parken« und »Falschparker« wird deutlich, wie Aristoteles den grammatischen Formen eine objektive, Wirklichkeit strukturierende Funktion gibt.

Dieser Text unterminiert den Inhärenzbegriff: Inhärieren kann nicht mehr die Existenzweise der Akzidenzien sein, da alles, was existiert, für sich selbst als ein einzelnes Ding oder Lebewesen bestehen soll, betrachtet unter den Gesichtspunkten seiner Substanz oder seiner Akzidenzien. Das hat zwei Konsequenzen:

(1) Existieren ist nicht in selbständiges Bestehen und abhängiges Inhärieren zu unterscheiden, sondern mit selbständigem Bestehen zu identifizieren.

(2) Die Nachordnung der Akzidenzien gegenüber der Substanz kann nicht auf ihrem dinghaften Inhärieren beruhen, sondern muss mit ihrem logischen Verhältnis zu ihr begründet werden, d. h. dass sie, die Akzidenzien, mit Bezug auf die Substanz definiert werden – was Aristoteles auch am Schluss von *Met.* VII 1 ausführt.

e) Der objektive Sinn der Prädikation von Akzidenzien

Was bedeuten die beiden Auffassungen der Existenz der Akzidenzien für den Sinn von »sein« in seiner Funktion, Substanz als Subjekt und Akzidenzien als Prädikate in der Aussage zu verknüpfen? Wenn Inhärieren die Existenzweise der Akzidenzien ist, dann vollzieht das »ist« in solchen Aussagen wie »Die Rose ist rot« das Inhärenzverhältnis oder das Zukommen des Akzidens, hier »Röte«, nach.

Existieren die Akzidenzien dagegen als das von ihnen bestimmte selbständige Einzelne, dann scheidet die Aussage eines Akzidens von der Substanz dieses Einzelne in seinen wesentlichen (Subjekt) und einen seiner nebensächlichen (Prädikat) Aspekte und verknüpft die beiden Aspekte in demselben Zug durch »ist« oder »sind«. Für diese Auffassung der Aussage und des »ist« bietet Aristoteles keine objektive Entsprechung an, weil er als objektives Verhältnis von Aspekten des Einzelwesens außer dem Inhärenzverhältnis nur das von Materie und Form kennt, das man mit der Aussage eines Akzidens von seiner Substanz nicht meint.

Das Fehlen einer objektiven Entsprechung hat wiederum zwei Konsequenzen:

(1) Die Rede vom Zukommen oder Zufallen, also auch die vom Akzidens, wörtlich verstanden, verliert ihren objektiven Sinn.

(2) Aristoteles' Begriff von Wahrheit und Falschheit wird unterminiert, weil er darauf beruht, dass die affirmative oder negative Verknüpfung in der Aussage danach beurteilt wird, ob die Referenten von Subjekt und Prädikat verbunden oder getrennt sind (s. oben S. 126 f.).

Im Licht dieser Konsequenzen zeigt sich, dass Aristoteles von der Form der Aussage »etwas von etwas bejahen oder verneinen« auf eine ontologische Struktur nur schließen kann, indem er am Inhärenzbegriff festhält und in Kauf nimmt, dass das inhärierende Akzidens wie ein eigener, wenn auch abhängiger Bestandteil der jeweiligen Sache neben deren Substanz erscheint.

f) Der logische Vorrang der Substanz

In dem ersten Kapitel des siebten Buches der *Metaphysik* fragt Aristoteles jedoch nicht nach dem objektiven Sinn des kopulativen »ist«, ihm kommt es vielmehr auf den Nachweis an, dass die Substanz Vorrang vor den Akzidenzien hat. Das soll nicht nur unter dem Gesichtspunkt der selbständigen Existenz gelten, sondern auch unter denen (1) des Informationsgehalts und (2) der begriffslogischen Selbständigkeit (1028 a 29 – b 2).

(1) So erfahren wir mehr über ein Individuum, wenn wir erkennen, was es als Substanz seiner Grundbestimmung (»Pappel«) nach ist, als wenn wir erkennen, was es unter einem der Akzidensgesichtspunkte (»hochgewachsen«) ist.

(2) Mit »begriffslogischer Selbständigkeit« ist gemeint, dass nur Substanzen unabhängig von anderen Bestimmungen definiert werden können, in den Definitionen der Akzidenzien aber diejenige ihrer jeweiligen Substanz enthalten sein muss. Das entspricht dem Schema der Hierarchisierung nach »Früher« und »Später« und liefert so den Unterschied zwischen vorrangigem Selbständigen und nachgeordneten Abhängigen (s. oben II 2).

Da Individuen nicht definiert werden können, sondern nur ihre Arten, müssen Sie sich klar machen, dass jetzt mit »Substanz« nicht mehr das selbständige Einzelne, sondern seine Grundbestimmung wie »Pferd« oder »Wagen« gemeint ist und mit »Akzidenzien« nicht mehr das unter einem unwesentlichen Gesichtspunkt gemeinte Einzelne, sondern unwesentliche Eigenschaften wie »Stärke« oder »Nützlichkeit«. Das sind eben die Eigenschaften, die der vorangehenden Reflexion zufolge mangels Selbständigkeit nicht existieren sollen.

Wenn Aristoteles nun allgemein formuliert, dass die Definitionen der Eigenschaften die der jeweiligen Substanzen enthalten müssen, scheint er die Akzidenzien unter dem Gesichtspunkt der Logik der Begriffsbildung so ausnahmslos von der Substanz abhängig machen zu wollen, wie es eigentlich nur das Inhärenzverhältnis bedeutet. Ist sich Aristoteles bewusst, dass er dies Verhältnis durch eine andere *generelle* Abhängigkeitsbeziehung ersetzen muss, nachdem er mit der Realität der inhärierenden Eigenschaften auch die Inhärenz aufgehoben hat (s. oben S. 155)?

Dass aber aus der Begriffsbildung, die die Akzidenzien betrifft, ihre Abhängigkeit von der Substanz nicht allgemein geschlossen werden kann, das zeigt sich in einem der folgenden Kapitel desselben Buches VII. Da unterscheidet Aristoteles nämlich Akzidenzien, in deren Definition die Bestimmung oder die Definition (bzw. die Gattung) ihrer Substanz vorkommen muss – wie »Lebewesen« in den Definitionen von »männlich« und »weiblich« –, von anderen Akzidenzien wie Farben, die unabhängig von ihrem je spezifischen Substrat erklärt werden können.[111]

Wenn nicht allgemein gelten soll, dass Eigenschaften nur unter Beanspruchung ihres Substrates definiert werden können, dann kann man den Vorrang der Substanz, auf den es Aristoteles ankommt, sogar wieder an manchen einfachen Aussagen über Einzelnes zeigen. In der Tat sind Aussagen über bestimmte Eigenschaften eines Individuums oft nur unter Voraussetzung seiner Substanz zu verstehen: Was z. B. »Singender« bedeutet, verstehen Sie erst, wenn Sie wissen, ob es sich um einen Vogel oder einen Menschen handelt. – Allgemein ist der Vorrang der Substanz so natürlich nicht nachzuweisen, dafür bleibt Aristoteles auf die Annahme der Abhängigkeit der Akzidenzien durch Inhärenz angewiesen.

6. *Zusammenfassung zu den Sinnen von »sein«*

»›Seiendes‹ wird in vielfachem Sinn gesagt.« Das ist der oft in den Texten ausgesprochene »Grundsatz« der aristotelischen Metaphysik. In der Tradition des Parmenides gibt er den Terminus »Seiendes« als den einen Mittelpunkt der Reflexion auf die Struktur der Realität an. Während aber für Parmenides der Mittelpunkt zugleich der Kreisumfang ist, sofern der Metaphysiker nur den einen Gegenstand »Seiendes« weiter bestimmt, verweist der Mittelpunkt der aristotelischen Metaphysik unmittelbar von sich weg auf eine erste Peripherie, auf der die Sinne von »Seiendes« eingetragen sind,

[111] S. Kap. 5, 1030 b 20–28. Aristoteles weist auch auf die begriffliche Unabhängigkeit der mathematischen Gegenstände hin, wenn er sagt, dass sie unter Abstraktion von anderen Bestimmungen der Dinge erkannt werden (s. *Met.* XI 3, 1061 a 28–35).

entsprechend den Weisen, in denen dieses Wort in der Sprache gebraucht wird.

»Bestimmungen«, wie Parmenides sie vornimmt, und »Sinne« nach Aristoteles sind wohl zu unterscheiden: Bestimmungen wie »ewiges« kommen dem einen Seienden, als sei es ein Gegenstand, auf jeden Fall zu (s. oben S. 101). Indem Aristoteles dagegen die Sinne von »Seiendes« differenziert, gibt er zu verstehen, dass dieses Wort entgegen dem Anschein nicht eine, sondern viele Bedeutungen hat, so dass, wer vom Seienden spricht, immer dazu sagen muss, welche von ihnen er meint.

Wenn auch »Seiendes« der Mittelpunkt der metaphysischen Reflexion ist, so soll doch der Brennpunkt der Weisen, in denen etwas *existiert*, Seiendes in einem bestimmten Sinn, nämlich die Substanz sein (s. oben S. 152). Zwar existieren unbestimmt viele individuelle Substanzen, mit ihrer gemeinsamen Brennpunktfunktion gibt Aristoteles aber eine begriffliche Einheit an, die an die Stelle der scheinbaren Einheit von »Seiendes« tritt und von der aus er die Struktur der Wirklichkeit entwickelt.

Soweit ich in diesem IV. Kapitel Aristoteles' Differenzierung von »Seiendes« dargestellt habe, besticht sie nicht durch Einfachheit und Übersichtlichkeit. Ich hoffe, dem mit einer Zusammenfassung etwas abzuhelfen.

Aristoteles stellt zwei Einteilungen von »seiend« oder »sein« auf, die beide eine Hierarchie enthalten, d. h. Vorrang und Nachordnung: zufällig oder akzidentell sein – an sich sein; im Sinn der Akzidenskategorien sein – als Substanz sein. Wenn Sie klären wollen, was da jeweils gemeint ist, müssen Sie, gestützt auf die jeweiligen Formulierungen in den Texten, noch die Einteilung von »sein« in prädikatives – »ist« als Kopula – und existentielles hinzufügen. Die Schwierigkeit besteht dann natürlich drin, sich in diesen einander überschneidenden Einteilungen zurechtzufinden.

a) Zufällig oder akzidentell sein beruht auf Andersheit, sei es,

(1) dass ein Ereignis durch eine ungewöhnliche Ursachenkonstellation etwas anderes als das ist, was man mit seiner Benennung meint, sei es,

(2) dass die zu verbindenden Elemente der Aussage, Subjekt und Prädikat, sich als andere zueinander verhalten.

Im ersten Fall handelt es sich um zufälliges Existieren, im zweiten um eine akzidentelle Verknüpfung durch »ist«, die bedeutet, dass dem Subjekt – genauer gesagt: seinem Referenten – das »zufällt«, was das Prädikat bezeichnet.

b) Ansichsein ist das Gegenteil von zufällig oder akzidentell sein, d. h.

(1) an sich existiert alles, was nichts Anderes als das mit seiner Benennung Gemeinte ist;

(2) an sich verbindet »ist« mit einem Subjekt jedes Prädikat, mit dem man sagt, *was* das Subjekt ist.

c) Die Kategorien »Substanz«, »Quantität«, »Qualität«, »Relation« etc. sind zunächst die allgemeinsten Genera aller Prädikate. Als solche »färben« sie die Prädikationen, genauer gesagt, das »ist« der Aussagen, das seinen Sinn von der Kategorie des Prädikats bekommt; »ist« bedeutet stets: »ist« unter dem Gesichtspunkt einer der Kategorien, in substantieller, quantitativer etc. Hinsicht.

Die Aussage des kopulativen »ist« im Sinn der Kategorien impliziert eine doppelten Vorrang der substantiellen Hinsicht im Verhältnis zu der der anderen Kategorien:

Erstens bedeutet das »ist« eine unmittelbar notwendige Verknüpfung, wenn die Substanz, d. h. die Definition der Art des individuellen Subjekts analytisch von demselben ausgesagt wird – wie die Definition von »Rotkehlchen« von dem einzelnen Rotkehlchen; diese Aussage informiert auch am meisten über das Subjekt. Beides gilt natürlich ebenso, wenn man die Art definiert.[112]

Zweitens ist zum Verständnis mancher akzidenteller Prädikate wie »blühen« und zu ihrer Definition die Art des Subjekts, also auch seine Grundbestimmung wie »Rose« oder »die Geschäfte« vorauszusetzen.

d) Die Kategorien sind auch Modi des Existierens. So verstanden, zeigt sich der Vorrang der Substanz vor den Akzidenskategorien dreifach:

[112] Mittelbar notwendig sind die Aussagen von Eigenschaften, die wie die Winkelsumme im Dreieck aus der Definition des Subjekts abgeleitet werden können. Aus notwendigen Aussagen und nur aus solchen bestehen die Wissenschaften. – Das kopulative »ist« im substantiellen Sinn ist auch deshalb vorrangig, weil nur mit ihm das PWF ausgeführt werden kann (s. oben IV 3 d–e).

(1) Den Akzidenskategorien nach existiert etwas als Eigenschaft, Zustand etc. *der* Substanz, ihr zugehörig, so dass sie den Brennpunkt der Existenzweisen bildet.

(2) Dasselbe in anderer Terminologie: Wie man die Akzidenzien abstrakt mit Nomina wie »Farbe« oder »Größe« bezeichnet, sind sie Realitäten, die nicht selbständig existieren, sondern der Substanz inhärieren.

(3) So, wie man die Akzidenzien konkret mit Partizipien oder Adjektiven bezeichnet (z. B. »Laufende«, »Blonder«), sind sie das Subjekt, bloß einem anderen als seinem substantiellen, primären Aspekt nach.

e) Wenden Sie den Unterschied von Akzidentellsein und Ansichsein (a, b) auf das kopulative »ist« an, dann bedeutet dasselbe nur in analytischen Urteilen ein Sein an sich (b), wenn also vom Subjekt die Definition seiner Art ganz oder teilweise ausgesagt wird; das gilt primär für Substanzen als Subjekte (wie »dieses Reh«), sekundär aber auch für Akzidenzien als Subjekte (wie »dieses Braun«).

Den Sinn des Akzidentellseins (a), dass also das Prädikat dem Subjekt nur zukommt, hat das »ist« dagegen in allen synthetischen Urteilen, d. h. wenn man ein Akzidens von der Substanz (»Dieses Reh ist braun«), ein Akzidens von einem anderen (»Dieses Fliehende ist braun«) oder eine Substanz von einem Akzidens aussagt (»Dieses Fliehende da ist ein Reh«).

f) Wenn es um »sein« im Sinn von »existieren« geht, konkretisiert sich das Akzidentellsein (a) ganz im Zufälligsein, für das Aristoteles nur Ereignisse, keine Dinge oder Lebewesen als Beispiele anbietet. Deshalb hat das Existieren der Individuen unter dem Aspekt der verschiedenen Kategorien den Charakter des Ansichseins (b), wenn auch die Existenzweise der als Eigenschaften verstandenen Akzidenzien das unselbständige Inhärieren ist.

V. Substanz als Wesensbestimmung

1. *Das semantische und wissenstheoretische Problem*

Wenn die Kategorien die Sinne der Verknüpfungen von Subjekt und Prädikat in Aussagen angeben und zugleich die Weisen, in denen etwas existieren kann, dann muss die Untersuchung dieser Verknüpfungen und Existenzweisen mit der Substanz beginnen; mit »Substanz« (*usia*) ist das Einzelne seiner Grundbestimmung nach gemeint.

Denn einerseits ist die Substanz in allen Weisen, nicht als Substanz, sondern im Sinn eines Akzidens zu existieren, impliziert. Andererseits wird der Sinn, in dem ein individuelles Subjekt mit einem substantiellen Prädikat verknüpft wird, stets vorausgesetzt, wenn man etwas anderes, ein Akzidens, in diesem oder jenem Sinn von demselben *bestimmten* Subjekt aussagt (vgl. oben S. 134). Kurz, als Brennpunktbedeutung von »Seiendes« ist die Substanz Prinzip der »Seienden als solcher«, insofern – neben Gott – eine ausgezeichnete Antwort auf die Frage, was die ersten Prinzipien sind.

Da wir die Grundbestimmung immer in allgemeinen Termini wie »Rose« ausdrücken und mit anderen allgemeinen wie »Pflanze« definieren, enthält der Substanzbegriff – »das Einzelne seiner Grundbestimmung nach« – die Spannung zwischen Einzelheit des Subjekts und Allgemeinheit der Bestimmung (vgl. oben S. 156). Aristoteles hat diese Spannung unter allgemeineren Gesichtspunkten als dem des Substanzbegriffs dargestellt, unter denen der Sprache und des Wissens nämlich.

Was die Sprache angeht, so müssen wir uns ihrer bedienen, weil wir im Gespräch nicht die Sachen selbst vorbringen können. Wir können aber nicht einfach die Wörter an die Stelle der Sachen setzen, als gäbe es für jede Sache ein Sprachzeichen, denn die Sachen sind unbegrenzt viele, der Vorrat der Wörter und Begriffe ist dagegen begrenzt. Deshalb bleibt uns nichts anderes übrig, als eine Anzahl von Objekten mit einem Wort und mit einer Definition zu bezeichnen (*Soph. El.* 1, 165 a 6–13).

Dass nicht leicht zu verstehen ist, *wie* wir mit einem Wort viele Dinge bezeichnen, macht die Passage der *Metaphysik* klar, die deren größtes Problem darstellen soll (III 4, 999 a 24 – b 4). Es lautet:

Wie kann man von den unbegrenzt vielen Dingen etwas wissen? Von den einzelnen Dingen haben wir nur Wahrnehmungen, so dass derjenige, der unter Wissen Erkenntnis einzelner Dinge versteht, Wissen mit Wahrnehmung gleichsetzen muss.

Wer dagegen Platons Argumenten (im *Theaitet*), dass Wissen nicht Wahrnehmung ist, zustimmt, geht davon aus, dass wir mit Hilfe allgemeiner Prädikate die Dinge erkennen. Das bedeutet, dass es jeweils ein Erkenntnisobjekt unabhängig von den Einzeldingen geben muss, ihre Gattungen, die wir mit den allgemeinen Termini bezeichnen und definieren. Wenn aber ihre Allgemeinheit die Erkenntnisobjekte gegenüber denen der Wahrnehmung auszeichnet, dann fällt die Rolle von Prinzipien den allgemeinsten Bestimmungen zu, den Tranzendentalien wie »Seiendes«, »Eines« etc., was inakzeptabel ist.[113] Also sind nicht nur die Einzeldinge, sondern auch die allgemeinen Bestimmungen untauglich dafür, das Objekt der wissenschaftlichen Erkenntnis auszumachen.

Das Konzept der Substanz ist Aristoteles' Antwort auf dieses Dilemma. Es passt zu Aristoteles' platonkritischem Anspruch, die wissenschaftliche Erkenntnis solle sich auf veränderliche Gegenstände beziehen, dass das Substanzkonzept auch das Kernstück einer Theorie des Wandels ist (s. oben S. 152).

2. *Wesensbestimmung und Definition*

a) Die Begründungsfunktionen der Definition

Schon in seiner bloßen Verwendung, vor aller Analyse, ist der Terminus »Substanz« zweideutig. Denn er bezeichnet sowohl (1) einzelne selbständige Dinge oder Lebewesen als Substrate ihrer Grundbestimmung und ihrer Eigenschaften als auch (2) das Wesen von Dingen oder Lebewesen im Unterschied von ihren Eigenschaften und, sofern das Wesen als Form verstanden wird, auch im Unterschied von dem Moment an ihnen, das im Verhältnis zur Form relativ unbestimmt ist, d. h. von der Materie. Im ersten Fall ist das Ding oder Lebewesen eine Substanz, im zweiten Fall hat es eine,

[113] *Met.* III 3, 998 b 17–21 u. 999 a 19–23, vgl. oben IV 4 a(2).

was Aristoteles mit dem Genetiv »die Substanz eines jeden« ausdrückt.[114]

Zu dieser Unterscheidung ist zu sagen, dass sie einer vorläufigen Orientierung dient: Einerseits hängt das, was das Einzelne *ist*, davon ab, was Aristoteles als Substrat bestimmt, und es wird sich zeigen, dass Verschiedenes Substrat sein kann. Andererseits konstituiert das Wesen, das ein Einzelnes *hat*, das Einzelne zu dem, als was man es mit der Grundbezeichnung (wie »Esel«) primär vor aller weiteren Beschreibung (wie »störrisch«) einordnet (*Met.* V 8, 1017 b 14–16).

So verstanden, entspricht das Wesen oder die Wesensbestimmung auf der Objektseite dem Definiens in den Definitionen, sofern das Definiens die Verwendung des zu definierenden Terminus (Definiendum oder Grundbezeichnung) rechtfertigt, ihn also für den argumentierenden Diskurs konstituiert (s. *Met.* VII 4, 1029 b 19–20; Kap. 5, 1031 a 11–12). Das war Sokrates' und Platons Absicht, als sie Wissen auf Definitionen zu gründen suchten: Wenn ich einen Terminus definiere, kann ich verbindlich und nachprüfbar feststellen, ob bestimmte Realitäten zu Recht mit diesem Terminus bezeichnet werden. Definiere ich z. B. als Bürger im demokratischen Staat (Definiendum) denjenigen, der die politischen Rechte wie insbesondere das aktive und passive Wahlrecht ausüben darf (Definiens), dann ergibt sich, dass die Strafgefangenen in Großbritannien keine Bürger sind, denn sie haben kein Wahlrecht.

›Wissen auf Definitionen gründen‹ bedeutet aber nicht nur dieses Verfahren, einfache Aussagen zu rechtfertigen, die unter bestimmten Bedingungen wahr sind. Aristoteles geht es viel mehr um die Methode der Einzelwissenschaften, die Theoreme wie dasjenige über die Winkelsumme im Dreieck aus den Definitionen der jeweiligen Grundtermini wie »Punkt« und »Linie« herleiten und damit

[114] *Kat.* 5, 2 b 1–6c; *Met.* V 8, 1017 b 10–14 u. 21–26. Der Begriff der Substanz als Substrat (1) wirft die Frage auf, ob die so verstandene Substanz ein völlig unbestimmtes X, ein bloßes Dieses ist, weil sie auch von ihrer Grundbestimmung unterschieden wird. Die *Kategorien* und die *Metaphysik* geben darauf zwei verschiedene Antworten: Nach den *Kategorien* wird die Grundbestimmung von einem einzelnen Subjekt ausgesagt, das schon mit seiner Grundbestimmung bezeichnet ist (»Der einzelne Mensch ist Mensch«), so dass Substratsein nicht Unbestimmtheit impliziert (Kap. 5, 2 a 19–27). Der *Metaphysik* zufolge ist das Substrat tatsächlich – mindestens relativ – unbestimmt, sofern die Bestimmungen von ihm ausgesagt werden; darauf werde ich zurückkommen.

beweisen, dass ihren Gegenständen bestimmte Eigenschaften notwendig zukommen (*An. post.* I 6, 75 a 28–31; Kap. 10, 76 b 3–11).

b) Akzidenzien definieren

An dieses Beispiel kann ich anknüpfen, um auf die Frage zurückzukommen, ob die Arten nur von Substanzen oder auch die ihrer Akzidenzien zu definieren sind, sodass diese Wesensbestimmungen haben. Mit dieser Frage stößt man auf eine Divergenz zwischen Aristoteles' Theorie der wissenschaftlichen Erkenntnis und seiner Metaphysik. Denn einerseits ist die Mathematik unter dem methodischen Gesichtspunkt für Aristoteles die exemplarische Wissenschaft. Ihr Gegenstand, die kontinuierliche oder diskrete Quantität, ist jedoch ontologisch immer nur ein Akzidens. Damit die Mathematik nach ontologischen Kriterien eine Wissenschaft sein kann, müssten also auch Akzidenzien Wesensbestimmungen und Definitionen wie »die Fläche ist die Begrenzung eines Körpers« haben und so Gegenstände des Wissens sein – was für Platon außer Frage steht (vgl. oben S. 53 u. 95) und was auch Aristoteles annimmt (s. *Phys.* VIII 4, 255 b 15–17).

Andererseits wird es für Aristoteles in *Met.* VII 4–5 zum Problem, ob Akzidenzien, also auch Quantitäten, Wesensbestimmungen haben. Zunächst gesteht er es ihnen in einem abgeleiteten Sinn zu – abgeleitet insofern, als Akzidenzien Wesensbestimmungen und Definitionen nur *als* Quantitäten, Qualitäten, Relationen etc. haben (Kap. 4, 1030 a 17–32). Denn diese Definitionen erklären nicht, was das jeweilige Subjekt selbst ist, sondern worin seine jeweilige quantitative, qualitative und relationale Bestimmtheit besteht; die Wesensbestimmung schlechthin ist die substantielle, die das Subjekt konstituiert.

Im 5. Kapitel deckt Aristoteles dann eine Schwierigkeit auf, die es für ihn zu einer offenen Frage macht, ob die Akzidenzien Wesensbestimmungen und Definitionen in einem anderen Sinn als ihre Substrate haben oder überhaupt nicht (1031 a 7–14). Das Problem besteht in der schon erwähnten logischen Abhängigkeit der Akzidenzien von den Substanzen, d. h. dass sie nicht ohne Bezug auf ihre Substanzen bzw. deren Definition definiert werden können (s. oben

IV 5, f). Denn das bedeutet, dass die Definition der Akzidenzien ihre Zusammensetzung mit der Substanz reproduziert, wenn z. B. biologische Weiblichkeit als die Fähigkeit eines Lebewesens definiert wird, in sich selbst zu zeugen; in »Lebewesen« kehrt die Substanz wieder, in »Fähigkeit, in sich selbst zu zeugen« das Akzidens.[115]

Weil eine solche Definition etwas aus einer Kategorie mit etwas anderem aus einer anderen zusammensetzt, bedeutet sie keine Wesensbestimmung, denn eine Wesensbestimmung soll einfach sein (*Met.* VII 4, 1030 a 3–6 u. 1030 b 6–12). Diese Norm erfüllen nur die Substanzen. Daraus folgt, dass die Akzidenzien keine Wesensbestimmungen haben. Das soll zuerst für Akzidenzien wie Farben, die Substanzen ganz verschiedener Art zukommen und deshalb nicht mit Bezug auf eine bestimmte Art definiert werden können, nicht gelten, wird aber schließlich doch auf alle Akzidenzien bezogen (ebd. Kap. 5, 1030 b 20–21 u. 1031 a 1–5).

Übernimmt Aristoteles die Norm der Einfachheit, dank derer die Wesensbestimmungen den Substanzen vorbehalten bleiben, von Platons Ideen? Dann könnten Sie sagen, dass die Akzidenzien *mutatis mutandis* in die Rolle der platonischen SGP eintreten: Wenn sie mangels Wesensbestimmung nicht definiert werden können, gibt es auch kein Wissen von ihnen, d. h. kein Wissen davon, ob sie einer Substanz zukommen oder nicht (vgl. *An. Post.* II 8, 93 b 3–7).

Wie ist dieser Konsequenz zu entgehen? Indem man es bei der Alternative bewenden lässt, die Aristoteles mehrfach zugesteht : Die Definitionen, die tatsächlich für Akzidenzien gefunden werden, und die Wesensbestimmungen, auf die sie sich beziehen, sind Definitionen und Wesensbestimmungen, die nicht wie diejenigen der Substanzen einfach sind, außerdem diesen nachgeordnet, sofern sie sie wie alles Komplexe das Einfache voraussetzen (*Met.* VII 4, 1030 a 28–32 u. 1030 b 4–7 ; Kap. 5, 1030 b 26–28 u. 1031 a 7–14).

[115] Ebd. 1030 b 25–26; *Über die Zeugung der Tiere* [*ZT* im Folgenden] I 2, 716 a 21–22.

c) Keine Definition ohne *einzelne* Substanzen

Auf die Frage, auf welchen Gegenstand sich die Definientia beziehen, antwortete Platon mit der Hypothese, dass es unwandelbare, eindeutige, nicht wahrnehmbare Formen (Strukturen) gibt, die Ideen, die dank dieser Eigenschaften die einzigen Objekte von Wissen sind. An die Stelle der Ideen setzt Aristoteles die Wesensbestimmung der Dinge oder Lebewesen, die er mit dem Ausdruck »was es heißt, ›x‹ zu sein« (*to ti ên einai*) umschreibt; so kann man z. B. sagen, dass Mensch zu sein heißt, ein vernünftiges Lebewesen sein.[116]

Wenn ich den Menschen in der Rede allgemein so definiere, behaupte ich, dass ein *Individuum*, das objektiv ein vernünftiges Lebewesen ist, dadurch als Mensch konstituiert ist (das soll der Ausdruck »Wesensbestimmung« bedeuten). Zugleich unterstelle ich, dass dieser objektive Konstitutionszusammenhang von Individuen mit ihrer Wesensbestimmung es rechtfertigt, dem Definiendum »Mensch« das Definiens »vernünftiges Lebewesen« allgemein zuzuordnen.

Das impliziert auch eine Methode, Definitionen zu falsifizieren: Man kann eine Definition erfolgreich bestreiten, sobald man ein Individuum vorzeigt, von dem zwar das Definiens ausgesagt werden kann, nicht aber die Grundbezeichnung, das Definiendum. Dieses Verfahren ist in einer Anekdote enthalten, die etwas über die Entstehungsbedingungen des aristotelischen Substanzkonzepts verrät. Um Platons Definitionsversuch, nach dem der Mensch ein zweibeiniges, ungefiedertes Lebewesen ist, lächerlich zu machen, soll der Kyniker Diogenes von Sinope (der Mann im Fass) einen Hahn gerupft und Platons Schülern mit den Worten vorgezeigt haben: »Das ist Platons Mensch«. Das vorgeschlagene Definiens traf auf den

[116] Diese Definition stammt nicht von Aristoteles, geht aber darauf zurück, dass er den Menschen mittels seiner Vernunft von anderen Tieren unterscheidet (*NE* I 6, 1097 b 33 – 1098 a 4). Das übernimmt der Kommentator Alexander von Aphrodisias und verwandelt es in die Definition, der Mensch sei ein vernünftiges, sterbliches Lebewesen (»sterbliches«, weil auch Gott ein vernünftiges Lebewesen ist; s. *Quaestiones et solutiones* I 3, S. 7, 26 f. Bruns; *Quaestiones 1.1 – 2.15*, transl. by R. W. Sharples, London 1992, S. 24, 27). Die klassisch gewordene Kurzformel »vernünftiges Lebewesen« zitiert ohne Quellenangabe Sextus Empiricus (s. oben S. 78, Anm. 48) mit eben dem kritischen Hinweis, dass sie auch für Gott zutrifft (s. *Adversus mathematicos* VII 238 = *Gegen die Dogmatiker* I 238).

präparierten Hahn zu, aber niemand hätte ihn deshalb »Mensch« genannt. Natürlich war dieses Vorgehen nicht korrekt, sofern der Hahn weder in seinem Naturzustand mit Federn noch als Lebewesen benutzt wurde.[117]

Entscheidend ist aber die Voraussetzung, dass sich Definitionen an Individuen bewähren müssen und zwar an den Elementen der Klasse, die man mit einer bestimmten allgemeinen Grundbezeichnung wie »Mensch« von anderen Klassen unterscheidet. Damit wird der sprachliche Umgang mit den einzelnen Erfahrungsgegenständen zum Kriterium für die Richtigkeit der Grundlagen alles spezifischen Wissens, der Definitionen, die mit dem Definiendum, der jeweiligen Grundbezeichnung, auch beim Sprachgebrauch ansetzen.

Sofern es aber Aristoteles in der Metaphysik auf die *objektiven* Bedingungen des Wissens und damit der Definitionen ankommt, hält er aus dem Prüfungsverfahren für Definitionen fest, dass die Definitionen die Wesensbestimmung der Individuen aussprechen müssen: nicht nur, was es abstrakt heißt, z.B. ein Mensch zu sein, sondern auch konkret, was das für Paula, Salomon und alle anderen heißt.[118] Damit die Definitionen das leisten können, müssen die Individuen Wesensbestimmungen haben. Deshalb sind ihrem Wesen nach bestimmte Individuen, also Substanzen, *die* ontologische Bedingung des Wissens.

Daran können Sie erkennen, wie sich Aristoteles' Theorie der Bedingungen des Wissens von der platonischen unterscheidet: Die Aussagen über einzelne sinnlich wahrnehmbare Substanzen übernehmen dieselbe Funktion von Kriterien für die Richtigkeit der Definitionen, die Platon der Prüfung von Definitionsvorschlägen im kritischen Dialog gegeben hatte (s. oben A I 6f; vgl. A I 10b). Ungeachtet dessen, dass die Aussagen über Substanzen Definitionen nur dann verifizieren oder falsifizieren, wenn wir die verschiedenen Substanzen mit dem jeweiligen Definiendum, der Grundbezeichnung, anzusprechen gewöhnt sind, scheinen sie doch als Aussagen

117 Die Geschichte erzählt Diogenes Laertius, »Leben und Meinungen berühmter Philosophen« (s. oben S. 136, Anm. 95), Buch VI, § 40. Dass Platon die verspottete Definition probeweise erwogen hat, beweist der oben (S. 131) zitierte Passus des *Pltk.* 266e.

118 Sie finden gelegentlich die vollständigere Formel »was es für ein x heißt, x zu sein«, s. *Kat.* 1, 1a5 u. 11; *Top.* V 5, 133b34–36.

über sinnlich gegebene Wirklichkeitsbestände, die unserem Dafürhalten entzogen sind, endgültige Kriterien zu sein. Damit sind die Aussagen über Substanzen Platons kritischer Prüfung (*elenchos*) überlegen, die im Prinzip mit neuen Einwänden gegen eine gefundene Definition stets wieder begonnen werden kann.

Uns scheint Platon mit der kritischen Prüfung ein Konzept offener Rationalität zu vertreten, aber mit den Aussagen über Substanzen befriedigt Aristoteles im Prinzip das Bedürfnis nach einer endgültigen Garantie von Wahrheit.

d) Einzelheit und Allgemeinheit der Wesensbestimmungen

Sofern die Wesensbestimmung das Individuum oder das einzelne Ding konstituiert, ergeben sich aber andere Konsequenzen für den Begriff der Wesensbestimmung als aus ihrer Begründungsfunktion für die Definition und damit für das Wissen. So muss das, was ein Ding oder Individuum zu dem macht, was es ist, ihm eigen sein und kann nicht ihm und anderem gemeinsam gehören, anders gesagt, allgemein sein. Denn die konstituierende Wesensbestimmung sollte ja die Antwort auf die Frage nach der Substanz (*usia*) sein, die ein Einzelnes hat, und was ein und dieselbe Substanz hat, ist auch ein und dasselbe (*Met.* VII 13, 1038 b 8–15).

Anders stellt sich die Wesensbestimmung dar, wenn Sie beachten, dass sie der Gegenstand der Definition, genauer gesagt, die Bedeutung oder der Referent des Definiens ist. Denn das Definiens ist ein Prädikat wie »vernünftiges Lebewesen« und kann sich als solches grundsätzlich auf vieles beziehen. Deshalb kann man solche definierenden Prädikate zwar von einzelnen Dingen und Individuen *aussagen* – was ja die Besonderheit des Definiens der Substanz gegenüber demjenigen akzidenteller Bestimmungen ausmacht (s. oben S. 133) –, diese Einzelnen damit aber nicht definieren, d. h. von *allem* anderen abgrenzen; man würde sie ja nicht von den anderen Individuen derselben Art, z. B. den anderen Menschen, abgrenzen.[119] So gibt es überhaupt keine Definition von Einzelnem,

[119] *Met.* VII 15, 1040 a 33 – b 2; XII 5, 1071 a 27–29; vgl. bei Platon *Staat* VII, 534 b–c.

vielmehr kann man nur Arten (*eidè, species*) als die Bestimmungen der Einzelnen mit dem geringsten Allgemeinheitsgrad definieren.[120]

Das stimmt mit der Einsicht zusammen, dass nur allgemeine Zusammenhänge erkannt und gewusst werden können, denn die Definitionen sollen ja – neben den Axiomen – Prinzipien der wissenschaftlichen Erkenntnis sein. Sofern also Wesensbestimmungen die Referenten von Definientia wie »vernünftiges Lebewesen« oder »im Meer lebendes Säugetier« sind, konstituieren sie Erkenntnisobjekte, aber keine Individuen, denn *alle* einzelnen Menschen oder Wale sind *gemeinsam* so bestimmt. Daher der Widerstreit, den die beiden Funktionen der Wesensbestimmung für ihren Begriff auslösen, die Funktion des primären Wissensobjekts, als welches sie allgemein ist, und diejenige des Konstituens der Einzeldinge und Individuen, als welches sie einzeln ist.

Von diesem Gegensatz lebte der mittelalterliche Streit um die Universalien, d. h. darum, ob die Referenten der allgemeinen Termini selbständige, nicht in Raum und Zeit individualisierte Objekte wie die platonischen Ideen oder individualisierte Ingredienzien der Wahrnehmungsobjekte im aristotelischen Sinn sind oder gar keine objektive, sondern nur sprachliche Realität haben – die nominalistische Art, den gordischen Knoten zu durchhauen.

VI. Substanz als Form

1. *Weshalb taugt die Form als Substanz?*

a) Die Substanz ist Substrat.

Es scheint, als wolle Aristoteles den genannten Widerstreit entschärfen, indem er die Wesensbestimmung im Kontext seiner Theorie des natürlichen Werdens und der handwerklichen Fertigung, anders gesagt, im Rahmen seines Konzepts der vier Ursachentypen als Formursache deutet (s. oben S. 109 f.). Um diesen Schritt ange-

[120] Insofern haben die Termini »Wesensbestimmung« und »Definition« nicht dieselbe Extension, denn die Einzelnen sollen Wesensbestimmungen, aber keine Definitionen haben.

messen einordnen zu können, muss ich aber noch einmal auf den Ausgangspunkt der Substanztheorie zurückkommen.

Die Substanz ist nicht nur die Wesensbestimmung, die ein Individuum hat und die das Objekt der Definition ist. Die Substanz ist auch die Antwort auf die Frage danach, was der primäre Sinn von »sein« als Kopula und als Existenz ist. Um konkret zu bestimmen, was die Substanz denn nun genau ist, verwendet Aristoteles zwei Kriterien, denen genügen muss, was als Substanz oder Seiendes im primären Sinn ausgezeichnet werden soll.

Das erste Kriterium lautet, dass Substanz nur das jeweils letzte Subjekt sein kann, also dasjenige, von dem bei der Beschreibung einer Sache alle Prädikate ausgesagt werden, während es selber von keinem dieser Prädikate ausgesagt werden kann (*Met.* VII 3, 1028 b 36–37, vgl. oben S. 137 u. 162 f.). Hier geht es nicht um die Substanz, die ein Individuum *hat* – dann könnte ja das sie bedeutende Prädikat von ihm ausgesagt werden. Vielmehr wird mit dem Begriff des Subjekts, das nicht ausgesagt werden kann, erklärt, wie die Substanz das ist, was ein Individuum *ist* – wenn sie nämlich dieses Subjekt ist, von dem alle das Individuum betreffenden Prädikate ausgesagt werden.

Wenn nun das Aussagen darin besteht, mit dem Prädikat das Subjekt als ein wirklich so oder so Bestimmtes zu verstehen zu geben (s. oben S. 141, Anm. 100), dann bedeutet man mit den Prädikaten objektive Bestimmungen. Folglich kann das letzte Subjekt oder sachliche Substrat (*hypokeimenon*) dieser Bestimmungen nur etwas Unbestimmtes sein, und das nennt Aristoteles »Materie« (ebd. 1029 a 7–10 u. 20–27). Er meint damit das jeweils *relativ* Unbestimmte, das Material, aus dem der Handwerker etwas fertigt, oder das, woraus ein Naturwesen entsteht (s. oben S. 109). Wenn man die Substanz, die ein Individuum ist, also nur nach dem Kriterium des jeweils letzten Substrats zu konzipieren sucht, erhält man die Materie als Antwort auf die Frage danach, wie die Substanz konkret zu bestimmen ist.

Wie im Fall der Inhärenz (s. oben S. 149 u. 155) sucht Aristoteles hier für eine Deutung der Aussage, dass sie nämlich im Bestimmen besteht, eine Entsprechung in den Gegenständen, das Verhältnis von relativ Unbestimmtem und seinen Bestimmungen. Damit legt er eine ontologische Struktur fest, die vom gängigen Sprachgebrauch nicht gedeckt ist. Denn oft bestimmen wir ein seiner Form nach schon bestimmtes Subjekt durch die Angabe seiner Materie weiter, wenn wir etwa sagen, dass das Haus aus Holz ist oder dass der Sportler einen muskulösen Körper hat. Die These, alles Wirkliche bestehe aus einer relativ unbestimmten Grundlage und ihren Bestimmungen, ist jedoch auch deshalb plausibel, weil sie das Verfahren des Handwerkers generalisiert, der ein Material gestaltet.

b) Die Substanz ist selbständig und bestimmt.

Das zweite Kriterium, an dem sich die Suche nach dem konkreten Substanzbegriff zu orientieren hat, ist die Selbständigkeit (s. oben S. 113), verknüpft mit der Bestimmtheit, die Aristoteles mit dem Ausdruck »etwas Bestimmtes« (*tode ti*) bezeichnet (*Met.* VII 3, 1029 a 27–30). Das Kriterium der Selbständigkeit passt zu der Substanz, die ein Individuum ist, das Kriterium der Bestimmtheit *kann* mindestens zu der Auffassung führen, dass ein Individuum die Substanz als seine Bestimmung hat .

Dass nun die relativ unbestimmte Materie dem Bestimmtheitskriterium nicht genügen kann, ist klar, und dem Selbständigkeitskriterium genügt sie nicht, weil sie immer Materie für etwas anderes ist; *als Materie* ist das Holz z. B. auf den Schrank bezogen, der aus ihm gemacht ist, an sich ist es eine Substanz. Diese doppelte Unzulänglichkeit der Materie spricht gegen die Idee, sie als Substanz anzuerkennen, während ihr Substratcharakter dafür spricht.

Eher als die Materie sollen die Formursache und das Kompositum aus Form und Materie die Kriterien der Selbständigkeit und Bestimmtheit erfüllen. Die Anwendung des Bestimmtheitskriteriums führt zu dem klaren Ergebnis, dass die bestimmte und bestimmende Form, aber auch das von ihr bestimmte Kompositum den Sinn von »Substanz« konkretisieren. Man fragt sich jedoch, wie die Form selbständig sein soll, wenn sie doch immer die Struktur eines Dinges oder Lebewesens oder die Organisation eines Materials ist. Aristoteles meint auch nicht, dass die Formen von Sinnendingen selbständig existieren, sondern dass sie selbständig, ohne Bezug auf das Material *definiert* werden (*Met.* VIII 1, 1042 a 28–31). So angewandt, qualifiziert das Selbständigkeitskriterium die Form als

Substanz, so dass das Einzelne die Substanz – als seine primäre Bestimmung – hat.[121]

c) Form und Kompositum als Substrat

Der Materie sind das Kompositum und die Form als Kandidaten für die Konkretisierung von »Substanz« dann überlegen, wenn sie auch dem Substratkriterium genügen. In der Tat sind sie das Substrat der Akzidenzien – ein nur begrifflich fassbares Substrat, da zum wahrnehmbaren Ding oder Lebewesen immer Akzidenzien wie z. B. die Größe und der Ort gehören. Vom Kompositum leuchtet ein, dass es Substrat der Akzidenzien ist, aber wie soll die Form oder Struktur das sein (*Met.* VII 3, 1030 a 23–24; IX 7, 1049 a 29–30)?

Einerseits ist sie es mit dem Kompositum, sofern sie es prägt. Andererseits ist sie »Substrat« im Sinn einer objektiven, aber nicht gegenständlichen Voraussetzung, die man auf zweierlei Weise darstellen kann: Wie bestimmte Akzidenzien, z. B. das Singen, genau beschaffen sind, ergibt sich aus der Form des Subjekts – ob das sin-

[121] Für die Wirkungsgeschichte wichtiger als für die von Aristoteles selbst ausgearbeitete Metaphysik ist, dass er neben den Formen von Sinnendingen und Lebewesen reine, selbständig existierende Formen anzunehmen scheint. Zwar kommt der Ausdruck »reine Form« in den Texten nicht vor, und mit den oft genannten »(von Materie) separaten Formen« können immer die platonischen Ideen gemeint sein. Aber die Rede von »immateriellen Substanzen« legt nahe, dass auch Aristoteles Substanzen, die Formen *sind*, oder selbständige Formen annimmt (s. *Met.* XII 6, 1071 b 20–21; vgl. Kap. 8, 1074 a 35–36, u. VIII 1, 1042 a 31). Für uns ist es überraschend, dass dafür zeitlose, nicht individuelle Vernunftwesen in Frage kommen, insbesondere der tätige Intellekt, von dem jede einzelne unserer Erkenntnisse abhängt, und der unveränderliche Veränderer – Gott, traditionell »unbewegter Beweger« genannt –, der nichts als Erkenntnistätigkeit ist (s. *DA* II 2, 413 b 24–27 in Verbindung mit III 5, 430 a 17–19; *Met.* XII 6, 1071 b 19–22; Kap. 7, 1072 a 30–32; vgl. oben S. 121). – Wie kann Aristoteles Vernunftwesen als Formen betrachten? Er kann es, weil er einerseits diese Vernunftwesen nicht als Substanzen versteht, denen die Tätigkeit des Erkennens als Akzidens zukommt, sondern als solche, die mit ihrer Tätigkeit identisch sind – was einen Bruch mit dem Substanz-Akzidens-Schema der Kategorienlehre darstellt. Auf der anderen Seite können auch Formen, insbesondere die der Lebewesen, ihre Seelen also, Tätigkeiten sein – anders als es das Handwerkermodell mit der Vorstellung eines starren Bauplans suggeriert (s. unten VIII 6 b 3). In diesem Sinn dürfte Aristoteles die zeitlosen Vernunftwesen als materieunabhängige Formen betrachten.

gende Lebewesen ein Mensch oder ein Vogel ist. Strikter beschrieben, besteht derselbe Zusammenhang darin, dass aus der Form die artspezifischen Eigenschaften folgen wie z.B. die Lernfähigkeit des Menschen aus seiner Vernünftigkeit.

Sofern also Form und Kompositum nicht nur bestimmt und selbständig, sondern auch Substrat der Akzidenzien sind, kann Aristoteles *eher* sie für Konkretisierungen des Substanzbegriffs halten als das materielle Substrat, das allen Bestimmungen, also auch der Form, zugrunde liegt.

Hier zeigt sich, dass das Zugrundeliegen relativ ist: nur den Akzidenzien oder allen Bestimmungen eines Individuums zugrundeliegen. Und je nach dem, welchen Bestimmungen das Substrat zugrunde liegt, wird man anders verstehen, was ein Individuum ist und was es hat: Wenn das Substrat allen Bestimmungen zugrunde liegen soll, wird man sagen, dass das Individuum ein bestimmbares »Dieses« ist und alle Bestimmungen hat, auch seine Grundbestimmung wie »Geige«. Soll das Substrat aber nur den Akzidenzien zugrundeliegen, dann ist das Einzelne ein bestimmtes Ding (»diese Geige«), also ein Kompositum aus Materie und Form, oder dessen Form und hat viele ausschließlich akzidentelle Bestimmungen (s. *Met.* IX 7, 1049a27–36). So *ist* das Einzelne Substanz.

d) Als Form ist die Substanz Prinzip.

Aristoteles' Substanzbegriff bewegt sich in dieser Differenz zweier Versionen von »Substrat«. Um der Einzelheit der Dinge und Lebewesen gerecht zu werden, hält Aristoteles an dem Substrat im umfassenden Sinn, dem bloßen »Dieses«, und deshalb an der Materie als einer – untergeordneten – Konkretisierung von »Substanz« fest (s. unten S.182). Die Frage, von der ich hier ausgegangen bin (in VI 1a) bezieht sich aber auf die Substanz, die das Individuum, als bestimmbares »Dieses« verstanden, *hat*: Was gewinnt Aristoteles, wenn er die Wesensbestimmung, den Referenten des Definiens, als Form – und nicht als Kompositum – auffasst?

Eine erste Konsequenz besteht darin, dass die Prinzipienfunktion der Substanz deutlich wird, wenn man sie als Wesensbestimmung und Form versteht. Denn die Form ist der Grund dafür, dass *mehrere* Bestandteile oder Materialien zusammen *ein* anders bestimmtes Ganzes bilden: zwei Buchstaben eine Silbe; Backsteine und Balken ein Haus; Knochen, Sehnen und Fleisch einen Menschen.[122] Sofern sie *bestimmte* Einheiten bildet, unterscheidet die Form auch Dinge und Lebewesen, z. B. das Haus vom Stall.

Bei handwerklichen Produkten wie dem Haus bestimmt sich die Form ihrerseits durch den Verwendungszweck, der im Fall des Hauses darin besteht, Menschen ein Obdach zu bieten, und beim Stall, Tiere vor Wind und Wetter zu schützen. So lässt sich ein solches Produkt durch seine Form definieren: Das Haus ist ein Obdach für Menschen. Was Tiere oder Menschen angeht, so unterscheiden wir sie von ihren aus denselben Bestandteilen zusammengesetzten Leichen, weil sie leben, und das heißt für Aristoteles: weil die Bestandteile durch eine gemeinsame Form, die Seele, zu einem sich selbst erhaltenden Ganzen organisiert werden (*Met.* V 8, 1017b14–16; VII 10, 1035b14–18 u. 24–25; *DA* II 1, 412a11–22).

Aristoteles riskiert allerdings, den Unterschied von Bestandteilen und Form zu nivellieren, wenn er oft davon spricht, dass Form und Materie zum konkreten Einzelding (ohne Akzidenzien gedacht) zusammengesetzt sind. Denn diese Ausdrucksweise legt die Vorstellung nahe, dass die Form ihrerseits ein Bestandteil ist, der mit der Materie zu einem Ganzen verbunden wird. Das schließt Aristoteles aber ausdrücklich anhand des Beispiels der zwei Buchstaben aus, die eine Silbe bilden: Die Silbe »ba« unterscheidet sich von den beiden Buchstaben »b« und »a«, ihren Bestandteilen, durch deren bestimmte – im Unterschied zu »ab« – Zusammensetzung oder Anordnung, also ihre Form, die ihrerseits kein Bestandteil ist. Diesen funktionalen Unterschied sollten Sie festhalten, wenn Sie lesen, dass sich das Einzelding aus Form und Materie zusammensetzt.

e) Die Form löst das Universalienproblem.

Die Auffassung der Substanz als Form hat einen zweiten Vorzug: Aristoteles kann die Spannung zwischen Substanz als Wesens-

[122] *Met.* VII 17, 1041a26–30 u. b4–19; *Met.* VIII 2, 1043a14–18. Dieses Verhältnisses von Materie und Form wegen hat man Aristoteles' Ontologie als »Hylemorphismus« beschrieben.

bestimmung des konkreten Einzelnen und als Objekt von allgemeinen Definitionen auflösen, indem er die Wesensbestimmung als Form begreift. Als Referent des Definiens, das aus allgemeinen Prädikaten wie »Säugetier« besteht, muss die Wesensbestimmung vielen Einzelnen gemeinsam sein, nämlich allen Exemplaren der jeweiligen Art z. B. von Säugetieren – als Substanz eines einzelnen Tieres muss die Wesensbestimmung aber exklusiv diesem Individuum gehören.

Um das, was die Auffassung der Wesensbestimmung als Form leistet, einzuschätzen, sollten Sie beachten, dass Aristoteles den Referenten des Definiens so konzipieren muss, dass er nicht in die Ideenlehre zurückfällt, also auf keinen Fall als ein von den Einzelexemplaren unabhängiges Objekt. Nun gehört die Form in der Tat jeweils dem einzelnen Ding oder Individuum, das sie organisiert, ist also kein separates ideenartiges Objekt.[123] Zugleich ist sie aber den vielen Einzelnen einer Art gemeinsam, wie es die Funktion, Referent des Definiens zu sein, erfordert. Wie kommt nun die Gemeinsamkeit von Formen, die in den Exemplaren *vereinzelt* sind, objektiv zustande (sonst könnte sie bloß eine subjektive Konstruktion sein)?

In dem Bewusstsein, eine Alternative zur Ideenlehre vorzuschlagen, weist Aristoteles darauf hin, dass die Gemeinsamkeit der Formen sich objektiv im Zeugungsprozess der natürlichen Arten und im handwerklichen Produktionsprozess herstellt. So sollten Sie seinen oft zitierten, scheinbar banalen Satz »Der Mensch zeugt einen Menschen« zu verstehen. Das heißt nämlich, dass eben das, *was* der einzelne Mensch ist – seine Form –, den natürlichen Prozess der Menschheit bestimmt, aus dem jedes Individuum hervorgeht.[124] Dementsprechend haben die Produkte des Handwerks und der wissenschaftlichen Praxis, z. B. der Medizin, jeweils diejenigen Strukturen gemeinsam, die die Fachkunde oder Wissenschaft den Praktikern für ihr Tun vorgibt.

[123] Jeweils an ein Substrat gebunden, tritt die Form in die Existenz, wenn das Kompositum entsteht, und verschwindet mit seinem Vergehen, s. *Met.* VII 15, 1039 b 23–27; vgl. Kap. 8, 1033 a 8 – b 10.

[124] S. *Met.* VII 8, 1033 b 29 – 1034 a 5; XII 3, 1070 a 26–30. Während das durch die Form bestimmte Individuum entsteht und vergeht, entsteht und vergeht die Form nicht (*Met.* VII 8, 1033 a 24 – b 19).

Wie lässt sich die Gemeinsamkeit von Formen als Resultat natürlicher und technischer Prozesse erklären? Die natürliche Produktion wie die kompetente menschliche können die Funktion der platonischen Ideen, die Gleichheit der Exemplare einer Art zu sichern, übernehmen, weil der jeweilige »Ursprung der Veränderung«, die Wirkursache, als solche, d. h. in ihrem Wirken, durch die Form des Produkts, die im Fall der Zeugung auch die des Zeugenden ist, bestimmt oder geleitet ist (s. oben S. 110).

Auf diesem nichtmechanischen Begriff von Wirkursache beruht also der Erfolg von Aristoteles' Gedankenentwicklung: als primärer Gegenstand des Wissens ist die Substanz das Objekt des Definiens; das Objekt des Definiens ist die Wesensbestimmung (»was es heißt, x [z. B. eine Katze] zu sein«); die Wesensbestimmung ist die Form oder Struktur des Dinges oder Lebewesens (der einzelnen Katze); so verstanden, gehört die Wesensbestimmung dem jeweiligen einzelnen Exemplar *und* ist ihm mit den anderen seiner Art, die nach demselben Muster erzeugt werden, objektiv gemeinsam.

Die mittelalterlichen Aristotelesinterpreten, die über die Stellung der Universalien stritten, haben diese geniale Lösung nicht verstanden (s. oben S. 169). Sie ist genial als Erwiderung auf die Ideenlehre, sofern sie die Gemeinsamkeit bestimmter Sorten von Dingen und Lebewesen, die man mit den allgemeinen Termini der Definitionen unterstellt, in eben den natürlichen und technischen *Prozessen* objektiv begründet, die Platon für unerkennbar hielt. Aus neuzeitlicher Perspektive heißt das, dass Aristoteles als erster die *Regelmäßigkeit* dieser Prozesse theoretisch fruchtbar gemacht hat – bevor sie seit Galilei und Newton durch die Form des Gesetzes begriffen wurden.

2. *Schwierigkeiten mit der Form*

a) Zur Definition mancher Naturdinge unbrauchbar

Wie es sich für die Lösung eines philosophischen Problems gehört, wirft auch die Konkretisierung der Substanz als Form neue Fragen auf. Zunächst schließt Aristoteles damit aus der Klasse der Substanzen alle leblosen Dinge aus, die keine Produkte von Fachleuten

(Artefakte) sind. Denn nur solche Produkte und die Lebewesen sind nach Maßgabe einer Form entstanden, haben deshalb eine Wesensbestimmung und sind als Komposita aus dieser Form und einer geeigneten Materie Substanzen (s. oben S. 174). Steine, Kristalle und chemische Elemente wie Eisen oder Schwefel, schließlich die vier Elemente der antiken Physik (Feuer, Wasser, Luft, Erde) sind also keine Substanzen. Da sie auch keine Akzidenzien sind, alles Existierende aber entweder als Substanz oder als eines der Akzidenzien existieren soll, scheint es, als erfülle die aristotelische Metaphysik in ihrer Ausführung nicht ihren Anspruch zu klären, was es für *alles* Existierende bedeutet zu existieren.[125]

Was nun die Lebewesen, die natürlichen Substanzen also, angeht, so ist, wie gesagt, ihre Form oder ihr Organisationsprinzip die Seele. Also ist sie auch ihre Wesensbestimmung und das Objekt der Prädikate, mit denen man sie definiert. Dann aber dürfte man Pflanzen und Tiere nicht wie gewöhnlich durch ihren Lebensraum und ihren Körperbau z. B. definieren, und der Mensch müsste ausschließlich durch seine Vernunftseele definiert werden, die ihn von anderen Tieren unterscheidet.

Aristoteles tut das aber nicht, sondern definiert in seiner Zoologie die Tiere nach körperlichen Merkmalen – wie sollte er auch ihre Sinnenseelen *voneinander* unterscheiden können, die sie den Pflanzen (mit bloß vegetativer Seele) voraushaben? Und wenn er die Definition des Menschen als »zweifüßiges Lebewesen« zum Standardbeispiel für Definitionen macht, begnügt er sich mit einer körperlichen Besonderheit.[126]

125 Am Beginn seiner Untersuchung des Sinnes von »Substanz« berichtet Aristoteles, dass die Elemente und aus ihnen zusammengesetzte Körper traditionell für Substanzen gehalten werden, aber seine eigene Präzisierung des Substanzbegriffs bedeutet, dass das ein Irrtum ist (*Met.* VII 2, 1028b 8–13).

126 S. oben S. 131. Das scheint zwar eine Art Konvention zu sein, konvergiert aber mit den Konsequenzen, die Aristoteles aus seiner Definition der Seele für die Definitionen besonderer Pflanzen- und Tierarten ziehen müsste, und zwar nach seiner eigenen Regel fürs Definieren. Denn die Seele im Allgemeinen definiert er als die Vollendung (Gattung) eines natürlichen, wie ein Instrument tätigen Körpers (spezifische Differenz) (*DA* II 1, 412b 4–6; vgl. unten S. 210). Die Regel für die weitere Differenzierung einer Art, hier der Seele, besagt, dass die sie definierende Differenz in sich weiter differenziert werden soll (s. *Met.* VII 12, 1038a 9–15). Das heißt, dass die Definitionen der Seelen verschiedener

b) Nur ein Teil des komplexen Gegenstandes

Ein Problem ergibt sich für mich dadurch, dass die Definition, die sich auf die Form bezieht, zwar erklärt, warum wir z. B. ein bestimmtes Gebäude »Haus« und nicht »Stall« nennen, aber nicht dasselbe wie die definierte Grundbezeichnung »Haus« bedeutet. Denn mit dem Prädikat »Haus« meinen wir nicht nur das Gestaltungsprinzip dieses Bauwerks, durch das es sich von anderen wie z. B. einem Stall unterscheidet. Wir meinen vielmehr das ganze Bauwerk, seine Bestandteile in ihrem speziellen Aufbau. Und wenn wir definieren, definieren wir unsere Prädikate derart, dass das Definiens dasselbe wie das zu definierende Prädikat, hier die Grundbezeichnung, bedeutet. Also können wir die Grundbezeichnungen nicht durch die Formen der komplexen Substanzen allein definieren.

Aristoteles räumt zwar ausdrücklich ein, dass die Grundbezeichnungen wie »Haus« nicht die Formen, sondern die komplexen Substanzen allgemein bedeuten.[127] Dagegen, die Substanzen auch dementsprechend zu definieren, wendet er jedoch ein, dass dann die Materialien oder Bestandteile in die Definition eingingen, obwohl sie an sich relativ unbestimmt sind und erst durch die Form in das von ihr bestimmte Ganze integriert werden, so durch die Form des Hauses zu einem steinernen Haus gemacht werden (ebd. Kap. 7, 1033 a 5–22; Kap. 11, 1037 a 24–29). Also kann man nur von der Form her sagen, was das Ganze und seine integrierten Bestandteile sind.

c) Ohne Bezug auf Veränderung

Eine andere Schwierigkeit bezeichnet Aristoteles selbst so, dass veränderliche Objekte wie Lebewesen nicht ohne Verweis auf ihre Veränderlichkeit, also nicht allein durch ihre unveränderliche Form

Lebewesen durch die verschiedenen Typen des natürlichen, wie ein Instrument tätigen Körpers gebildet werden müssen.

[127] *Met.* VII 8, 1033 b 24–26; Kap. 10, 1035 b 27–31. Er könnte einwenden, dass viele Artefakte wie das Haus jeweils aus verschiedenen Materialien gefertigt, also nicht durch eine bestimmte Materie definiert werden können. Für die Pflanzen und Lebewesen träfe das aber nicht zu.

definiert werden können. Das verstehen Sie besser, wenn Sie die veränderliche Materie unter dem Gesichtspunkt ins Spiel bringen, dass die Definition eine Prämisse für die Erklärung von Eigenschaften der definierten Sache sein soll (s. oben S. 163 f.). Denn Lebewesen wie veränderlichen Dingen ist es eigen, sich in bestimmten Weisen zu verändern, die von ihren Materien abhängen.[128]

Leicht ist das an Dingen zu zeigen, die aus verschiedenen Materien bestehen können: ein Stuhl aus Metall rostet, einer aus Holz nicht. Um analog für den Fall der Lebewesen zu argumentieren, muss man auf Veränderungen verweisen, die allein aus ihrer körperlichen Materie resultieren, wie sie unabhängig von der strukturierenden Funktion der Seele gedacht werden kann. Dafür kommt als Beispiel der freie Fall in Frage, dem Lebewesen, wenn man Aristoteles' Physik auf sie anwendet, deshalb unterliegen, weil ihre Körper die abwärts tendierenden Elemente Erde und Wasser enthalten.

d) Einfaches statt komplexes Objekt des Definiens

Aristoteles macht an der Identifikation der Wesensbestimmung mit der Form eine weitere Schwierigkeit aus. Das Problem betrifft das Verhältnis zwischen Definiens und Form: Weil das Definiens immer *eine* Formel aus einer Gattung wie »Säugetier« und einer Differenz wie »im Meer lebend« ist, erwartet Aristoteles von dem Objekt des Definiens, der Wesensbestimmung, dass es ebenfalls komplex ist und doch eine Einheit bildet (*Met.* VIII 1, 1042 a 18–21; Kap. 6, 1045 a 12–14). Nur so kann die Struktur der gegebenen Wirklichkeit, hier der Wesensbestimmungen, die Struktur unserer Erkenntnis von ihr begründen – ein typischer Fall der Theorieform der Metaphysik (s. oben S. 12 f.).

Ist nun die Wesensbestimmung die Form, dann ist die Art der Dinge oder Lebewesen mit der Definition ihrer Form zu definieren, das Haus also z. B. als ein Obdach für Menschen und der Mensch als das, was seine Seele ist (*Met.* VII 10, 1035 b 31 – 1036 a 2; Kap. 11,

[128] S. *Met.* VII 11, 1036 b 21–30; vgl. VI 1, 1025 b 34 – 1036 a 6. – Die Materie ist überhaupt eine notwendige Bedingung der Veränderung, s. *Met.* VII 8, 1033 b 16–19.

1037 a 28–29). Während Aristoteles an der ersten dieser beiden Stellen sagt, dass den Teilen des Definiens, Gattung und spezifische Differenz, Teile der Form entsprechen, wird es für ihn in anderen Zusammenhängen zum Problem, dass die Form dieselbe Struktur wie das Definiens aufweisen soll. Wenn nämlich die Form aus zwei Teilen besteht, sind diese mindestens in manchen Fällen – heißt es in einem Text – von der Form als ganzer unabhängig, weil »früher« als sie, auf jeden Fall aber die eine selbständig gegenüber der anderen. Dann aber bilden sie nicht die objektive Einheit, auf der die Einheit der Formel des Definiens beruhen könnte. Gibt man dagegen um der Einheit der Formel willen die Zusammensetzung der objektiven Form auf, dann erhält man ein einfaches Objekt, das überhaupt nicht zu definieren ist.[129] – Zu diesem Problem zwei Bemerkungen:

Erstens zeigt sich mit ihm, dass die natürliche oder technische Funktion der Form nicht mit der Funktion des Definiens, Wissen zu begründen, konvergiert. Denn als Struktur oder Anordnung von Teilen oder Elementen hat die Form natürlicher Dinge oder Lebewesen selber keine Teile – andernfalls müssten diese wiederum durch eine zweite Form einander zugeordnet werden (*Met.* VII 17, 1041 b 16–25). Als Objekt des in sich gegliederten Definiens, auf dem Wissen beruht, soll die Form aber doch aus Teilen zusammengesetzt sein.

Zweitens scheint mir das Problem charakteristisch für Aristoteles' Metaphysik zu sein. Denn es entsteht dadurch, dass ein sprachliches Verhältnis, dasjenige zwischen zwei Termini, die als Gattung und *ihre* spezifische Differenz *inhaltlich* koordiniert sind – wie »im Meer lebendes Säugetier« –, auf den Bereich der Sachen übertragen wird, von denen eine jede zunächst einmal jeder anderen nur *nebengeordnet* ist. Da Aristoteles das bemerkt, gleichwohl aber das

[129] S. ebd. Kap. 10, 1035 b 13–14; Kap. 11, 1037 a 18–20; Kap. 13, 1039 a 3–9 u. 14–20, mit unmittelbarem Bezug auf die platonischen Ideen. – Im Zusammenhang mit den verschiedenen – vegetativen und sensitiven – Funktionen der Tiere spricht Aristoteles einmal von Teilen, die die Seele als Form des Körpers hat; offenbar meint er die Pflanzen- und die Tierseele (s. Kap. 10, 1035 b 14–20). Indem er diese beiden als Ernährungs- und Wahrnehmungsvermögen auffasst, versteht er ihre Einheit funktional: das zweite kann ohne das erste nicht existieren, wohl aber umgekehrt (*DA* II 3, 414 b 28 – 415 a 3).

sprachliche Verhältnis auf das objektive gründen will, ist er genötigt, das letztere entsprechend dieser Begründungsabsicht theoretisch zu konzipieren; das erlaubt die Einfachheit der Form aber nicht.

VII. Substanz als Kompositum

1. *Weshalb taugt das Einzelne als Substanz?*

Nachdem er im 7. Buch der *Metaphysik* entwickelt hat, wie die Substanz als Wesensbestimmung (»was es heißt, x zu sein«) und deshalb als Form des Dinges oder Lebewesens zu begreifen ist, kommt Aristoteles am Beginn des 8. Buches auf den Ausgangspunkt zurück, an dem sich jede nähere Bestimmung von »Substanz« orientieren soll. Das sind die Kriterien des Zugrundeliegens, der Selbständigkeit und der Bestimmtheit (s. oben S. 170 f.).

Ihnen genügt nicht nur die Form, sondern auch das Kompositum aus Form und (je spezifischer) Materie, wenn auch mit einer Einschränkung in Sachen Bestimmtheit. Wie schon gesagt, kann es nur mangels eines treffenderen Terminus »Kompositum aus Form und Materie« genannt werden, da das Einzelne gemeint ist, dessen Bestandteile (»Materie«) durch eine Struktur (»Form«) zu einem gegliederten Ganzen organisiert werden; die Form tritt also nicht wie ein Bestandteil neben die Materie. Im 8. Buch behandelt Aristoteles diesen Begriff von Substanz; schon im 7. Buch hat er vorweggenommen, dass er die Substanz doppelt begreift, als Form und als Kompositum (s. Kap. 11, 1037 a 29–33; Kap. 15, 1039 b 20–22).

Da das Kompositum das einzelne Ding oder lebendige Individuum – abgesehen von seinen Akzidenzien – ist, zeichnet es sich gegenüber der Form, die nur unabhängig von anderem *begriffen* wird, dadurch aus, dass es schlechthin selbständig ist (*Met.* VIII 1, 1042 a 26–31). So erfüllt es das Selbständigkeitskriterium besser als die Form und das Substratkriterium ebenso wie sie, sofern es den Akzidenzien zugrunde liegt, nicht aber der Form, der nur die Materie zugrunde liegt.

Was das Bestimmtheitskriterium angeht, so genügt ihm das Kompositum weniger als die Form, sofern in das Kompositum die relativ unbestimmte Materie eingeht (*Met.* VII 11, 1037 a 25–29). Soll es dagegen darauf ankommen, dass die Materie, die als Material schon vor der Entstehung des Kompositums existiert, durch die Form in ihrer Beschaffenheit verändert, gestaltet wird, dann dürfte das Kompositum der Form an Bestimmtheit nicht mehr nachstehen (ebd. Kap. 7, 1033 a 16–22).

Dem Kompositum fehlt jedoch die Charakteristik der Form, die Produktionsprozesse zu steuern, aus denen die Einzelexemplare einer Art hervorgehen, und dadurch diesen Einzelnen *gemeinsam* zu sein – was die Form als Objekt der Definition der jeweiligen Art empfiehlt (s. oben VI 1 e). Durch seine Materie ist das Kompositum vielmehr nur das Einzelne, das in der Zeit entsteht und vergeht (*Met.* VII 8, 1034 a 5–8; XII 8, 1074 a 33–35). Daher die mittelalterliche Formel, die Materie sei das *principium individuationis*. Das können Sie am besten vermittels des Handwerkermodells verstehen: Dass der Töpfer viele einzelne Gefäße und der Schreiner einzelne Möbelstücke desselben Typs fertigt, liegt nicht an dem je einen Muster oder Bauplan, nach denen sie arbeiten, sondern an dem Material, dem Ton oder dem Holz, dem sie wiederholt die vorentworfenen Formen geben.

2. *Das Kompositum als Grundlage der Definition*

a) Komplexität und Einheit des Kompositums

Vom Einzelnen gibt es keine Definition, man kann es nur zunächst mit seiner Grundbezeichnung wie »Schloss« oder »Eiche« bedeuten, die von unbestimmt vielen Einzelnen prädiziert wird, also allgemein ist (*Met.* VII 10, 1035 b 27–30). Solche Prädikate kann man von den einzelnen Komposita dieser Arten in dem Sinn aussagen, dass jedes Kompositum *ein* Schloss oder *eine* Eiche ist, d. h. dass es außer ihm noch unbestimmt viele andere derselben Art geben kann und dass jedes durch seine Akzidenzien mannigfach weiter bestimmt ist.

In demselben Sinn kann man von jedem Kompositum, ungeachtet seiner Einzelheit, das Definiens seiner Art aussagen (»Dieses Haus ist *ein* Obdach aus Backsteinen und Steinen in bestimmter

Anordnung«). Wenn das Definiens so die Zusammensetzung der Erfahrungsgegenstände aufnimmt, bezieht es sich auf ihre unveränderliche Form und auf ihre veränderliche Materie. Sofern die Materie in die Definition eingeht, enthält diese einen Erklärungsgrund für die typischen Veränderungen der jeweiligen Art von Komposita. Also kann sie als Prämisse für einen Beweis dienen, der materialbedingte Veränderungen des Definiendums herleitet, z. B. dass das Haus bei einem Erdbeben beschädigt oder zerstört wird.[130] Damit zeichnen sich solche Definitionen gegenüber denjenigen aus, die sich nur auf die unveränderlichen Formen beziehen. Das ist ein Argument dafür, die Komposita als Substanzen zu betrachten.

Das zweite Argument beruht auf der Annahme, dass der Aufbau der Komposita aus Materie und Form so, wie er jeweils allen Individuen oder Einzeldingen einer Art gemeinsam ist, die Gliederung und die Einheit des Definiens erklärt. Während im Fall der Form mindestens unklar ist, wie sie das als Objekt des Definiens leisten kann, scheint die Kombination von Form und Materie die komplexe Einheit zu ergeben, die als objektive »Vorlage« des Definiens gebraucht wird (*Met.* VIII 6, 1045 a 23–33).

Die Einheit des Kompositums kann nicht auf einer äußerlichen Zusammenfügung oder Mischung beruhen. Aristoteles erklärt sie vielmehr damit, dass alles, was natürlich oder technisch entstanden ist, aus einer *geeigneten* Materie besteht, die die Struktur und Funktion – wie das Metall als Säge – bekommen hat, zu der sie taugt (ebd. Kap. 4, 1044 a 25–29). Weil die Materie immer unter dem Gesichtspunkt ihrer Eignung für ein Produkt betrachtet wird, das unbearbeitete Metall also z. B. als mögliche Säge, hat sie dieselbe Wesensbestimmung wie das Kompositum, zu dem sie verarbeitet wird; diese Wesensbestimmung ist nichts anderes als die Form (»Werkzeug zum allmählichen Zertrennen von Holz oder Metall«). Als Unterschied zwischen Materie und Kompositum bleibt dann nicht mehr, als dass die Materie vor der Verwirklichung des Kompositums das, was das Kompositum wirklich ist, bloß sein *kann* (ebd., Kap. 6, 1045 a 28–33).

130 *Met.* VIII 3, 1043 a 31–32; zu diesem Typ Definition im Allgemeinen s. Kap. 2, 1043 a 5–7.

Dazu kommt es, weil Aristoteles der Form die Funktion gibt, die Einheit des Kompositums durch Gestaltung oder Organisierung der Materie zu garantieren. Das tut er mit der Begründung, dass diese Funktion sonst einer *dritten* Größe neben Materie und Form zufiele und diese dann die Substanz wäre (ebd. Kap. 3, 1043 b 4–14). Wie dieses Argument zeigt, setzt die Frage nach dem Faktor, der die Einheit des Kompositums garantiert, die Verschiedenheit von Materie und Form voraus. Wenn Sie dieser Verschiedenheit die uns gewohnte Evidenz zurückgeben wollen, müssen Sie das, was Aristoteles »Materie (für das Kompositum)« nennt, aus diesem Bezug lösen und als irgendein Gebilde wie z. B. ein Stück Eisen betrachten.

b) Wie entspricht das Definiens dem Kompositum?

Allerdings ist nicht klar und in der Forschung konsequenter Weise umstritten, wie die Gliederung der Formel des Definiens die Zusammensetzung der Komposita wiedergeben soll: Sollen die in Platons Schule eingeübten Definitionen im Prinzip beibehalten und nur neu so interpretiert werden, dass die Gattungen wie »Pflanze« auf die Materie etwa des Kaktus verweisen, Differenzen wie »stachelblättrig« dagegen auf seine Form? Oder will Aristoteles ganz andere Formeln einführen, solche nämlich – wie »von einer Vernunftseele organisierter Körper« für »Mensch« –, in denen der Gattungsterminus unmittelbar die vergängliche Materie (»Körper«) bezeichnet und die spezifische Differenz sich auf die unvergängliche Form (»von einer Vernunftseele organisiert«) der jeweiligen Komposita bezieht?

Für diese Interpretation spricht das Beispiel der Definition des Hauses, nach der es der Gattung nach Steine und Hölzer (Materie) ist, die sich dadurch spezifisch auszeichnen, dass sie einen geschlossenen Schutzraum für Sachen und lebendige Körper (Zweck und Form) bilden (*Met.* VIII 2, 1043 a 14–21). Die Vertreter der erstgenannten Auslegung dagegen können sich auf einen Vorschlag zur Definition des Kreises berufen, dessen spezifische Besonderheit der gleiche Abstand aller Punkte der Peripherie vom Mittelpunkt ist. Was aber ist seine Gattung? Es soll der allgemeine Terminus »ebene *Figur*« sein – und nicht »Fläche«, die in dem Sinn *Materie* ist, dass der Kreis durch ihre Begrenzung oder Formung entsteht, analog zum Bau des Hauses aus Steinen (Kap. 6, 1045 a 35).[131]

c) Schwierigkeiten mit dem Kompositum

Wie immer die Definition genau an die Form-Materie-Struktur des Kompositums gebunden sein soll, auf jeden Fall bringt das Konzept, die komplexe Einheit des Definiens mit dieser Struktur zu begründen, wiederum zwei Nachteile gegenüber demjenigen Begriff vom Definiens ein, nach dem es sich auf die Form allein bezieht. Der erste Nachteil liegt darin, dass die Wesensbestimmung (»was es heißt, x zu sein«) nicht mehr Referent des Definiens sein kann. Denn Aristoteles hält auch im VIII. Buch der *Metaphysik* daran fest, dass nur die Form Wesensbestimmung ist.[132] Also kann ein Definiens, das die Materie berücksichtigt, nicht die Wesensbestimmung bedeuten. Damit fällt Aristoteles' Ansatz, mit der Wesensbestimmung der Definition ein anderes Objekt als die platonischen Ideen zu geben (vgl. oben V 2 a u. c).

Warum gibt Aristoteles das Theorem nicht auf, dass nur die Form bestimmt, was etwas seinem Wesen nach ist? Weil er sich, wie gesagt (VI 1 e), an den Artefakten und den Lebewesen orientiert:

[131] Dass Gattungen wie »Pflanze« oder »ebene Figur« für das Materiale an komplexen Gebilden stehen, stellte für Aristoteles kein Problem dar. Denn in der Begriffsbildung, die zur Definition führt, fungiert die Gattung wie ein Substrat, das durch die Hinzufügung von Differenzen eingeteilt wird, so die Gattung »Lebewesen« durch »auf dem Land lebend«, »in der Luft lebend« und »im Wasser lebend« (*Top.* VI 6, 143 a 36 – b 2). Diese Einteilung eines relativ unbestimmten begrifflichen Substrates in seine bestimmteren Arten – »*manche* Lebewesen leben auf dem Land« etc. – versteht Aristoteles als die Gestaltung einer Materie (*Met.* V 28, 1024 a 36 – b 9; VII 12, 1038 a 1–9). Das ist nicht der einzige Fall, in dem er für logische und natürliche bzw. technische Sachverhalte dieselbe Terminologie verwendet.

[132] S. Kap. 3, 1043 b 1–2; vgl. dagegen die Identifikation von Substanz im primären Sinn, Wesensbestimmung und Form in *Met.* VII 7, 1032 b 1–2. Zugleich zeigen *Met.* VI 1, 1025 b 28–34, und *DA* III 4, 429 b 10–14, dass die Trennung von Substanz und Wesensbestimmung auch dadurch vermieden werden kann, dass man sagt, die Wesensbestimmung solle die Materie in den Fällen enthalten, in denen die Definition sie berücksichtigt. Dann gibt man die Identifikation von Substanz und Wesensbestimmung mit der Form auf.

Die Artefakte sind genau das, was sich der Künstler oder Handwerker vorgestellt hat, bloß mit geeigneter Materie versehen (*Met.* VII 7, 1032b 11–14). Und das, was die Lebewesen *spezifisch* sind, bestimmt ihre Seele als ihre Form, sofern sie sich gegenüber Leblosem nicht durch den freien Fall, sondern durch Wahrnehmung auszeichnen (ebd. Kap. 10, 1035b 14–18).

Den zweiten Nachteil stellt die Art und Weise dar, wie das stets in allgemeinen Termini formulierte Definiens das bezeichnet, was allen Exemplaren einer zu definierenden Art gemeinsam ist. Wenn das Definiens ihre Form bedeutet, bezieht es sich auf das, was dank der Produktions- und Zeugungsprozesse in Raum und Zeit allen Exemplaren gemeinsam ist. Wenn das Definiens dagegen das Kompositum allgemein bedeutet, bezeichnet es das, was eine Art konstituiert, mit einer allgemeinen Klassse, weil die Komposita durch ihre individualisierende Materie je nur einzelne, nicht selbst gemeinsam sind. Die Klasse aber ist keine Substanz, weil sie sich auf alle ihre Elemente bezieht und keinem von ihnen eigen ist, wie die Substanz es sein muss – und wie die Form es ist.[133]

Angesichts dieser Schwierigkeit können Sie den mittelalterlichen Universalienstreit verstehen: Wenn die Komposita einzelne Substanzen sind und die allgemein formulierten Definitionen sich auf sie und nicht auf die Form beziehen, was ist dann der ontologische Status der jeweiligen Klassen der Komposita, ihrer Arten und Gattungen?

Sind nun Substanzen und Objekte der Definitionen die je individuellen Formen, die die Komposita jeweils einer Art bestimmen und ihnen durch (Re-)Produktionsprozesse gemeinsam sind, oder ist die Substanz das einzelne Kompositum und das Objekt der Definition die allgemeine Art dieser Komposita? Soweit ich sehe, hat Aristoteles keine Argumentation entwickelt, die eine Entscheidung zwischen diesen beiden Konzeptionen erlaubte.

[133] *Met.* VII 10, 1035b 27–31; Kap. 13, 1038b 8–15; vgl. oben S. 169.

VIII. »Sein« als Möglichkeit und Wirklichkeit

1. *Ausgangspunkte der modalen Differenzierung von »sein«*

a) Naturtheorie nach Parmenides

Mit der Einteilung aller Aussageverknüpfungen und alles Existierenden in die Klassen, die die Kategorien bilden, geht die Einteilung in die Aussagesinne und Existenzweisen »Möglichkeit« und »Wirklichkeit« einher. Das heißt, diese Einteilung wird auf dieselben »ist« (oder »sind«) der Aussagen und dieselben Fälle von Existenz angewandt, die schon nach den verschiedenen Kategorien bestimmt sind, nicht etwa auf kategorial unbestimmte Verknüpfungen und Existenzen – die es nicht gibt. Weshalb legt Aristoteles über die Einteilung nach den Kategorien noch ein zweites Einteilungsschema?

Aristoteles braucht die Unterscheidung von »ist« und Existenz in »wirklich« und »möglich«, um in seiner – wie schon von Parmenides – auf das Sein zentrierten Theorie der Realität anders als Parmenides das *Werden* denken zu können. Denn er bemerkt bei Parmenides und den von ihm beeinflussten Philosophen (wie z.B. Anaxagoras), dass sie alles Werden oder alle Veränderung bestreiten müssen.

Wenn nämlich etwas wird, d.h. entsteht, dann nur aus Existierendem oder nicht Existierendem – so die abstrakte Reflexion, die Aristoteles Parmenides und den von ihm inspirierten Denkern unterstellt. Das Existierende aber macht keinen Prozess mehr durch, weil es schon existiert, und aus nicht Existierendem entsteht nichts, weil dem Entstehen schon etwas zugrunde liegen muss (*Phys.* I 8, 191 a 24–33).

Anaxagoras verwandte diese Prämissen für eine Deutung der erfahrbaren Naturprozesse in dem Sinn, dass sie in Wirklichkeit nur Umgruppierungen von Realitätsteilchen im Raum sind, also keine quantitativen oder qualitativen Veränderungen (vgl. oben S. 98, Anm. 62). Wenn man so denkt, wendet Aristoteles ein, kommt man mit dem Prinzip der Widerspruchsfreiheit in Konflikt (*Met.* IV 5, 1009 a 22–36). Denn man wird dann einem Objekt, das im Lauf der Zeit konträre Eigenschaften aufweist – wie ein Baum bald Blätter hat und bald kahl ist –, diese Eigenschaften zugleich zuschreiben müssen. Sie können nämlich nicht entstehen, sondern treten nur nur durch Umordnung von mehr oder weniger Qualitätsteilchen der einen und der anderen Sorte hervor und wieder zurück. Also hat das Objekt die Eigenschaft (z. B. »Kahlheit«) und hat sie zugleich nicht.

Mit der Unterscheidung von Sein in mögliches und wirkliches will Aristoteles die Realität des Werdens gegen die Prämisse, dass aus Nichtexistierendem nichts entsteht, und deren Anwendung auf beobachtbare Naturprozesse behaupten. So sagt er, manches Nichtexistierende existiere doch der Möglichkeit nach, wenn auch nicht der Wirklichkeit nach, und das bedeutet: Wenn etwas in Wirklichkeit X ist, z. B. unbearbeitetes Holz, ist es verschiedenes Andere der Möglichkeit, nicht der Wirklichkeit nach, z. B. ein Stuhl (*Met.* IX 3, 1047 b 1–2). Das heißt, es kann nicht zugleich unbearbeitetes Holz und ein Stuhl sein, wohl aber kann unbearbeitetes Holz ein Stuhl werden. Ebenso wenig spricht dagegen, dass ein in Wirklichkeit kahler Baum der Möglichkeit nach belaubt ist und umgekehrt. Dabei bleibt das Prinzip der Widerspruchsfreiheit gewahrt, denn von dem Baum wird zwar das Prädikat »kahl« affirmativ ausgesagt und negiert, aber nicht in derselben Hinsicht, sondern es wird als wirklich affirmiert und der Möglichkeit nach negiert (»Es kann sein, dass er nicht kahl ist«).

b) Der Möglichkeitsbegriff der Megariker

Für die systematische Unterscheidung von »Sein« in die Modalitäten Wirklichsein und Möglichsein fand Aristoteles auch in seiner Zeit einen Anlass, d. h. Philosophen, die diese Unterscheidung unterschätzten und dadurch das Werden unbegreiflich machten. Gemeint sind die Megariker, eine der sokratischen Schulen neben Platons Akademie, deren Schriften nicht erhalten blieben. Die Megariker bestritten nicht, dass die Prädikate »wirklich« und »möglich« einen verschiedenen Sinn (Intension) haben, sie erklärten aber, dass nur *das* möglich ist, *was* auch wirklich ist, dass also die beiden Prädikate dieselbe Extension haben (Aristoteles, *Met.* IX 3, 1046 b 29–32). Das bedeutet für Aristoteles, dass das, was gerade jetzt nicht entsteht, auch nicht entstehen und dann existieren kann;

damit aber werde Veränderung und Werden überhaupt aufgehoben (ebd. 1047 a 10–17).

Allerdings müssen Sie das in dem Sinn verstehen, dass sowohl statische Verhältnisse wie der Umstand, dass jemand sitzt, als auch dynamische wie die Tatsache, dass ein anderer schwimmt oder wächst, sich nicht ändern können. Was sich nicht ändern kann, ist notwendig. Dass die megarische Theorie darauf hinausläuft, alles Faktische für notwendig zu erklären – was Aristoteles nicht ausdrücklich sagt –, ergibt sich auch aus einer abstrakteren Version seiner Analyse: Wenn nur das möglich ist, was auch wirklich ist, dann ist unmöglich, was nicht wirklich ist; dann aber ist das Wirkliche notwendig.[134]

Wenn Sie sich klar machen, was den megarischen Möglichkeitsbegriff plausibel erscheinen lässt, dann verstehen Sie auch die Besonderheit der aristotelischen Gegenkonzeption und die Gefahren, die ihr drohten. Die These der Megariker kann man nämlich auf folgende Weise erklären:

Die Möglichkeit eines Geschehens lässt sich entweder zu einem Zeitpunkt betrachten, der dem Geschehen vorangeht, oder zu dem Zeitpunkt des Geschehens selbst. Wenn im Voraus entschieden werden soll, ob ein Geschehen möglich ist, darf keine der zu diesem frühen Zeitpunkt notwendigen Bedingungen für die spätere Verwirklichung fehlen (wenn ich z. B. am Morgen zutreffend sage, dass ich am Nachmittag zu Besuch kommen *kann*, muss ich am Morgen gesund sein, mich nicht durch andere Verabredungen gebunden fühlen, der Weg muss so oder so zu bewältigen sein etc.). Was so im Vorfeld möglich ist, dessen Verwirklichung kann trotzdem durch später eintretende Bedingungen noch vereitelt werden (ein plötzliches Unwetter kann mich nötigen, zu Hause zu bleiben). So garantiert der zeitliche Abstand zwischen festgestellter Möglichkeit und Verwirklichung, dass nicht alles Mögliche auch wirklich wird, also den extensionalen Unterschied von Möglichkeit und Wirklichkeit.

Geht es aber um die Möglichkeit eines Geschehens, die gleichzeitig mit ihm besteht, dann folgt sie daraus, dass alle für es notwendi-

[134] In *Met.* V 12, 1019 b 22–30, schließt Aristoteles umgekehrt: Wenn ein Sachverhalt notwendig ist, ist sein Gegenteil unmöglich. Damit also ein Sachverhalt nur möglich und nicht notwendig ist, darf sein Gegenteil nicht unmöglich sein.

gen Bedingungen zu dem Zeitpunkt bestehen, an dem es stattfindet; denn, sobald auch nur eine von ihnen nicht gegeben ist, ist es nicht möglich. Sind aber alle notwendigen Bedingungen erfüllt, dann findet es auch wirklich statt. Zum Beispiel kann der Motor meines Autos jetzt nur anlaufen, wenn der Tank gefüllt, die Batterie geladen und die Zündung in Ordnung ist und wenn ich den Zündschlüssel betätige; dann aber läuft der Motor auch wirklich an.

Das bedeutet, dass die notwendigen Bedingungen der Möglichkeit des Geschehens auch für seine Verwirklichung ausreichen – was die megarische Position ist. Sie kommt also dadurch zustande, dass als Möglichkeit ausschließlich diejenige betrachtet wird, die mit dem Eintreten des Ereignisses, das möglich ist, gleichzeitig ist. Dann ist die extensionale Gleichsetzung der Möglichkeit mit der Verwirklichung nicht zu vermeiden.

c) Aristoteles versteht Möglichkeit als Fähigkeit.

Welches Verständnis von Möglichkeit setzt Aristoteles der These der Megariker entgegen? Er operiert mit dem Begriff der *Fähigkeit* (*dynamis*), von der er ihre Ausübung oder die Tätigkeit bzw. Wirksamkeit (*energeia*) unterscheidet. Klarerweise geht die Fähigkeit ihrer jeweiligen Ausübung zeitlich voraus, wenn sie auch durch Einüben erworben wird (*EN* II 3, 1105 a 17–26 u. 1105 b 9–12). Also vermeidet es Aristoteles mit der Einführung der Fähigkeit, Möglichkeit und Wirklichkeit simultan zu denken, und kann so den megarischen Möglichkeitsbegriff bestreiten.

Er erklärt aber nicht, dass es dafür auf die zeitliche Distanz von behaupteter Möglichkeit und Verwirklichung ankommt und dass in den Fällen, in denen beides gleichzeitig ist, die Megariker Recht haben. Deshalb kann das Konzept der Megariker doch als eine plausible Alternative zu dem aristotelischen erscheinen. Das um so mehr weil, wie sich zeigen wird, »Fähigkeit« auch im aristotelischen Kontext nicht ausreicht, um die verschiedenen Verwendungen von »möglich« zu präzisieren.

Während die Möglichkeit im Sinn der Megariker die Koexistenz eines Bündels ganz verschiedenartiger Bedingungen für ein Ereignis oder einen Zustand bedeutet, zeichnet sich die Fähigkeit, wie

Aristoteles sie versteht, dadurch aus, dass sie einem Subjekt, d.h. einem Ding oder einem Lebewesen, angehört und wahrscheinlich etwas damit zu tun hat, *was* dieses Subjekt ist, also mit seinem Wesen. So ist Möglichkeit, verstanden als Fähigsein, eine Seinsweise im Sinn des Aristoteles, d.h. eine Weise, mit einem Subjekt ein Prädikat zu verknüpfen (»Peter ist ein Architekt«), oder eine Weise zu existieren (»Da ist ein Architekt«).

Fähigsein und Wirksamsein sind auf andere Weise Sinne von »sein« als Substanzsein, Quantumsein, So-beschaffen-Sein, Bezogensein etc. Denn diese Seinsweisen sind von den Genera der Prädikate hergeleitet, so dass man den jeweils zutreffenden Seinssinn an dem Prädikat der Aussage erkennen kann (»Baum« ergibt einen substantiellen, »belaubt« einen qualitativen Sinn der Kopula) – oder am Subjekt der Existenzaussage (»Da ist Papier« oder »Da ist Lärm«).

Dagegen erkennt man den Unterschied von Fähigsein und Wirksamsein nicht am jeweiligen Prädikat, weil es dasselbe ist: Für Aristoteles bedeutet z.B. »sehend sein« sowohl die Fähigkeit zu sehen als auch das wirkliche Sehen (*Met.* V 7, 1017b 2–3); Aussagen wie »Peter ist sehend« oder »Peter ist Hausbauer« sind also zweideutig. Das bedeutet, dass »sein« schon *an sich selbst*, d.h. ohne einer Prägung durch Prädikate oder Subjekte zu bedürfen, den Unterschied zwischen Fähigsein und Wirksamsein enthält, der sprachlich nicht ausgedrückt wird.

2. *Gesichtspunkte einer allgemeinen Theorie des Werdens*

Im Gegensatz zu Parmenides und den Megarikern sowie im Unterschied zu Platon, der keine Theorie des Werdens entwickelt hat, will Aristoteles Werden mittels der Begriffe von Fähigkeit bzw. Möglichkeit und Wirksamkeit bzw. Wirklichkeit theoretisch erklären. Die Schwierigkeit dieses Unternehmens liegt darin, dass Aristoteles für ganz verschiedenartige Prozesse eine allgemeine Konzeption auszuarbeiten sucht:

- für den Übergang vom Besitz aktiver Fähigkeiten zu ihrer Ausübung,
- für den Übergang von der Eignung zur Veränderung durch anderes zum Erleiden von Einwirkungen,

- für die Entstehung von Lebewesen und
- für die Produktion von Artefakten.

Das bedeutet, dass sich auch die Ausgangs- und Endpunkte dieser Prozesse, also das, was da jeweils fähig/möglich oder wirksam/wirklich ist, wesentlich unterscheiden: Kompetenzen, Tauglichkeiten, Keimzellen bzw. Samen oder technische Materialien – Tätigkeiten, Erleiden oder die wirkliche Existenz sei es von Lebewesen sei es von Artefakten.

Für Aristoteles gehört zu diesen Unterschieden noch der kategoriale, dass Fähigkeiten oder Tauglichkeiten und ihre Verwirklichung Akzidenzien betreffen, die Entstehung von Lebewesen aus »Samen« und von Artefakten aus Materialien dagegen Substanzen. Aristoteles verkennt diese Unterschiede nicht, er denkt vielmehr, dass sich ein allgemeines Schema »Mögliches – Wirkliches« *in verschiedener Weise* auf das Verhältnis von Potentialen zu Verwirklichungen einerseits und auf das von Materien zu geformten Substanzen andererseits anwenden lässt (*Met.* IX 6, 1048 a 35 – b 9, vgl. XII 5, 1071 a 3–17).

Da der Unterschied der Anwendungen im Text nicht erklärt wird, sieht sich der Interpret auf seine Vermutung verwiesen: Nur die Substanz besteht aus ihrer Materie als aus ihren Bestandteilen (s. oben S. 173 f.), die Verwirklichungen von Fähigkeiten oder Vermögen dagegen setzen sich nicht aus denselben zusammen.

Dass sich das Wirkliche auf das Mögliche zugleich als auf seine Bestandteile bezieht, das gilt für Artefakte und ihre Bestandteile uneingeschränkt. Für Lebewesen gilt es dann nicht, wenn Sie an das Monatsblut oder den Samen denken, die der Verwirklichung des Lebewesens zeitlich vorangehen und insofern für den Einwand gegen den Möglichkeitsbegriff der Megariker zu verwenden sind. Denken Sie dagegen an die Ingredienzien des ausgebildeten Körpers, die Aristoteles für den Fall der Tiere in der Formel »Fleisch und Knochen« zusammenfasst, so können Sie verstehen, dass er sie als die Materie des einzelnen Tieres betrachtet. Wie aber sollen sie das darstellen, was erst noch zu einem Tier werden kann?

Die Texte, in denen Aristoteles sein Vorhaben einer Theorie des Werdens realisiert, stellen noch weniger als diejenigen über »sein« im Sinn der Kategorien oder diejenigen über die Substanz einen geordneten Gedankengang dar, in dem sich die einen Etappen mit einer gewissen Folgerichtigkeit an die anderen anschließen. Deshalb bleibt mir nichts Anderes übrig, als Aristoteles' Reflexionen zum Werden und seinen Ausgangs- und Endstadien unter verschiedenen Gesichtspunkten zu gruppieren und diese nacheinander zu behandeln. So möchte ich zuerst ethische Aspekte skizzieren, die Aristoteles hier deutlicher als bei anderen Themen der Metaphysik geltend macht; unter dem kategorialen Gesichtspunkt geht es da um Akzidenzien. Dann will ich auf gemeinsame Züge bei der Anwendung des Schemas »Mögliches« – »Wirkliches« auf Akzidenzien und Substanzen zu sprechen kommen und zuletzt seine Anwendung auf Substanzen behandeln.

3. *Ethische Aspekte*

Aristoteles berührt bzw. behandelt menschliche Fähigkeiten und vor allem ihre Ausübung nicht nur als ein Unterthema der Theorie des Werdens, sondern auch in der Absicht, durch begründete Bewertungen Orientierungen zur Lebensgestaltung zu geben.

a) Vorrang der Tätigkeit

Eine ethische Bedeutung hat die Unterscheidung der relativen Werte einer Fähigkeit und ihrer Ausübung (*Protrepticus*, fr. 14 Ross). Indem er die Ausübung höher bewertet, knüpft Aristoteles an einen Gedanken des platonischen Sokrates an: Die zahlreichen Güter, ohne die wir nicht glücklich sein können, nützen uns nicht schon dadurch, dass wir sie besitzen, sondern nur dadurch, dass wir sie gebrauchen, also mit ihnen agieren (s. *Eud*. 280 b–d).

Diese Bewertung will Aristoteles durch den Sprachgebrauch beglaubigen: Wir sprechen Wahrnehmung und Wissen – wodurch sich das Tier und der Mensch auszeichnen – eher demjenigen zu, der beides ausübt, als demjenigen, der nur die Fähigkeit dazu besitzt, aber gerade schläft. Oder: Weil man auch den Schlafenden im Hinblick auf die *Ausübung* seiner Fähigkeiten lebendig nennt, ist die Ausübung dem bloßen Besitz vorgeordnet – anders und entgegen dem Anschein gesagt: der Besitz hängt von der Ausübung ab.[135]

b) Immer schon vollendete Tätigkeit

Andere ethische Aspekte betreffen nicht die Fähigkeit oder ihr Verhältnis zur Wirksamkeit, sondern die beiden Formen der Letzteren, Veränderung (*kinèsis*) und Tätigkeit (*energeia*).

Wenn die Wirksamkeit im Verändern besteht, ist sie keine vollkommene Praxis, weil sie nicht selber Zweck ist, sondern einem Zweck dient, der nicht verwirklicht ist, solange man wirkt (*Met.* IX 6, 1048 b 18–22). Die Wirksamkeit ist also nicht mehr als ein Mittel, mit dem man einen besseren Zustand verwirklichen will. Die Verbesserung kann, wenn man z. B. eine Abmagerungskur macht, den eigenen Körper, oder wenn man etwas lernt, den eigenen Geist betreffen, natürlich aber auch etwas anderes, wie wenn man aus Baumaterialien ein Haus herstellt. Sobald das jeweilige Ziel erreicht ist, hört diese Art Wirksamkeit auf, sie hat ihren Zweck erfüllt, ihr Resultat bleibt abgelöst von ihr bestehen.

Anders verhält es sich mit vollkommener Praxis: Das ist eine Tätigkeit (*energeia*), die selber Zweck ist und auf kein Ergebnis oder Produkt außerhalb ihrer abzielt, so insbesondere Wahrnehmen und Erkennen. Dies Letztere wird nicht als ein fortschreitender Prozess wie das Lernen verstanden, sondern so, dass man sich schon gewonnene Einsichten bewusst macht – »Theorie« im Sinn von Betrachtung (ebd. Z. 22–35).

Um von bestimmten Aktivitäten entscheiden zu können, ob sie verändernde Wirksamkeiten oder vollkommene Praxis sind, schlägt Aristoteles vor zu prüfen, ob man von ihnen jeweils sowohl in dem Sinn sprechen kann, dass sie im Gang sind – durch ein

[135] Wie Platon macht Aristoteles hier das Minderwertige vom Wertvolleren objektiv abhängig, organisiert also in der Theorie die Realität nach normativen Kriterien. Dass die Ausübung der Fähigkeiten eine Rolle spielt, die derjenigen der platonischen Ideen entspricht, die Rolle von existierenden Werten also, das lässt der typisch platonische Ausdruck vermuten, wir nennten den Schlafenden lebendig, weil wir *auf* sein Wachen und Wahrnehmen *blicken*; beides ist uns in diesem Moment ebenso wenig gegeben wie die Ideen.

Verb im Präsenz –, als auch in dem Sinn, dass sie zugleich schon vollendet sind – durch ein Verb im Perfekt. So sind Wahrnehmen und Erkennen, während man sie vollzieht, auch schon vollendet, während die Wanderung zu einem Ort unvollendet bleibt, solange sie andauert.[136]

Diese Reflexion gewinnt dadurch einen ethischen Sinn, dass Aristoteles die Unterscheidung auf das Leben und das Glücklichleben anwendet: Beides ist in seinem Vollzug auch vollendet. Gleichwohl geht es von Hause aus nicht zu Ende, denn das charakterisiert gerade die verändernden Wirksamkeiten, die ein in endlich vielen Schritten realisierbares Ziel anstreben und mit dessen Erreichen aufhören (vgl. oben S. 114). Die ethische Konsequenz lautet: Man gestaltet sein Leben dann entsprechend dem Begriff von menschlichem Leben und Glück, wenn man sich für diejenigen Aktivitäten entscheidet, die eine vollkommene Praxis darstellen, also dieselbe Struktur wie Leben und Glück aufweisen.

c) Immanente Tätigkeit

Für die verändernde Wirksamkeit (*kinèsis*) ist es auch typisch, dass sie sich nicht in dem tätigen Subjekt, sondern im leidenden Objekt abspielt (*Met.* IX 8, 1050 a 23 – b 2). Das befremdet uns, weil wir es gewöhnt sind, die Wirksamkeit dem wirkenden Subjekt zuzuschreiben. Aristoteles dagegen identifiziert die verändernde Wirksamkeit mit der Veränderung (*kinèsis*), in der sich das Aktivvermögen der Veränderungsursache und die Affizierbarkeit des leidenden Objekts zugleich verwirklichen (*Phys.* III 3, 202 a 13 – b 22). Plausibel dürfte

[136] Dass jede Erkenntnis in sich vollendet sein soll, ist unplausibel, wenn Sie sich an den Inhalten orientieren, von denen jeder auf andere verweist und damit den ihn betreffenden Erkenntnisakt ergänzungsbedürftig erscheinen lässt. Sie können jedoch Aristoteles' These über die Vollkommenheit des Erkennens rechtfertigen, wenn Sie ihm die Voraussetzung zugeben, dass wir anderes als uns selbst nur wahrnehmen und erkennen, um uns selbst als wahrnehmende und erkennende zu erfahren (während Gott sich selbst zur Selbsterkenntnis genügt, bedürfen wir dazu anderer Gegenstände, sind insofern abhängig, s. *EE* VII 12, 1244 b 26 – 1245 a 10 u. 1245 b 15–19; vgl. oben S. 121 f.). Diese Selbsterkenntnis ist in jeder der verschiedenen Gegenstandserkenntnisse vollkommen enthalten, so dass Erkenntnis stets vollendet ist.

das für die Naturprozesse sein, an die Aristoteles in erster Linie dachte, denn das Feuer z. B. wirkt in dem Holz, das es verbrennt, und der Wind in der Wäsche, die er trocknet – aber auch der Lehrer in dem lernenden Schüler.[137]

Was ist nun die ethische Konsequenz dieser Konzeption von Veränderung? Eben dass unsere Aktivitäten, mit denen wir auf die Veränderung von anderem oder auf ein äußeres Produkt abzielen, in den von uns selbst verschiedenen Objekten oder Materialien stattfinden. Damit unterscheiden sich die verändernden Wirksamkeiten von der Lebenstätigkeit, deren erster Ort die Seele, und vom Glück, das nichts anderes als ein Leben – unser Leben – von bestimmter Qualität ist (vgl. *Met.* IX 8, 1050 a 34 – b 2, mit V 18, 1022 a 32). Wiederum will Aristoteles unsere Aktivitäten am Kriterium des Lebens und Glücklichseins messen, um zu bestimmen, welche diesem Kriterium besser entsprechen als andere. Wie Sie sich denken können, sind das diejenigen Aktivitäten, die auf keine Veränderung in etwas anderem abzielen, sondern in sich selbst Zweck sind wie das Wahrnehmen und das theoretische Betrachten.

Wie aber steht es mit dem Lernen und dem Abmagern, also mit den das Selbst, d. h. den eigenen Körper oder die eigene Seele verändernden Wirksamkeiten? Beide sind in ihrem Vollzug nicht vollendet, genügen also nicht dem ersten Kriterium vollkommener Praxis. Sie erfüllen auch nicht das Kriterium, in sich selbst Zweck zu sein. Jedoch entsprechen sie dem Leben, dessen zweiter Ort nach der Seele der Körper sein dürfte, da sie wie das Wahrnehmen und Erkennen im Tätigen stattfinden. Allerdings geschehen sie nicht in ihm, *sofern* er tätig ist, sondern – nach der Regel über den Ort der verändernden Wirksamkeit – sofern er verändert wird. Das Modell der immanenten Lebenstätigkeit scheint also ein weniger strenges

[137] Aristoteles hat einen systematischen Grund dafür, die eine Verwirklichung des Aktivvermögens und der Affizierbarkeit in das leidende Objekt zu verlegen: Wäre es nicht so, sondern die Tätigkeit, die Veränderung ist, im Subjekt des Aktivvermögens (und nur das Erleiden im affizierbaren Objekt), dann veränderte sich auch dieses Subjekt bei seinem Wirken, so dass es keine selbst unveränderte Veränderungsursache gäbe (ebd. 202 a 25–31; *DA* III 2, 426 a 2–6). Also kann man sagen, dass Aristoteles die eine Verwirklichung der aktiven und der passiven Vermögen in das leidende Objekt setzt, um die Möglichkeit einer unveränderlichen Ursache aller Veränderungen, seinen Gottesbegriff also, nicht schon durch den Begriff der Veränderung auszuschließen.

Kriterium für die Bewertung von Aktivitäten als die Kriterien des Selbstzwecks und der Vollendung im Vollzug zu sein.

4. *Die Funktion des Schemas »Mögliches« – »Wirkliches«*

Die skizzierten ethischen Aspekte betreffen die Fähigkeiten und Aktivitäten von Menschen, also ausschließlich bestimmte akzidentelle Prozesse und nicht die Entstehung von Substanzen. Aristoteles kann seine Bewertungen nicht in die Elemente der Theorie des Werdens integrieren, die sowohl beliebige akzidentelle Prozesse als auch die Entstehung von Substanzen betreffen, schon deshalb, weil dies beides auch Tiere, Pflanzen und Artefakte angeht. Aber die allgemeinen Elemente der Theorie widersprechen auch nicht den ethischen Bewertungen, im Gegenteil: Der Vorrang der Wirksamkeit vor der Fähigkeit oder Tauglichkeit findet sich unter den allgemeinen Elementen wieder.

Bevor ich diese Elemente bespreche, möchte ich auf den allgemeinen Sinn des Schemas »Mögliches« – »Wirkliches« hinweisen. Aristoteles verwendet es, um zeitliche Prozesse, die wir beobachten oder vollziehen, folgendermaßen zu beschreiben: Y der Möglichkeit nach zu sein, bedeutet für X, Y *noch nicht* wirklich zu sein; insofern ist X möglicherweise Y, *bevor* es das wirklich ist (*Met.* IX 8, 1049 b 19–23). Auf diese Weise treten an die Stelle von »werden« bzw. spezielleren Verben wie »lernen«, »reifen«, »geboren werden« etc., mit denen man gewöhnlich Prozesse in der Zeit darstellt, zwei Modi von »sein«, nämlich »wirklich sein« und »möglich sein«.

Wenn Aristoteles auch das Verb »werden« weiterhin benutzt, wird Werden so im Prinzip auf Sein reduziert. Damit können die Prozesse in die Konzepte der Ontologie eingepasst werden: Sie lassen sich nach dem Schema von Substanz und Akzidenzien unterscheiden, und die Substanz behält ihre zentrale Rolle. Dem Unterschied von Substanz und Akzidenzien entspricht nämlich derjenige zweier Prozesse: Die Tätigkeiten oder Leiden, die Akzidenzien sind, entstehen aus Fähigkeiten oder Vermögen der ihnen zugrundeliegenden Substanz. Diese selbst dagegen, das Kompositum, kommt aus ihrer jeweiligen Materie zustande, die als solche von ihr abhängt (ebd., 1050 a 9–12 u. 15–16; vgl. oben S. 191 f.).

An beiden Arten von Prozessen lässt sich als gemeinsamer Grundzug feststellen, dass Aristoteles Mögliches und Wirkliches jeweils einer einzelnen *Substanz* im Hinblick auf ihre Tätigkeit bzw. ihr Leiden oder auf ihr Entstehen zuordnet und so die Brennpunktfunktion der Substanz im Kontext des Werdens bestätigt. Damit ist der Wandel von (relativ) globalen Situationen wie der Wetterlage, die sich nicht auf eine Substanz reduzieren lassen, aus der Theorie ausgeblendet. Dasselbe gilt für Umschwünge der politischen Situation, die Aristoteles in seiner *Politik* behandelte.

Offenkundig verfährt Aristoteles so, um im Unterschied zu Platon auch im Bereich des Werdens unveränderliche Strukturen zu etablieren.

5. *»Mögliches« und »Wirkliches«, auf Akzidenzien und Substanzen angewandt*

Klarerweise ist die Unterscheidung von Fähigkeit und Wirksamkeit, von der Aristoteles in seiner Kritik an den Megarikern ausgeht, eine zu schmale Basis für eine Theorie, die Werden generell als Verwirklichung von Möglichem begreifen will. Denn vieles, aus dem etwas wird – wie die Baumaterialien –, ist zu keiner Wirksamkeit fähig. Und vieles Verwirklichte, z. B. das gebaute Haus, ist keine Wirksamkeit, sondern das Resultat der Wirksamkeit des Architekten und der Handwerker.

Offensichtlich bezieht sich das Begriffspaar »Fähigkeit – Wirksamkeit« nur auf die Anlagen, erworbenen Habitus und Aktivitäten von Menschen und Tieren, und zwar solchen, die schon existieren, also nicht auf ihr Entstehen. Deshalb könnte eine Theorie des Werdens, die sich auf diese beiden Begriffe gründet, andere Substanzen nicht berücksichtigen und für die Erzeugung von Lebewesen nicht die allgemeinsten Prinzipien liefern.

Aristoteles hat diese Schwierigkeit durch eine Erweiterung seiner Begriffe zu lösen gesucht: *Dynamis* ist nicht nur Fähigkeit, sondern auch Vermögen, Tauglichkeit oder Möglichkeit, und *energeia* nicht nur Wirksamkeit, sondern auch Wirklichkeit, d. h. wirkliche Existenz eines Lebewesens oder Artefakts. Das ist der generelle Rahmen für die diversen Ausgestaltungen des Schemas »Mögliches« – »Wirkliches«, die sowohl für das akzidentelle Werden wie für das Entstehen von Substanzen gelten sollen. – Von drei Ausgestaltungen soll im Folgenden die Rede sein, ohne dass sich die eine aus der anderen entwickeln ließe: (a) aktive und passive Vermögen; (b) das Verhältnis von Möglichem und Wirklichem; (c) das doppelte Schema von Potenz und Akt.

a) »Aktivvermögen« als Brennpunktbedeutung von *dynamis*

Zu Beginn seiner Untersuchung von *dynamis* bringt Aristoteles ein Verständnis dieses Terminus vor, das elementarer als »Fähigkeit« (von Menschen oder Tieren) oder »Tauglichkeit« (von Materialien oder Werkzeugen) ist: Man gibt es am besten mit »Vermögen« wieder, das sich in »Aktivvermögen« und »Affizierbarkeit« differenziert (*Met.* V 12, 1019 a 15–23). Mit »Affizierbarkeit« meine ich nicht die Reizbarkeit von Sinnesorganen, sondern das allgemeinere physische Vermögen, durch etwas Anderes eine Veränderung zu erleiden. Ein Aktivvermögen ist das, was in einem Anderen eine *Veränderung* (*kinèsis*) verursacht – oder, wenn in demselben Subjekt wie bei dem Arzt, der sich selbst heilt, dann so, dass sich Ursache und Wirkung auf verschiedene Aspekte dieses Subjekts verteilen.[138] Sofern es darum geht, *Veränderungen* an etwas Anderem zu bewirken oder solche von etwas Anderem zu erleiden, sind akzidentelle Prozesse gemeint, nicht solche, die Substanzen entstehen lassen.

Das Aktivvermögen hält Aristoteles für die primäre Bedeutung von »Vermögen« (ebd. 1019 b 35 – 1020 a 6). Wie »Sein« soll »Vermögen« also eine Brennpunktbedeutung haben, auf die sich die anderen Bedeutungen beziehen. Neben der Bedeutung »Affizierbarkeit« ist das auch »Unaffizierbarkeit«, d. h. das Vermögen, zerstörerischen Einwirkungen standzuhalten (ebd. 1019 a 26–32; zu »Brennpunktbedeutung« s. oben S. 152 f.). »Aktivvermögen« soll der Brennpunkt der verschiedenen Bedeutungen sein, weil es in der Definition der anderen vorkommt, sofern affizierbar das ist, an dem

[138] Sofern er sein eigener Patient ist, zeichnet sich der Arzt nicht durch seine medizinische Kompetenz aus, die er als Heilender braucht, ist also ein Mensch wie jeder andere. In dem oben (S. 118) referierten Passus (*Phys.* VIII 5, 257 b 2–6) berücksichtigt Aristoteles diesen Umstand nicht.

etwas anderes eine Veränderung bewirken kann, und unaffizierbar solches, auf das anderes nicht zerstörend einwirken kann.

Die Affizierbarkeit der Sinne und die Belehrbarkeit des Verstandes sind Sonderfälle des passiven Vermögens. Denn Sinne und Verstand eignen sich dazu, durch die Einwirkung von anderem, Sinnesobjekten oder Menschen, verändert zu werden, aber gerade nicht so, dass die Veränderung einer Zerstörung gleichkommt. Im Gegenteil, die Affektion durch ein sinnliches Objekt ruft die Tätigkeit der Sinneswahrnehmung hervor, die Belehrung die Betätigung des Verstandes. In beiden Fällen also verwirklicht dasjenige, das die Einwirkung eines anderen erleidet, eine seiner eigenen Fähigkeiten (s. *DA* II 5, 417b2–16). Insoweit relativiert Aristoteles die einfache Dichotomie von aktiven und passiven Vermögen. Er geht aber nicht so weit, auch Wechselwirkungen in seiner Analyse zu berücksichtigen (vgl. oben S. 113).

Sinneswahrnehmung und Belehrung sind Beispiele dafür, dass Prozesse, die Aristoteles sonst nicht unter dem Aspekt von Aktiv- und Passivvermögen beschreibt, doch auch von diesem Aspekt betroffen sind. Das gilt natürlich ebenso für für die Entstehung von Lebewesen und für die Produktion von Artefakten: In beiden Fällen wirkt das aktive Vermögen des männlichen Elements oder des Handwerkers auf das passive des weiblichen Elements oder des Materials ein. Insofern betrifft die Untersuchung der Vermögen nicht nur akzidentelles, sondern auch substantielles Werden.

b) Verhältnisse des Wirklichen zum Möglichen: Gegensatz und Priorität

Das allgemeine Schema für Wirkliches und Mögliches prägt natürlich den Begriff der Wirklichkeit: Wenn man etwas »wirklich« nennt, hebt man es damit nicht von dem ab, was sich der eine oder andere bloß vorstellen mag, sondern von dem, was nur möglich ist. Diese Abhebung beruht nicht auf einem abstrakten Gegensatz, sondern bezieht sich auf bestimmte dynamische Zusammenhänge. So *kann* manches etwas bestimmtes Anderes sein, z. B die Walnuss ein Walnussbaum – oder mehrere Andere, etwa der Holzblock eine geschnitzte Figur oder ein Tisch – aber keine Säge –, der schlafende Wissenschaftler als solcher nur ein tätiger Denker und kein Rennläufer im Endspurt. *Wirklich* ist das, was aus den Prozessen resultiert, die von diesen *bestimmten* Möglichkeiten ausgehen (*Met.* XII 2, 1069 b 24–25 u. 28–31).

Welcher Art ist das, was jeweils etwas anderes sein kann, aber (noch) nicht ist? Mit Bezug auf die Entstehung von Lebewesen spielt das weibliche Element (»Monatsblut«) der jeweiligen Art diese Rolle. Im Fall der Artefakte ergibt sich, was je die Möglichkeit zu etwas enthält, aus der *praktischen* Perspektive des Handwerkers, der ein Produkt herstellen will: Es sind Materialien, die sich zu dem jeweils gewollten Produkt gestalten lassen. Für den Musiklehrer oder den Professor sind es bestimmte Begabungen von Menschen, die vermittels objektiver Formen wie den Regeln der Musik oder der wissenschaftlichen Methode ausgebildet werden.

Schon diese Rolle der praktischen Perspektive lässt es nicht zu, dass man das jeweils nur Mögliche überschätzt: Zwar geht es zeitlich seiner Verwirklichung (*genesis*) voran und ist eine notwendige Bedingung derselben, aber es reicht keineswegs dafür aus, sie herbeizuführen – was mit Bezug auf technische Materialien oder menschliche Begabungen Sache der Praxis ist. Dem trägt Aristoteles mit dem Hinweis auf die Wirkursache Rechnung, die jeweils zur Materialursache bzw. zur menschlichen Fähigkeit hinzukommen und ebenfalls der Verwirklichung zeitlich vorangehen muss: Das individuelle X realisiert seine Möglichkeit, Y zu werden, nur unter der Einwirkung eines anderen, der Wirkursache, die ihrerseits schon wirklich Y sein muss (*Met.* IX 8, 1049 b 17–29, vgl. oben S. 110).

Das gilt für die Zeugung lebendiger, die Herstellung künstlicher Substanzen und für die Ausbildung der Fähigkeiten.[139] In allen Fällen kommt der Prozess durch eine Ursache wie den Vater oder den Lehrer in Gang, die dank ihres Besitzes der je maßgeblichen Form selber schon das sind, was ihr praktisches Objekt nur sein kann und dank ihrer sein wird. So begründet Aristoteles den Vorrang des Wirklichen vor dem Möglichen, der dem Vorrang der Form vor der Materie entspricht.[140]

139 Im Fall der Artefakte ist der Hersteller in dem Sinn schon das Produkt, dass er kognitiv über dessen Form verfügt.

140 Für denselben Vorrang führt er auch an, dass das Mögliche ebenso wie die Materie immer das Mögliche eines Wirklichen ist, z. B. das Sichtbare das Ob-

c) Zwei Arten Potenz, zwei Arten Akt

Von der aristotelischen Theorie des Werdens gibt es eine Lehrbuchversion. Ihr zufolge sind zweierlei Prozesse zu unterscheiden: die Entstehung von Substanzen und die Aktivierung ihrer Fähigkeiten. Aristoteles selbst hat das Schema dieser Unterscheidung vorgebildet, ohne sich auf die Entstehung von Substanzen zu beziehen. Vielmehr bestimmt er zwei Etappen des Lernens und Wissens: Wer lernt, ist der Möglichkeit nach ein Wissender; wer Wissen erworben hat, hat diese Möglichkeit verwirklicht, ist aber ein Erkennender wiederum nur einer zweiten Möglichkeit nach, denn es kann auch sein, dass er schläft. Die zweite Möglichkeit oder Fähigkeit verwirklicht nur derjenige, der auch denkt, was er weiß (*Phys.* VIII 4, 255 a 30 – b 5; *DA* II 1, 412 a 22–27).

Kommentatoren wie Thomas von Aquin haben diese Struktur von je zwei Stufen von »möglich« und »wirklich« auf den Unterschied zwischen der Entstehung von Substanzen und der Verwirklichung ihrer Fähigkeiten angewandt: Erste Potenz eines Tieres ist das Monatsblut seiner Mutter oder die Samenzelle seines Vaters, aus denen ein Tier werden kann. Der erste Akt ist das verwirklichte, d. h. fertig ausgebildete Tier, das aber in einem zweiten Sinn Potenz ist, nämlich fähig zu vielerlei Aktivitäten wie Sinneswahrnehmungen und Bewegungen. Wenn es diese tatsächlich ausführt, verwirklicht es sein Wesen in einem zweiten, vollkommeneren Sinn – anders gesagt, diese Tätigkeiten stellen den zweiten Akt und die Vollendung des Tieres dar. – Ebenso kann man das Material, aus dem ein Werkzeug gefertigt wird (1. Potenz), das angefertigte Werkzeug (1. Akt und 2. Potenz) und den Gebrauch des Werkzeugs (2. Akt) unterscheiden.[141]

Da nun etwas existieren muss, um eventuell tätig zu sein, das Existieren sich aber in die Modalitäten Möglichkeit und Wirklichkeit differenziert – und nicht in Fähigkeit und Wirksamkeit –, wurde in der systematisierten Form der Konzeption von zweierlei

jekt einer eventuellen Wahrnehmung (*Met.* IX 8, 1049 b 12–17; vgl. oben S. 183). Ferner das teleologische Argument, dass man bloße Fähigkeiten von Natur aus hat – wie die Sinne – oder durch Belehrung erwirbt, um sie wirklich auszuüben (ebd., 1050 a 7–13; vgl. oben S. 193).

[141] S. bei Thomas *Quaestio disputata de potentia*, I 1.

Potenzen und zweierlei Akten der erste Akt, also das bloße Vorhandensein des fertigen Dinges oder Lebewesens, als eine Art Grundlage betrachtet: Die Tätigkeit eines Jeglichen hängt von seiner Wirklichkeit ab, sagt Thomas immer wieder (z. B. *Quaest. disp. de pot.* III 1).

Diese Interpretation scheint Aristoteles' Konzeption in einer einfachen, übersichtlichen Struktur zusammenzufassen. Sie reduziert aber die Unterschiede der verschiedenen Prozesse und ihrer Ausgangs- und Endpunkte auf die Ordnungszahlen »1.« und »2.«. Deshalb nennt sie einerseits solches, was etwas Anderes werden kann, *und* solches, was zu einer eigenen Tätigkeit fähig macht, gleichermaßen »Potenz«, andererseits das verwirklichte Andere und die Tätigkeit gleichermaßen »Akt«. Dadurch treten die Unterschiede der beiden Arten von Prozessen, die Aristoteles berücksichtigte, in den Hintergrund, und die verschiedenen genauen Bedeutungen der Termini »Akt« und »Potenz« werden unklar.

Auch treten diejenigen Elemente von Aristoteles' Theorie in den Hintergrund, die die Dynamik zwischen Substanzen betrefffen: Aktiv- und Passivvermögen, Einwirken und Affiziertwerden. Schließlich lässt die Priorität, die Thomas der *Wirklichkeit* der Substanz gibt, zweierlei vergessen: Erstens waren die akzidentelle Fähigkeit und die ebenso akzidentelle Tätigkeit für Aristoteles' Ansatz ausschlaggebend, zur Kritik an dem megarischen Möglichkeitsbegriff und zur ethischen Orientierung. Zweitens war für Aristoteles »Aktivvermögen« die primäre Bedeutung von *dynamis*, was der Terminus »Potenz« nicht mehr ausdrückt, sofern er aus dem Gegensatz zu »Akt« verstanden wird.

6. *»Möglich« und »wirklich« mit Bezug auf die Substanz*

Am Beginn des neunten Buches der *Metaphysik* kündigt Aristoteles an, er habe mit der Unterscheidung von Vermögen und Wirksamkeit etwas anderes vor als eine Untersuchung des geläufigsten Gebrauchs dieser Termini. Wer das achte Buch gelesen hat, kann sich denken, dass es nun um ihre Anwendung auf die Entstehung der Substanz geht, genauer gesagt, um ihre Anwendung auf Materie und Form, deren Verbindung zur objektiven Einheit des Kompositums die Einheit der Definition ihrer Art garantieren soll (s. oben VII 2 a).

Mit Bezug auf diese Anwendung unterscheide ich zwei Etappen: (a) Sie beginnt damit, dass von der Materie der Substanz wie etwa dem Erz gesagt wird, sie sei der Möglichkeit nach (*dynamei*) das, was sie werden kann – z. B. eine mögliche Statue –, und von dem geformten Objekt wie der Statue, es sei dasselbe in Wirklichkeit, also eine wirkliche Statue (*energeiai*).[142] (b) Dann werden die Materie »Möglichkeit« und die Form der Sache »Wirklichkeit« genannt.

a) Materie möglich, Kompositum wirklich

Von der Materie der Substanz kann man zweierlei sagen: dass sie existieren *kann*, weil sie wohl geformt werden dürfte, und dass sie wirklich existiert, wenn sie geformt ist (*Met.* IX 8, 1050 a 15–16). So, wie Aristoteles diese These in Existenzaussagen formuliert, ist sie paradox, weil sie der Materie wie z. B. dem Holz kein eigenes Wirklichsein zugesteht, dieses vielmehr der gestalteten Materie, also etwa dem Holz des Tisches, vorbehält.

Das Paradox löst sich auf, wenn Sie sich erinnern, dass etwas als Materie nur im Hinblick auf die Substanz betrachtet wird, deren Materie es ist. Deutlicher als im Fall von Materialien wie dem Holz

142 *Energeiai* ist die Transkription des Dativ Singular von *energeia*, analog zu *dynamei*; die Dative bedeuten »in (Wirklichkeit)« bzw. »der (Möglichkeit/Wirklichkeit) nach«. Es macht eine erhebliche Schwierigkeit der gesamten Konzeption aus, dass Aristoteles den Terminus *energeia*, den er in den anderen Fällen gebraucht, um vollkommene Praxis von Tätigkeit als Mittel (*kinèsis*) zu unterscheiden (s. oben S. 194), gleichfalls für die Bezeichnung von Wirklichkeit überhaupt verwendet, mindestens in der Form des Dativ Singular; für die anderen Fälle lauten die gängigen Übersetzungen »Akt«, »Aktualität«, »Wirklichkeit«, »Tätigkeit«. Die Sache wird dadurch nicht einfacher, dass Aristoteles für Wirklichkeit überhaupt, wiederum im Gegensatz zur Möglichkeit, auch den Terminus *entelecheia* geprägt hat, der die Konnotation von Vollendung, Erfüllung hat und sowohl auf ausgebildete Substanzen, z. B. den erwachsenen Menschen, (1. Akt) wie auch auf ihre Aktivität (2. Akt) angewandt wird (*DA* II 1, 412 a 9–11; *Phys.* III 2, 202 a 9–12). – Wie ich am Schluss zeigen will, legen es Aristoteles' Theorie der Seele und seine philosophische Theologie nahe, *energeia*, wenn dieses Wort nicht formelhaft im Dativ gebraucht wird, im Sinn von »Tätigkeit« zu verstehen.

ist das bei natürlichen Materien wie Samen, die immer Samen einer bestimmten Pflanze oder Samenzellen eines bestimmten Tieres sind. Deshalb können Sie die für die Materie konstitutive Relation ausdrücken, indem Sie die Existenzaussagen in prädikative umformen: Die rohe Materie kann die Substanz sein, weil sie wohl geformt werden dürfte, und sie ist wirklich die Substanz, wenn sie geformt ist.[143]

Mit der Grammatik von »Materie« stimmt die von »sein können« oder »der Möglichkeit nach sein« gänzlich überein: Von einem gegebenen Material wie dem Holzblock zu sagen, er könne – Holz oder dieser Block – sein, ist widersinnig (wenn nicht das in jedem Wirklichsein implizierte Möglichsein gemeint ist). Sinnvoll ist von ihm nur zu sagen, er könne etwas Anderes sein oder sei seiner Möglichkeit nach etwas Anderes, ein Tisch oder ein Bett. Insofern lässt sich Aristoteles von der Sprache leiten, wenn er die je spezifische Materie für den Fall des Seinkönnens – nicht den des Fähigseins – hält.

Von der Substanz als Kompositum kann man nur sagen, dass sie dank ihrer Form wirklich als etwas Bestimmtes, z. B. als Stuhl oder als Esel, existiert und dieses Bestimmte wirklich ist. Das unterscheidet sie von ihrer noch nicht geformten Materie, sofern diese das Kompositum nur sein kann (*Met.* IX 6, 1048 b 6–9). Daraus ergibt sich auch umgekehrt, was die bloß mögliche Substanz ist: die Materie, aus der sie entstanden ist (*Met.* VIII 2, 1042 b 9–10).

Ist das einmal entstandene Kompositum auch etwas der Möglichkeit nach? Als Substanz nicht. Denn einerseits betreffen die Potentiale, die sie haben mag, und deren Verwirklichungen nicht sie selbst, sondern ihre Akzidenzien. Andererseits lässt es Aristoteles' Konzeption des Werdens nicht zu, dass das Kompositum das sein kann, was nach seinem Zerfall übrig bleibt. So akzeptiert er nicht, dass man von dem Tier sagt, es könne ein von seiner Form, d. h. der Seele, verlassener Kadaver und dessen noch formlosere Zer-

[143] Wenn ich so die Substanz als Prädikat von der Materie aussage, formuliere ich allgemein das, was Aristoteles mit dem Beispiel ausdrückt, diese Ziegel und Steine seien ein Haus (s. *Met.* VII 17, 1041 a 26–27). Dank verschiedener Formen sind diese Ziegel und Steine ein Haus, jene ein Tempel. – Wie schon einmal bemerkt, lässt sich Entsprechendes von den Samen nicht sagen (s. oben S. 109).

fallsprodukte sein. Vielmehr nennt er Prozesse *naturwidrig*, deren Ergebnis gegenüber der geformten Substanz einen Mangel an Form (*sterèsis*) darstellt wie der Kadaver gegenüber dem lebendigen Organismus. Zu diesem Prozess kommt es, wenn der Organismus, der keineswegs ein möglicher Kadaver ist, umstandsbedingt (*kata symbebèkos*), also nicht von sich aus, zugrunde geht; dann wird seine Materie zur Materie des Kadavers (*Met.* VIII 5, 1044 b 29 – 1045 a 6).

Deutlicher kann der normative Charakter von Aristoteles' Theorie des Werdens nicht hervortreten: Als naturgemäßes Werden zählen für ihn nur drei Arten von Prozessen: (1) Pflanzen und Lebewesen bilden ihre Potentiale zu wirklichen Eigenschaften aus. (2) Wirkursachen übertragen erkannte Strukturen – im Fall der Handwerkers – oder ihre eigenen substantiellen Formen auf geeignete Materien und bilden sie so zu bestimmten Dingen bzw. Lebewesen. (3) Wirkursachen übertragen akzidentelle Formen wie Kenntnisse oder Faktoren der Gesundheit auf schon konstituierte Lebewesen und verhelfen ihnen so zu artikulierten Tätigkeiten oder zur Genesung. Mit dieser konstruktiven Ontologie des Werdens erhält Aristoteles in seiner Interpretation der veränderlichen Welt den Vorrang der unveränderlichen, ursprünglich platonischen Form.

b) Materie als Möglichkeit, Form als Wirklichkeit

(1) Zwei Faktoren des Kompositums

Während die Substanz, verstanden als das Kompositum oder die geformte Materie, *wirklich* existiert, soll ihre Form *Wirklichkeit* und ihre Materie *Möglichkeit* sein (*Met.* IX 8, 1050 b 2–3 u. 24–28).[144] Wenn diese These befremdet, so hat das zwei Gründe: Einerseits sagt die These die abstrakten Modalitäten Wirklichkeit und Möglichkeit von konkreten Konstituentien der Dinge und Lebewesen aus (wie: »Der Körper des Tieres ist Möglichkeit, seine Form, die Seele, ist Wirklichkeit«).[145] Andererseits verweist der griechische

[144] Mit »Wirklichkeit« und »Möglichkeit« übersetzt man die Nominative *energeia* und *dynamis*; zu »wirklich« und »möglich« s. oben S. 204 mit Anm. 142.

[145] Dass es Aristoteles etwas bedeutet, ob das Prädikat mit einem Prädikatsnomen oder einem abstrakten Substantiv – wie »weiß« oder »Weiße« – ausgedrückt

Terminus für Wirklichkeit, *energeia*, auf Aktivität. Wie soll eine Form Tätigkeit sein?

Was die erste Schwierigkeit angeht, so scheint sie dadurch zu entstehen, dass Aristoteles nicht nur zwischen Möglichsein und Wirklichsein einer Substanz unterscheiden, sondern auch bestimmen will, was sie wirklich macht und was an ihr noch manches unbestimmt lässt. Denn es sind die Träger dieser Funktionen, die er mit den Substantiven »Wirklichkeit« und »Möglichkeit« bezeichnet. Die Form des Tieres, seine Seele also, ist dann seine Wirklichkeit in dem Sinn, dass seine Körperteile durch die Seele zu einem wirklichen Tier werden.

Der Körper dagegen ist die Möglichkeit des Tieres in dem Sinn, dass dieses z. B. in seiner verändernden Aktivität (*kinèsis*), evtl. in seiner Ortsbewegung, ermüden und zum Stillstand kommen kann.[146] Sofern dieser Effekt der Möglichkeit, d. h. der Materie, mit der verändernden Aktivität ein Akzidens betrifft und nicht die Substanz, widerspricht Aristoteles hier nicht seinem Theorem, dass das Kompositum durch seine Materie nicht sein Zerfallsprodukt in Potenz ist. Offenbar muss man ihn so verstehen, dass die Strukturierung, die die rohe Materie zu einem Bestandteil des Kompositums macht, die Auswirkungen von deren Kontingenz auf die Akzidenzien desselben begrenzt. Denn für sich betrachtet, d. h. als bloß mögliches Kompositum, kann die Materie es ebenso gut auch nicht werden (*Met.* XII 5, 1071 a 6–11; Kap. 6, 1071 b 19). Einmal der Form unterworfen, wirkt die Materie im Sinn dieser Kontingenz: Wie sie es generell ermöglicht, dass gegensätzliche Eigenschaften des Kompositums miteinander abwechseln, so lässt sie es auch in seinen Leistungen gelegentlich versagen (*Met.* VIII 5, 1044 b 27–29).

So zeigt sich gleichsam am Rand seiner Metaphysik, dass Aristoteles den Begriff von Materie doch nicht nur rein relational – Materie ist stets die Materie eines Kompositums – fassen kann, dass

wird, zeigt sich in einem anderen Zusammenhang, in dem es um das Verhältnis des Kompositums zu seinen Akzidenzien geht (*Met.* IX 7, 1049 a 29–34).

[146] Aristoteles illustriert Wirklichkeit und Möglichkeit der Substanz nicht an ein und demselben Beispiel wie dem Tier, sondern bezieht sich an der zitierten Stelle (1050 b 24–28) auf die Ortsbewegung, die die vergänglichen Substanzen im Unterschied zu den ewig bewegten Gestirnen strapaziert, sofern jene Materie und Möglichkeit sind, d. h. auch zum Stillstand kommen können (vgl. *Met.* XII 6, 1071 b 17–19).

er der Materie vielmehr auch eine gewisse Widerständigkeit gegen die Form des Kompositums zuschreibt. Dabei beschränkt er sich nicht auf die Störung von akzidentellen Leistungen, die der Form entsprechen. Sofern sich daraus Abweichungen von regelmäßigen Prozessen ergeben, versteht er die Materie als Prinzip des Zufalls im Naturgeschehen (*Met.* VI 2, 1027 a 13–15). Und wenn die Abweichungen Zeugungsprozesse betreffen, wenn es zu Missgeburten kommt, dann, sagt Aristoteles, hat sich die Form nicht gegen die Materie durchgesetzt und *das Wesen* des Kompositums nicht verwirklicht.[147] – An dieser Stelle, so scheint mir, gesteht er unausdrücklich Platon zu, dass die den Definitionen entsprechende Wirklichkeit, die wissenschaftlich erkennbare, nicht konsequent, d. h. für alle Fälle, in der erfahrbaren Sinnenwelt angetroffen werden kann.

Von der Wirklichkeit stiftenden Funktion der Form ist im Kontext von *Met.* IX 8 die Rede, wenn es darum geht, den Vorrang des Wirklichen gegenüber dem Möglichen nachzuweisen. So ist die Form das, was die Wirkursache schon besitzt und der jeweiligen Materie überträgt, wenn sie sie zum wirklichen Ding oder Lebewesen macht (1049 b 17–29). Und der Besitz der Form zeichnet das Ziel aus, um dessentwillen sich ein Lebewesen entwickelt, d. h. dasjenige verwirklicht, als was es schon in seinem unentwickelten Zustand klassifiziert wird, z. B. als Samen von Gras (1050 a 4–10). Wenn Aristoteles die Form »Wirklichkeit« nennt, dann offenbar deshalb, weil sie Prinzip von Verwirklichungen ist.

(2) Formen als materiebezogene Tätigkeiten

Die Form dürfte aber auch aus Gründen »Wirklichkeit« sein, die mit der Bedeutung »Aktivität« des Terminus *energeia* zu tun haben. Dafür, *energeia* mindestens in einem ersten Schritt so zu verstehen, spricht nicht nur der oben (S. 194) erwähnte ethische Hintergrund, sondern auch Aristoteles' eigene Erklärung des Terminus: Er leitet sich von *ergon* her, d. h. von dem »Werk«, der »Leistung« oder der

[147] S. *ZT* IV 3, 769 b 7–13. – In *Met.* VII 7, 1032 a 20–22, u. Kap. 15, 1039 b 27–31, erklärt Aristoteles sogar die Vergänglichkeit der Einzeldinge mit der Natur ihrer materiellen Komponente. Mit der oben (S. 206) zitierten These, das Vergehen sei widernatürlich, verträgt sich das nur, wenn die Natur der Komposita allein durch ihre Form definiert ist. Dann aber widerstreiten einander zwei Naturen in den Komposita.

»Funktion«, für die Artefakte hergestellt werden, Organe des Körpers und er selbst existieren (*Met.* IX 8, 1050 a 21 – b 3).

Energeia ist nun diejenige Art *ergon*, die sich als Leistung von Potentialen, d. h. Kompetenzen, Werkzeugen, Organen, oder als deren Gebrauch von dem Werk unterscheidet, das dabei in vielen Fällen produziert wird – wie das immer wieder zitierte Haus. Wie im Fall des Hausbaus kann der Gebrauch der Potentiale in der Veränderung von anderem bestehen, er kann aber auch sich selbst genügen wie das Sehen als Gebrauch des Gesichtssinnes und produziert dann kein Werk. In beiden Fällen von Gebrauch handelt es sich um Tätigkeiten.

Wie soll man es nun verstehen, dass die *Form* Tätigkeit ist, wie Aristoteles es aus den Beispielen der selbstgenügsamen Tätigkeiten folgert? Zum Einen wendet er den Terminus *energeia* auf die Form an und erklärt das so: Die von einer Form geleitete Aktivität (*energeia*) der jeweiligen Wirkursache spielt sich in ihrem Objekt ab, das dadurch eben diese Form bekommt, ihr entsprechend wirklich wird, z. B. gesund.[148] Allerdings ist die übertragene Form mit der Aktivität nur verknüpft, solange diese andauert. Das Geheilte, das Werk, enthält nicht mehr die Aktivität des Arztes, wohl aber ihre Form, die Gesundheit.

Zum Anderen ist die Form immer Tätigkeit, indem sie als Seele die Lebewesen »organisiert«, natürlich auch als Prinzip der selbstgenügsamen Tätigkeiten (*DA* II 2, 414 a 12–19). Zu der Funktion der Seele für das Lebewesen finden Sie in Aristoteles' Texten zwei Versionen.

Der ersten zufolge wirkt die Seele auf den Körper im Prinzip so wie ein Handwerker auf ein Material ein, bloß nicht zur Herstellung eines außerhalb ihrer zurückbleibenden Produkts, sondern zum lebenslangen, geregelten Antrieb der Lebenstätigkeiten des Organismus, d. h. der Ernährung durch sich selbst, des Wachstums durch sich und des Schwindens durch sich selbst.[149] So können Sie die Tätigkeit der Seele analog zu derjenigen anderer Wirkursachen verstehen.

[148] *DA* II 2, 414 a 7–12; vgl. *Met.* IX 8, 1050 a 28–34; vgl. oben S. 195 f.

[149] *DA* I 3, 407 b 17–19; II 1, 412 a 14–15; Kap. 4, 415 b 21–28; *Über die Teile der Tiere* I 1, 641 a 27.

Die zweite Version ist subtiler und vermeidet das Risiko der ersten, dass die Seele auf den Körper wie von außen einzuwirken scheint. Denn nach der zweiten Version ist die Seele die Tätigkeit *des* Körpers (*Met.* VIII 3, 1043 a 35–36). Was er damit meint, verdeutlicht Aristoteles, indem er den Körper mit einem seiner Organe, dem Auge, vergleicht: Wie das Sehen dessen Tätigkeit ist, so ist die Seele die Tätigkeit des ganzen wahrnehmungsfähigen Körpers (*DA* II 1, 412 b 17–25). Diese Tätigkeit verwirklicht das, was der Körper nur der Möglichkeit nach besitzt, sein Leben, durch eine doppelte Kausalität: Erstens ist sie sein Zweck, also das, um dessentwillen er existiert und für das er deshalb die Funktion eines Werkzeugs (*organon*) ausübt; zweitens steuert sie als seine Formursache regelhaft die vielfältigen körperlichen Prozesse, die das Leben konstituieren.[150]

Wenn das Verhältnis von Körper, Seele und Leben damit auch gewiss noch nicht befriedigend umrissen ist, genügt es doch in unserem Zusammenhang, dass Folgendes aus den Texten hervorgeht: Wenn die Form die Struktur nicht eines starren Artefakts, sondern diejenige eines Lebewesens ist, dann versteht Aristoteles sie als die primäre Tätigkeit desselben, d. h. als diejenige, die seinen Körper als dessen Zweckursache so organisiert, dass sie ihn leben macht, als sei das Leben ihr Werk.

(3) Form als Tätigkeit ohne Materiebezug

Um die Rede von der Form als Tätigkeit nachzuvollziehen, können Sie sie auch von dem Grenzfall her interpretieren, den die schon erwähnte nicht auf Materie bezogene Form darstellt, Aristoteles' Begriff von Gott (s. oben S. 172, Anm. 121).

Gott ist die unveränderliche Ursache aller Veränderungen. Damit sie ewig wirkt, darf sie nicht den Charakter von Möglichkeit oder Fähigkeit haben, denn dann könnte es sein, dass sie nicht wirkt, so dass die Veränderung nicht ewig wäre. Folglich muss die erste Ursache ihrem Wesen nach Tätigkeit sein.[151]

Sie kann auch keine materielle Komponente haben, denn »Materie« steht in der Theorie für das, woraus die wahrnehmbaren Sub-

[150] *DA* II 1, 412 a 19–21; Kap. 2, 413 a 32 - b 2; Kap. 4, 415 b 15–20; *ZT* II 4, 740 b 25–34 (hier wendet Aristoteles allerdings das Handwerkermodell an).

[151] S. *Met.* XII 6, 1071 b 3–11 u. 17–22; zu dem Argument vgl. oben III 2 a.

stanzen entstehen, und für das Substrat, das sich im Wechsel gegensätzlicher Eigenschaften durchhält. Weder Entstehen noch Wechsel von Eigenschaften kommen für die ewige Ursache von Veränderung in Frage (*Met.* VIII 5, 1044 b 27–29; XIV 2, 1088 b 14–25). Also ist die unveränderliche Ursache immaterielle Substanz, d. h. nichts als Form. Sie unterscheidet sich von der Seele der Lebewesen, sofern sie keinen Körper leben macht.

Unter seinen Voraussetzungen muss Aristoteles also ungrammatisch formulieren, dass die erste Ursache *Tätigkeit* ist; wäre sie etwas *Tätiges*, dann wäre sie ein Kompositum, unterschiede sich nicht von den aus geformter Materie bestehenden vergänglichen Substanzen. Aristoteles muss mit dem Gebrauch des abstrakten Terminus »Tätigkeit« gegen die Grammatik verstoßen, weil er konkrete Termini wie »Tätiges« im Sinn der Ontologie vergeben hat, die sich an diesen Substanzen orientiert (in diesem Zusammenhang bestreitet er sogar, dass die Referenten von abstrakten Termini überhaupt existieren, s. oben S. 153 f.).

Zugleich ist diese Ontologie aber theologisch, sofern Aristoteles die materiegebundenen Formen, jedenfalls die Seelen, die die jeweiligen Materien zu wirklichen Substanzen machen und die er einmal »etwas Göttliches« nennt (*Phys.* I 9, 192 a 16–19), schon als Tätigkeit konzipiert. Denn damit bedeutet es keinen Bruch im Aufbau der Realität, wenn die erste Ursache dank ihrer Unabhängigkeit von Materie ewige Tätigkeit ist.[152] Eben diese theologische Perspektive seiner substanzzentrierten Ontologie hat Aristoteles selbst mehrfach formuliert: Er bestimmt die wahrnehmbaren Substanzen und insbesondere ihre Form in der Absicht zu klären, ob eine von ihnen, insbesondere von aller Materie getrennte, selbständige Substanz existiert und, wenn ja, wie (*Met.* VII 2, 1028 b 27–32; Kap. 11, 1037 a 10–17; Kap. 17, 1041 a 7–9).

[152] Allerdings bricht er nur für die erste Ursache und für den tätigen Intellekt die Kategorienlehre, die alle Tätigkeit zu einem Akzidens macht, indem er von der ersten Ursache und vom tätigen Intellekt ausdrücklich sagt, dass sie ihrem Wesen nach Tätigkeit sind (zum aktiven Intellekt s. *DA* III 5, 430 a 18; den Bruch hat Thomas von Aquin bemerkt, s. *Summa contra gentiles* II 9, 902). Von den psychischen Formen erfährt man nicht, ob ihre Tätigkeit als Akzidens oder analog zur Tätigkeit der ersten Ursache zu begreifen ist.

Er hat diesen Zusammenhang nie ausführlich dargelegt, sondern sich auf den Hinweis beschränkt, dass die Reihe der Tätigkeiten, von denen stets eine die andere verursacht, auf eine erste Ursache aller Veränderung zurückgeht.[153] Auf die Tätigkeiten und die Formen kommt es in der Analyse der Kausalzusammenhänge an, weil die Form gegenüber der Materie und das Tätige oder Wirkliche Priorität vor dem Fähigen oder Möglichen hat. Und dieses Verhältnis, das für die Organisation jeder raumzeitlichen Substanz gilt, wendet Aristoteles auch auf die tätige Ursache aller Veränderung und die veränderungsfähige Welt an – was natürlich nicht heißt, dass Gott die Form der Welt und diese sein Körper ist. Man kann annehmen, dass er von vornherein in dieser doppelten, ontologischen wie theologischen Perspektive Wirkliches und Mögliches in das Verhältnis der Vor- und Nachordnung gebracht hat.

Resümee

Platons Ideenlehre und Aristoteles' Metaphysik als Beispiele des philosophischen Ansatzes, den man »Metaphysik« nennt? Als Beispiele in dem starken Sinn, dass die beiden Theorien Züge aufweisen, die Sie an späteren Metaphysiken wiederfinden? Es scheint mir nicht riskant, das zu behaupten, da es ja nicht darum geht, eine starre Form aller Metaphysiken zu unterstellen und sie bei Platon und Aristoteles herauszupräparieren. Ich werde stattdessen abschließend an einige Beobachtungen erinnern, die ich in der vorliegenden Skizze gemacht habe und die mir auch auf andere Metaphysiken etwas Licht zu werfen scheinen. Den einen oder anderen der folgenden Gesichtspunkte habe ich nur flüchtig oder nur mit Bezug auf einen der beiden Autoren behandelt. In manchen der zu nennenden Hinsichten stimmen Platon und Aristoteles wenigstens im Prinzip überein, in anderen unterscheiden sie sich so, dass sich zwei Typen der Konzeption von Metaphysik abzeichnen.

1. Platon und Aristoteles reagieren auf die Sophisten und ihre Theorie der Rede. Danach reflektieren Meinungen nur die jeweiligen Zu-

[153] *Met.* IX 8, 1050 b 3–6; zu diesem Argument vgl. oben S. 117 f.

stände der Individuen, die sie haben und die beliebig voneinander abweichen. Die Individuen leben jedoch in der Illusion, dass sich ihre Meinungen auf objektive Verhältnisse beziehen und, an diesen gemessen, teils wahr und teils falsch sind. Darauf entgegnen die Sophisten, dass Meinungen mit Bezug auf objektive Verhältnisse grundsätzlich unangemessen sind, weil wir sie nur in sprachlichen Termini formulieren können, die Objekte und Zustände fixieren und damit die Realität des ständigen Wandels der Welt verfehlen. Dagegen sind alle Meinungen wahr, sofern sie wie die Wahrnehmungen unsere individuellen Zustände ausdrücken.

Platon kritisiert diese Theorie, indem er sie auf praktische Zusammenhänge anwendet, in denen man Entscheidungen nach den Kriterien der Nützlichkeit und Schädlichkeit trifft. Er beruft sich auf die Erfahrung, dass man solche Entscheidungen mitunter im Nachhinein als falsch beurteilt, weil sich das von ihnen geleitete Verhalten nicht als nutzbringend erweist. Also veranlasst uns der Gesichtspunkt des Nützlichen oder des Guten, die Wirklichkeit von unseren Meinungen über sie und wahre von falschen Meinungen zu unterscheiden. Daher die Prinzipienfunktion der Idee des Guten (IdG), der Voraussetzung für diejenige philosophische Rede von Sein, d. h. von Wirklichkeit überhaupt, die nicht der sophistischen Kritik ausgesetzt ist.

Auch Aristoteles setzt bei der Kritik an den Sophisten an, akzeptiert aber nicht Platons Vorgehen und seine Konsequenz, dass der Gesichtspunkt des Guten oder die IdG für die Konzeption der Wirklichkeit vorausgesetzt werden muss. Aristoteles geht von der sophistischen These aus, dass alle Meinungen wahr sind, lässt es sich aber nicht nehmen, daraus eine Konsequenz für das zu ziehen, was wir mit unseren Meinungen meinen: wie es sich verhält. Da wir oft einander entgegengesetzte – aber angeblich gleichermaßen wahre – Meinungen haben, müsste sich das Gemeinte der einen Meinung zufolge so und so verhalten und sich zugleich der entgegengesetzten Meinung entsprechend nicht so und so verhalten.

Das aber widerspricht, sagt Aristoteles, dem Prinzip, dessen Geltung jeder annimmt, der überhaupt etwas sagt, dass nämlich etwas ein und demselben nicht zugleich und in derselben Hinsicht zukommen und nicht zukommen kann. Wie Aristoteles dieses Prinzip der Widerspruchsfreiheit (PWF) analog zu Platons Gesichtspunkt der Nützlichkeit zur Widerlegung der Sophisten gebraucht, so bekommt auch das PWF analog zur IdG den Rang des höchsten Prinzips. Insofern ergeben sich die Theoreme, denen die beiden Autoren selbst den höchsten Rang verleihen, aus ihrer Auseinandersetzung mit der Sophistik.

Dass Metaphysik als Entgegnung auf radikale Erkenntniskritik entsteht, lässt sich auch in anderen Konstellationen der Philosophiegeschichte beobachten, so bei Plotin in seinem Verhältnis zur Skepsis des Sextus Empiricus und bei Descartes in seiner Überwindung des radikalen Zweifels.

2. Ein Charakteristikum von Metaphysik überhaupt lässt sich im Fall von Platon und Aristoteles aus ihrer Opposition gegen die Sophisten erklären: Den Metaphysikern kommt es darauf an, Unveränderliches, Ewiges in der Wirklichkeit nachzuweisen. Den Sophisten wird zunächst einmal zugestanden, dass sich die sinnlich wahrnehmbare Welt durch Veränderung auszeichnet. Platon geht sogar so weit, ihnen diese Wirklichkeit sozusagen abzutreten. Denn von der im Werden umgetriebenen Welt scheidet er die Ideen, die in ihrer Unveränderlichkeit unseren Begriffen, d.h. Definitionen, entsprechen und damit objektives Wissen ermöglichen.

Aristoteles dagegen kann die Ideen entbehren, weil er mit den Formen der wahrnehmbaren Dinge, insbesondere der Lebewesen, das unveränderliche Objekt der Definitionen in die Welt des Werdens verlegt. Und da soll das jeweils Definierte nicht die uns zugängliche Oberfläche der Wirklichkeit sein, sondern dasjenige, was die physischen Prozesse steuert und so die Welt zu einem Kosmos, zu einer geordneten Natur macht.

»Alles Vergängliche ist nur ein Gleichnis, … « Die Schlussworte von Goethes *Faust* zeigen, dass das Verhältnis von Ewigem und Vergänglichem in Platons Version Aristoteles' Kritik lange überlebt hat, gewiss dank des religiösen Sinnes, den ihm das spätantike und mittelalterliche Christentum gab. An ihrem historischen Ursprung war die Bestimmung dieses Verhältnisses aber nicht religiös motiviert, sondern durch das Interesse an einer prinzipiellen Begründung von Wissen überhaupt, nicht von speziellen wissenschaftlichen Aussagen. Das gilt schon für Parmenides' Beschränkung dessen, was als Gegenstand von Wissen in Frage kommt: Nur vom »Seienden«

kann etwas gewusst werden, vom Seienden, das weder entstehen noch vergehen kann. Platon und Aristoteles gliedern dies Seiende in die vielen Objekte der Definitionen auf, die ebenso wenig wie es entstehen oder vergehen.

Auf eine andere Weise noch können wir verstehen, dass die Objekte des Wissens unveränderlich und unvergänglich sein sollen. Wir selbst würden wohl zugestehen, dass die wissenschaftlichen Aussagen, sofern sie wahr sind, sich nicht ändern, d. h. nicht falsch werden. Das gilt auch für das historische Wissen, dessen Objekte entstehen und vergehen. Dass Karl der Große im Jahr 800 von Papst Leo III. zum Kaiser gekrönt wurde, bleibt auch nach dem Ereignis eine wahre Aussage.

Wie man von Aristoteles erfährt, fassen er und offenbar auch Platon solche Aussagen nicht ins Auge, die durch die Zeitangabe, die sie enthalten, unabhängig vom Vergehen ihres Gegenstandes wahr bleiben. Stattdessen achtet Aristoteles nur darauf, dass in solchen Fällen die Sache (wie hier Karl) und ihre Eigenschaft (Gekröntwerden) bald objektiv kombiniert, bald objektiv getrennt sind (*Met.* IX 10, 1051 b 9–15). Und weil er als beschreibende Aussage nur die Prädikation der Eigenschaft von der Sache oder Person in Betracht zieht (»Karl wird gekrönt«), ergibt sich für ihn, dass von veränderlichen Sachverhalten wie Karls Krönung nur Aussagen gemacht werden können, die bald – zum Zeitpunkt der Krönung – wahr und bald – davor und danach – falsch sind.

Nun sind das zugegebenermaßen keine wissenschaftlichen, ohne die Zeitangabe auch keine historischen Aussagen. Also können nur von unveränderlichen Gegenständen wie den mathematischen wissenschaftliche Aussagen gemacht werden. Und die Metaphysik hat gegen den sophistischen Verdacht universalen ständigen Wechsels für die Existenz solcher unveränderlicher Gegenstände zu plädieren.

3. Die Rolle, die die Metaphysik für die Einzelwissenschaften spielt, wird von Platon und Aristoteles charakteristisch verschieden bestimmt. Platon hat keinen Begriff von Metaphysik oder Erster Philosophie im Sinn des Aristoteles. Platon entwirft die Ideenlehre und den Plan, grundlegende Termini wie »das Gute« zu definieren, d. h. die entsprechenden Ideen zu erkennen und ihre Beziehungen aufeinander zu bestimmen. Die fundamentale Wissenschaft, die das

leisten soll und von der er im *Sophistès* eine Probe gibt, die Definition von »nichtseiend«, nennt er »Dialektik«.

Aus den Definitionen der grundlegenden Termini soll die Dialektik die Definitionen der Basistermini der Einzelwissenschaften ableiten, so dass die Dialektik zur Grundwissenschaft wird, die die Spezialwissenschaften impliziert; sie begründet nicht allein ihre Möglichkeit, sondern ihre Wirklichkeit. Diesem Modell des Verhältnisses einer philosophischen Grundwissenschaft zu den Einzelwissenschaften folgt Descartes' Konzept einer *Mathesis universalis*.

Soweit sie Ontologie und nicht Theologie ist, begründet Aristoteles' Erste Philosophie nur die Möglichkeit der Einzelwissenschaften, durchaus analog zu Kants transzendentaler Analytik. Denn das Seiende als solches zu untersuchen, heißt allgemein die Bedingungen bestimmen, unter denen allein Dinge, Personen und Sachverhalte existieren und erkannt werden können: Etwas existiert unter dem Gesichtspunkt seines Wesens und seiner Eigenschaften, etwas ist selbständig oder hängt von einem Substrat ab, etwas *kann* nur das sein, worin es seine Vollendung findet, oder ist das wirklich, etwas hat eine Wesensbestimmung oder eine Eigenschaft und kann sie nicht zugleich und in derselben Hinsicht nicht haben.

Aristoteles entwickelt das, was er mit diesen Bedingungen näherhin meint, an vielen Beispielen, von der Geometrie bis zur Zoologie. Er unterscheidet aber klar die transversalen Bedingungen aller Wissenschaften von dem, was eine jede Einzelwissenschaft ihrer Besonderheit nach begründet: die Definitionen ihrer Grundtermini. Die Definitionen folgen nicht aus den Konzepten der Ersten Philosophie, sondern werden aus dem Verständnis derselben Termini gewonnen, das die Mitglieder einer Sprachgemeinschaft oder die Vertreter eines Faches schon mitbringen (*Top.* I 1, 100 a 27 – b 23; Kap. 2, 101 a 35 – b 4). So gewinnen die Einzelwissenschaften Eigenständigkeit im Verhältnis zu dem Statut, das Platon ihnen zugewiesen hatte, denn die Ontologie beansprucht nicht, die Prämissen aller wissenschaftlichen Beweise zu enthalten.

4. Platons Ideenlehre und Aristoteles' Metaphysik haben nicht dasselbe Verhältnis zur praktischen Vernunft und zur Ethik, denn erst Aristoteles unterscheidet theoretische und praktische Vernunft. Platons Ideen sind objektive Kriterien sowohl für moralische Bewer-

tungen von Verhaltensweisen und Personen – z. B. als gerecht – als auch für die treffende Beschreibung von Dingen, z. B. als einander gleich. Während Ideen des zweiten Typs relativ leicht zu erkennen sind, wie man in diesem Fall »gleich« als »weder mehr noch weniger« definieren kann (*Phd.* 93 d), erfahren Sie als Leser von Platons Frühdialogen, wie schwierig es ist, die Ideen moralischer Werte und Unwerte zu erkennen.

Denn sie müssten als Kriterien richtigen Verhaltens auch in den Grenzfällen taugen, mit denen Sokrates seine Gesprächspartner in Verlegenheit bringt: dass es z. B. gerecht ist, einem Menschen, der in einem Anfall von Depression den Tod sucht, seine Waffen nicht zurückzugeben, ihm also sein Eigentum vorzuenthalten (*Staat* I, 331 c). Dieser Fall kann jedenfalls nicht unter den einzigen Begriff von Gerechtigkeit subsumiert werden, den Platon im *Staat* erarbeitet, wenn auch nur als einen vorläufigen Vorschlag: Ein aus verschiedenartigen Teilen zusammengesetztes Ganzes ist gerecht, wenn jeder Teil ausschließlich die ihm zukommende Funktion erfüllt (IV, 441 d–e). Es scheint mir, als trage die leicht absehbare Schwierigkeit, praktische Ideen zu erkennen, zur Erklärung von Aristoteles' ganz anderer Konzeption der praktischen Vernunft bei.

Wie Platon praktische und theoretische Vernunft nicht unterscheidet, klärt er auch seinen Leser nicht darüber auf, dass die IdG primär die praktische Funktion hat, erkennbar zu machen, worin das Glück besteht, wegen des Interesses an wirklichem Glück aber auch die theoretische, zur Unterscheidung von Wirklichkeit und Schein zu veranlassen. Dass Platon die praktische und die theoretische Funktion der IdG nicht unterscheidet, hat weitreichende Folgen für sein Konzept dieser Idee, die im *Staat* den Rang des Prinzips schlechthin bekommt und sich deshalb für philosophische Theologien in Platons Nachfolge anbot. Denn so konnten weder Platon noch seine »Gefolgsleute« wie Plotin und Anselm von Canterbury klären, dass die IdG als Prinzip von Werten in konträrem Gegensatz zum Prinzip der Unwerte, der Idee des Schlechten, gedacht werden muss, als Prinzip dessen, was existiert, jedoch frei von allem Gegensatz, der sie um ihre Universalität brächte.

Aristoteles hat die praktische Vernunft von der theoretischen mit der Begründung unterschieden, dass die theoretische das erforscht, was nicht anders sein kann, als es ist, die praktische dagegen mit dem Ziel glücklichen Lebens Überlegungen zu solchem anstellt, das veränderbar ist, und zwar durch denjenigen, der diese Überlegungen anstellt (*EN* VI 3–4, 1140 a 1–5; Kap. 5, 1140 a 24–33). Sie betreffen die Mittel zum jeweils gesetzten besonderen glücksförderlichen Zweck, den sich ein charakterlich gut gebildeter Mensch anders setzt als einer, der nur seinen unmittelbaren Neigungen folgt. Diese Unbildung oder Bildung des Charakters beeinflusst auch die praktische Vernunft in ihrer Wahl der Mittel (ebd., Kap. 13, 1144 a 6–9 u. a 23 – b 1).

So viel, um anzudeuten, wie die praktische Vernunft bei Aristoteles eigenständig wird, indem sie nämlich durch ihre Funktion für verantwortliches Verhalten unter den Bedingungen von charakterlicher Bildung und glücksorientierten Zwecksetzungen ihrem Begriff nach bestimmt wird. Klarerweise braucht diese Vernunft keine Ideen mehr, um ihre Bewertungen der Mittel an ihnen auszurichten; diese Orientierungsfunktion der Ideen übernimmt die gute Charakterbildung (»Tugend«).

Wie die theoretische von der praktischen Vernunft grenzt Aristoteles auch die Metaphysik von der Ethik ab. Das heißt, die Metaphysik ist keine Theorie von Normen mehr, sie erforscht die notwendigen Strukturen alles dessen, was existiert, sofern es existiert.

Dabei lässt sich diese Ontologie dennoch in mancher Hinsicht von Bewertungen leiten, die auch in Aristoteles' Ethik eine bedeutende Rolle spielen. Das sind insbesondere die Präferenzen für Selbständigkeit (Substanz) gegenüber Abhängigkeit (Akzidenzien) und von Tätigkeit bzw. Wirklichkeit gegenüber Fähigkeit bzw. Möglichkeit. Und die Notwendigkeit, in der theoretischen Forschung unbegrenzte Ursachenketten auszuschließen, folgert Aristoteles aus der Eigenart der praktischen Vernunft, nur um eines erreichbaren Ziels willen tätig zu werden.

Schließlich sollten Sie das Handwerkermodell nicht vergessen, das Aristoteles zu dem Konzept der vier Ursachen und damit zu einem Orientierungsrahmen der Ontologie entwickelt. Zwar unterscheidet Aristoteles das handwerkliche Tun als Fertigung (*poièsis*) strikt vom intersubjektiven Handeln (*praxis*). Aber es ist doch menschliches Tun, aus dessen Analyse er eine Struktur des Existierenden als solchen gewinnt.

5. Wie unterscheiden sich Platons Ideenlehre und die aristotelische Ontologie, wenn man von ihrem Verhältnis zur Ethik absieht? Durch das Verhältnis dessen, was jeweils für wirklich gehalten wird, zu den Objekten der wissenschaftlichen Erkenntnis: Für Platon ist das Verhältnis eine Identitätsbeziehung, denn nur diese Objekte, also die Ideen, und zwar alle, hält er für wirklich (s. oben S. 103). Nach Aristoteles ist das Verhältnis des Wirklichen zum Erkennbaren wesentlich differenzierter: Es handelt sich um die Beziehung der Gesamtheit der Aspekte der Wirklichkeit, d. h. der wahrnehmbaren Welt, die aus *einzelnen* Dingen, Lebewesen und Veränderungen besteht, auf den jeweils bestimmenden Aspekt, d. h. auf die erkennbaren Wesensbestimmungen und besonders die Formen.

Andere als der bestimmende Aspekt sind in der aristotelischen Ontologie die folgenden: *Sofern* alles in der wahrnehmbaren Welt einzeln ist, kann man es nur sinnlich, aber nicht begrifflich, also wissenschaftlich erkennen. Auch Veränderungen sind nicht in ihrem Verlauf erkennbar, wie es seit Galilei in der Form des Gesetzes möglich ist, sondern nur als Übergänge vom *Zustand* der Möglichkeit zum Zustand der Wirklichkeit. Ein dritter nicht bestimmender Aspekt der sinnlich erfahrbaren Realität sind die Akzidenzien. Von ihnen können wissenschaftlich, d. h. in allgemeinen Begriffen, nur diejenigen als beständige Eigenschaften jeweils ihrer Substanzen erkannt werden, die aus deren Definition abgeleitet werden können wie etwa die Lernfähigkeit der Menschen aus ihrer Vernünftigkeit. Alle anderen Akzidenzien sind solche im radikalen Sinn, d. h. kommen ihrer jeweiligen Substanz *zufällig* zu, und dieses Zukommen bleibt der Erkenntnis entzogen, die ihren Gegenstand aus Ursachen erklärt.

»Das Wirkliche« hat also nach Aristoteles eine weitaus größere Extension als »das wissenschaftlich Erkennbare«. Weil aber *bestimmende Aspekte* der Wirklichkeit wissenschaftlich erkannt werden können, werden auch die entsprechenden bestimmten Aspekte erkannt, also die einzelnen Dinge und Lebewesen zwar nicht ihrer Individualität nach, wohl aber *sofern* sie wesentlich bestimmte Substanzen sind. Und gewisse Veränderungen nicht dem Muster oder Diagramm ihres Verlaufs nach, wohl aber *als* von ihrem Ziel, der Verwirklichung einer substantiellen Form oder einer Aktivität, her bestimmte Prozesse. Nur die zufälligen Ereignisse entgehen ganz der wissenschaftlichen Erkenntnis.

Konkretisieren lässt sich der Unterschied von Ideenlehre und aristotelischer Ontologie am Fall der einzelnen Dinge und Lebewesen. Im Zusammenhang mit beiden Theorien spielen sie als Gegenstände der Wahrnehmung, also im Vorfeld des Wissens, eine Rolle: nach Platon derart, dass ihre Wahrnehmung sofort eine erste, aber offenbar unvollkommene Wiedererinnerung auslöst; nach Aristoteles in der Weise, dass wiederholte Wahrnehmungen desselben Gegenstandes zu einer Erfahrung von ihm führen, die ihrerseits eine notwendige Bedingung von Wissen ist.

Im Kontext des Wissens selbst jedoch bedeuten die Einzelnen für Platon nichts, denn sie unterliegen nicht nur dem Werden, sondern sind auch jeweils *unbegrenzt* viele Fälle von Teilhabe an einer Idee und als unbegrenzt viele unerkennbar (*Phlb.* 15 a–b, 16 d–e, 17 e). Deshalb existieren sie auch nicht in dem Sinn, dass Existieren heißt, Objekt für Wissen sein.

Aristoteles dagegen geht davon aus, dass jedes Definiens wie »im Meer lebendes Säugetier« nicht nur von dem entsprechenden allgemeinen Definiendum – hier »Wal« –, sondern auch von jedem einzelnen Exemplar dieser Klasse muss ausgesagt werden können. Dadurch werden die einzelnen Dinge und Lebewesen zu »Prüfsteinen« für die Richtigkeit der Definitionen und bekommen so eine Funktion für die Grundlegung der verschiedenen Wissenschaften. Das ist eine Quelle für die ontologische Bedeutung, die Aristoteles im Gegensatz zu Platon den einzelnen Dingen und Lebewesen gibt.

Die andere Quelle liegt in der Analyse der Aussagen nach der Formel »etwas von etwas sagen« und dem Interesse, die Reihen der Subjekte (»von etwas«) durch letzte Subjekte zu begrenzen, die eben die Einzelnen sein sollen, von denen alle allgemeinen Prädikate (»etwas«) ausgesagt werden. Aus beiden Gründen existieren die Einzelnen in dem primären Sinn von Existenz, sofern sie Substanzen, d. h. durch ihr jeweiliges Wesen bestimmt sind.

6. Platon und Aristoteles erschließen aus Formen des Denkens und Sprechens objektive Strukturen, wie ich es in der Einleitung angenommen habe. Sie erklären dieses Verfahren nicht in dem Sinn, dass es heißt, aus sekundären Abbildern auf deren vorgegebene Modelle zu schließen. Aber diese Erklärung lässt sich daraus rechtfertigen, dass beide Autoren das Verhältnis ›Modell – Abbild‹

annehmen. So heißt es bei Platon, aufgrund der Verflechtung der Ideen miteinander bilde sich unsere Rede. Und nach Aristoteles sind unsere Gedanken Abbilder der Dinge oder Sachverhalte – in welchem genauen Sinn auch immer da von Abbildern die Rede sein mag (*Her.* 1, 16 a 7–8). Das sind allgemeine Formulierungen, die man als Leser zunächst einmal auf die jeweiligen besonderen Inhalte bezieht. Die Formen des Denkens kann man aber nicht von der Anwendung des Verhältnisses ›Modell – Abbild‹ ausnehmen, denn die Inhalte lassen sich nicht losgelöst von den Formen erkennen (z. B. eine bestimmte Tatsache nicht ohne Prädikation).

Im Fall der Ideenlehre habe ich, über Platons Texte hinausgehend, vorgeschlagen, die Beziehung der Teilhabe alles Individuellen an den Ideen als metaphysisches Pendant zu der logischen Beziehung der Subsumtion zu verstehen: Wie man denjenigen Läufer »schnell« *nennen* kann, der unter die Definition des Schnellen fällt, d. h. Vieles in kurzer Zeit leistet, so *ist* der Läufer schnell, der an der mit der Definition gemeinten Idee teilhat.

Im Fall der aristotelischen Ontologie ist die Analyse der Aussagen ständige Quelle für die Bestimmung formaler Strukturen alles Existierenden als solchen: die notwendige Bestimmtheit und Widerspruchsfreiheit des Bedeutens als Argument für die Widerspruchsfreiheit der existierenden Sachverhalte; Affirmation und Negation als Zeichen für Zusammengesetztes und Getrenntes; die Form der Aussagen »etwas von etwas sagen« als Ausgangspunkt für die Begrenzung aller Subjekte, von denen etwas ausgesagt werden kann, durch ein je letztes Substrat; analytische und synthetische Urteile als Zeichen dafür, dass etwas eine Wesensbestimmung und eine akzidentelle hat; der Aufbau des Definiens aus Gattung und spezifischer Differenz als Bestätigung dafür, dass die Substanzen komplexe Einheiten aus Materie und sie bestimmender Form sind.

Sie könnten den beiden Metaphysikern und ihren Nachfolgern vorwerfen, dass sie die Voraussetzung dieses Verfahrens, also den Abbildcharakter des Denkens und Sprechens, nicht gerechtfertigt haben und nicht rechtfertigen können, weil sie nicht mehr als wir über die Modelle kognitiv verfügen. Stattdessen plädiere ich dafür, die Metaphysik anders zu verstehen: nicht als die Darstellung objektiv *vorgegebener* Seinsstrukturen, sondern als die Ausarbeitung formaler Bedingungen im Sinn Husserls, unter denen Wirklichkeit sprachlich dargestellt und wissenschaftlich erkannt werden kann (s. oben S. 140, Anm. 99).

Dadurch, dass Platon und Aristoteles diese Bedingungen nun als objektive *Sach*verhalte, also dinghaft denken, ergeben sich die Schwierigkeiten, die einerseits das »Argument des Dritten Menschen« deutlich macht, und die andererseits in den Begriffen des Inhärenzverhältnisses und der einfachen Form enthalten sind, die doch einem komplexen Definiens entsprechen sollte (s. oben A I 9; B IV 5 d–e; VI 2 d).

7. Schließlich muss auch der Anspruch, allgemeine formale Bedingungen zu entwickeln, relativiert werden. Denn Platon und Aristoteles werden diesem Anspruch, ohne den Metaphysik nicht auskommen kann, auf verschiedene Weise nicht gerecht, weil sich ihre Konzeptionen bei genauerer Betrachtung doch als partikulär erweisen.

Dabei kann man gegenläufige Entwicklungen beobachten, wenn man einerseits bei Platon die Frühdialoge mit den mittleren und späten vergleicht und andererseits Aristoteles' Gedankengang in der *Metaphysik* verfolgt. Ich meine damit Folgendes: Platon geht in den Frühdialogen von der Frage aus, wie die Vergabe bewertender Prädikate begründet werden kann, bezieht aber später die Ideenlehre auf Prädikate überhaupt, auch auf die Grundbezeichnungen von Substanzen wie »Esel« oder »Heckenrose«. Aristoteles dagegen verspricht zunächst eine Theorie des Seienden als solchen, schränkt seine Untersuchungen dann auf die Substanz ein und gibt zuletzt mit der Auffassung der Form als Tätigkeit zu erkennen, dass er mit »Substanz« die Pflanzen und Lebewesen meint, deren Form ihre Seele ist.

Platon erweitert also den theoretischen Anspruch der Ideenlehre über das hinaus, was durch ihren Ausgangspunkt gerechtfertigt werden kann, und wird deshalb von Aristoteles in Sachen Substanzbegriff korrigiert. Aristoteles selbst dagegen verfällt gleichsam der Triftigkeit dieser Korrektur, sofern er den Akzidenzien und damit auch den Beziehungen der Substanzen aufeinander keine Chance auf Analyse in der Metaphysik gibt.

Aber selbst unter all dem, was seine Zeitgenossen unter »Substanz« verstanden, trifft er eine strenge Auswahl, geleitet von seinem Begriff eines selbständig und selbstbestimmt Existierenden, das als raumzeitliches Individuum zu einer Art gehört und deshalb als ein Exemplar derselben neben anderen gezählt werden kann (»ein Murmeltier«). Dadurch sind z. B. die Elemente wie Feuer und Wasser aus dem Kreis der Substanzen ausgeschlossen. Von Gesetzen, sozialen Ordnungen und vielem anderen gar nicht zu reden.

Wie könnte Aristoteles es rechtfertigen, dass er mit einer so speziellen Konzeption den Anspruch einlösen will zu klären, was es für alles Existierende heißt zu existieren? Könnte er sich anders aus der Affäre ziehen als mit dem Vorschlag, die Substanzen und unter ihnen wiederum die lebendigen als Existierende in einem exemplarischen Sinn zu betrachten, so dass im Prinzip alles, was für sie ermittelt worden ist, in abgeschwächter oder sonst modifizierter Form auch für die anderen Klassen der Existierenden gelten soll? Das wäre nichts anderes als eine neue Version des Urbild-Abbild-Verhältnisses, also eine Art Wiederkehr des Platonismus.

Epilog

Dergestalt führt die Frage: warum Wissenschaft? zurück auf das moralische Problem: *wozu überhaupt Moral*, wenn Leben, Natur, Geschichte »unmoralisch« sind? Es ist kein Zweifel, der Wahrhaftige, in jenem verwegenen und letzten Sinne, wie ihn der Glaube an die Wissenschaft voraussetzt, *bejaht damit eine andre* Welt als die des Lebens, der Natur und der Geschichte; und insofern er diese »andre Welt« bejaht, wie? muß er nicht ebendamit ihr Gegenstück, diese Welt, *unsre* Welt – verneinen? … Doch man wird es begriffen haben, worauf ich hinaus will, nämlich daß es immer noch ein *metaphysischer Glaube* ist, auf dem unser Glaube an die Wissenschaft ruht – daß auch wir Erkennenden von heute, wir Gottlosen und Antimetaphysiker, auch *unser* Feuer noch von dem Brande nehmen, den ein jahrtausendealter Glaube entzündet hat, jener Christen-Glaube, der auch der Glaube Platos war, daß Gott die Wahrheit ist, daß die Wahrheit göttlich ist … Aber wie, wenn dies gerade immer mehr unglaubwürdig wird, wenn nichts sich mehr als göttlich erweist, es sei denn der Irrtum, die Blindheit, die Lüge – wenn Gott selbst sich als unsre längste Lüge erweist?« (Nietzsche, *Die fröhliche Wissenschaft*, 344)[154]

[154] *Werke in drei Bänden*, hg. von K. Schlechta, Bd 2, S. 208, Sperrungen in dieser Ausgabe.

Zu Nietzsches Zeit und darüber hinaus in der Epoche des Wiener Kreises war der Glaube an die Wissenschaft, d. h. die Naturwissenschaften, die Mathematik und die Logik, ungebrochen. Heutzutage hat dieser Glaube die Form des Gemeinplatzes angenommen, wir lebten in einer Wissensgesellschaft. Sofern das bedeutet, dass Entscheidungen auf beliebigen Feldern, technische Verfahren und politische Praktiken grundsätzlich durch wissenschaftliche Erkenntnisse gerechtfertigt werden, ist der Glaube immer mehr dem Verdacht ausgesetzt, dass die »wissenschaftlichen Erkenntnisse« durch den Einfluss von Interessen manipuliert werden. Die Lüge, mit Nietzsche zu reden, bestünde dann darin, dass eben die Wissenschaftler, die Forschungsergebnisse im Sinn ihrer Auftraggeber erarbeiten, dieselben mit der Aura wissenschaftlicher Objektivität präsentieren und gegen Kritik immunisieren wollen.

Diese Absicht zu durchkreuzen, ist nicht nur deshalb oft aussichtsreich, weil es in Präzedenzfällen schon gelungen ist. Die grundsätzliche Erfolgsbedingung ist das schon weit verbreitete Bewusstsein, dass Wissenschaft in Lehre und Forschung ein potentes Mittel für wirtschaftlichen Erfolg der Studierenden wie der Forscher ist, also um dessentwillen, nicht um der Erkenntnis als eines Selbstzweckes willen, betrieben wird. Damit sind wir wieder zu der utilitaristischen Auffassung der Rede zurückgekehrt, die Platon Protagoras unterstellt, nur dass an die Stelle der Kunst der Rhetorik die Wissenschaft getreten ist, die Platon und Aristoteles als Geneninstanz zu dieser Kunst konzipiert hatten.

So wird die Alternative, die Nietzsche darstellt, in unserer Zeit konkret: Was für ihn »unsre Welt«, »die des Lebens, der Natur und der Geschichte«, ist, in der »der Irrtum, die Blindheit, die Lüge« herrschen, das heißt jetzt, jedenfalls in der Konstellation, auf die es Nietzsche ankommt, Instrumentalisierung möglichst vieler Lebensbereiche für den überwiegend ökonomisch definierten Erfolg von Individuen und Interessengruppen. Und was für ihn der »metaphysische Glaube« »an die Wissenschaft« und die Bejahung »einer anderen Welt« ist, das kann heute die Form des Arguments annehmen, dass die Instrumentalisierung der Wissenschaft nicht weniger parasitär als die Lüge ist, die als ehrliche Aussage erscheinen muss, um Erfolg zu haben. Denn wer immer wissenschaftliche Erkenntnisse aufruft, um eine Beurteilung oder einen Vorschlag zu rechtfertigen, setzt darauf, dass diese Begründung geglaubt wird – ganz naiv, keineswegs im Sinn eines metaphysischen Glaubens.

Kann man sich mit einer solchen Lage, mit einer solchen Alternative anders auseinandersetzen als in der Dimension der Philosophie? Wenn Sie bezweifeln, dass die Philosophie zur Beurteilung des Verfahrens parasitärer Instrumentalisierung der Wissenschaft etwas ausrichten, dass sie überhaupt irgendetwas klären kann, dann befinden Sie sich in guter Gesellschaft.

Gegen Ende seines Lebens musste Husserl sein Projekt, Philosophie als strenge Wissenschaft zu begründen, aufgeben.[155] Angesichts dessen fragte er sich, ob Philosophie trotz ihres anscheinenden Versagens in ihrer Geschichte, die Überzeugungen zu vereinheitlichen, wie er sich ausdrückt, überhaupt eine notwendige Aufgabe hat und sie im Prinzip erfüllen kann. Antworten könne man auf diese Frage nur so, dass man in »den Versuchen großer Systeme« das Bewusstsein »eines, wenn auch unvollkommen, klaren Vorhabens« herausarbeite: »Also es ist kein Zweifel, wir müssen uns in historische Betrachtungen vertiefen, wenn wir uns als Philosophen und das, was in uns als Philosophie werden soll, sollen verstehen können.« (S. 510)

Dazu soll das vorliegende Buch beitragen.

[155] *Die Krisis der europäischen Wissenschaften*, Den Haag ^{2}1962, S. 508–510.

Dank

Wenn man in einem mittelalterlichen Werk liest, es sei auf Bitten der Klosterbrüder hin geschrieben worden, fragt man sich, ob das nicht ein erfundener Vorwand ist, mit dem sich der Autor für die Prätention entschuldigt, die das Verfassen eines Buches bedeutet. Im Vertrauen darauf, dass die Bedingungen für einen solchen Verdacht heute nicht mehr gegeben sind, danke ich Ulrich Rudolph für die Anregung, dieses Buch zu schreiben. Frühere Versionen gelesen und mit kritischen Anmerkungen kommentiert haben die Freunde und Kollegen Kathrin Braungardt, Ruedi Imbach, Robert Kremer, Dimitri Liebsch und Hermann Weidemann. Ihre Kritik und Vorschläge haben mich zu mancher Ergänzung und Klärung, wie ich hoffe, veranlasst. So danke ich meinen Erstlesern verbindlich und übernehme wie üblich die alleinige Verantwortung für die verbliebenen Mängel.

Ich widme dieses Buch dem Andenken an den Philosophen Wolfgang Cramer.

Literatur

A. Platons Ideenlehre

I. Texte und Übersetzungen

Platonis Opera, hg. v. John Burnet, Oxford 1900–1907 [griechischer Text]

Platon, *Werke in acht Bänden*, griechisch und deutsch, hg. v. G. Eigler, Darmstadt 1970–1983 [griechischer Text der Œuvres complètes, hg. v. L. Robin u. and., Paris 1920–1956; deutsche Übersetzung von F. Schleiermacher u. H. Müller, bearbeitet v. H. Hofmann u. a.].

Platon, *Werke*. Übersetzung und Kommentar, Göttingen 1994 ff. [noch nicht abgeschlossen, die erschienenen Bände s. unter »Kommentare«].

Platon, *Jubiläumsausgabe* sämtlicher Werke, übers. v. R. Rufener, Zürich/Stuttgart 1974 [relativ beste Übers. der in der Göttinger Ausgabe noch nicht erschienenen Werke].

II. Wortlexika [*Nachweis der Fundstellen in den Texten für Termini und Wörter*]

O. Apelt, *Platon-Index*, Leipzig ²1923 [deutsche Stichwörter zur Apelts Übersetzung].

L. Brandwood, *A Word Index to Plato*, Leeds 1976 [griechische Stichwörter].

III. Darstellungen und Interpretationen des Gesamtwerks

W. K. C. Guthrie, *A History of Greek Philosophy*, Bde. IV–V, Cambridge 1975–1978.

M. Erler, *Platon*, Basel 2007 (*Grundriss der Geschichte der Philosophie. Die Philosophie der Antike*, Bd. 2/2).

C. Horn u. a., *Platon Handbuch. Leben – Werk – Wirkung*, Stuttgart/Weimar 2009.

IV. Kommentare zu einigen Dialogen Platons

[*manche Kommentare setzen Griechischkenntnisse voraus*]

Euthyphron, Übers. u. Komm. v. M. Forschner, Göttingen 2013.

Größerer Hippias, Übers. u. Komm. v. E. Heitsch, Göttingen 2011.

Phaidon: D. Bostock, *Plato's* Phaedo, Oxford 1986.

Plato, *Phaedo*, ed. by C. J. Rowe, Cambridge 1993 [griech. Text mit Komm.].

Platon, *Phaidon*, Übers. u. Komm. v. Th. Ebert, Göttingen 2004.

Symposion [*Gastmahl*]: K. Sier, *Die Rede der Diotima. Untersuchungen zum platonischen* Symposion, Stuttgart/Leipzig 1997.

Phaidros: Platon, *Phaidros*, Übers. u. Komm. v. E. Heitsch, Göttingen ²1997.

Politeia [*Staat*]: N. White, *A Companion to Plato's* Republic, Oxford 1979.

M. Vegetti (Hg.), *Platone. La* Repubblica, traduzione e commento, 6 Bde., Napoli 1998–2007 [Sammelband].

M. Vegetti u.a. (Hg.), *Painter of Constitutions: Selected Essays on Plato's* Republic, Sankt Augustin 2013 [Sammelband].

Theaitet: Plato, *Theaetetus*, translated with notes by J. McDowell, Oxford 1973.

R. Polansky, *Philosophy and Knowledge. A Commentary on Plato's* Theaetetus, Lewisburg/London/Toronto 1992.

J. Hardy, *Platons Theorie des Wissens im* Theaitet, Göttingen 2001.

Parmenides: F.M. Cornford, *Plato and Parmenides. Parmenides'* Way of Truth *and Plato's* Parmenides, translated with an introduction and a running commentary, London 1939.

R. E. Allen, *Plato's* Parmenides, translated with comment by R. E. A., New Haven/London ²1997.

F. von Kutschera, *Platons »Parmenides«*, Berlin/New York 1995.

Sophistes: L.M. De Rijk, *Plato's* Sophist. *A Philosophical Commentary*, Amsterdam/Oxford/New York 1986.

Philebos: Platon, *Philebos*, Übers. u. Komm. v. D. Frede, Göttingen 1997.

Politikos [*Der Staatsmann*]: Platon, *Politikos*, Übers. u. Komm. v. F. Ricken, Göttingen 2008.

Timaios: F. M. Cornford, *Plato's Cosmology. The* Timaeus *of Plato translated with a Running Commentary*, London 1937 (Nachdr. 1977).

V. Interpretationen der Ideenlehre

G. Vlastos, *Platonic Studies*, Princeton ²1981 [Sammlung von Vlastos' Aufsätzen].

T. Irwin, *Plato's Moral Theory*, Oxford 1977 [Entwicklung der Ideenlehre aus den Schwierigkeiten des Konzepts der Frühdialoge, Moral nach dem Muster fachlicher Kompetenz zu begreifen].

H. Teloh, *the Development of Plato's Metaphysics*, University Park/London 1981.

W. Wieland, *Platon und die Formen des Wissens*, Göttingen 1982 (²1999).

K. M. Sayre, *Plato's Late Ontology. A Riddle Resolved*, Princeton 1983.

P. Stemmer, *Platons Dialektik. Die frühen und mittleren Dialoge*, Berlin 1992.

J. Szaif, *Platons Begriff der Wahrheit*, Freiburg/München ²1998.

G. Fine, *Plato on Knowledge and the Forms*, Oxford 2003 [Sammlung von Fines Aufsätzen].

R. M. Dancy, *Plato's Introduction of Forms*, Cambridge 2004.

VI. Zur Interpretation der platonischen Dialoge

E. N. Tigerstedt, *Interpreting Plato*, Stockholm 1977.

Th. A. Szlezák, *Platon und die Schriftlichkeit der Philosophie*, Berlin/New York 1985.

J. C. Klagge, N. D. Smith (Hg.), *Methods of Interpreting Plato and his Dialogues*, Oxford 1992 [Sammelband].

B. Aristoteles' Metaphysik

I. Text und Übersetzung

Aristoteles, *Metaphysica*, hg. v. W. Jaeger, Oxford 1957.

Aristoteles, *Metaphysik*, übers. u. eingeleitet v. Th. A. Szlezák, Berlin 2003.

II. Das Gesamtwerk

Die griechischen Texte der wichtigsten Schriften sind von verschiedenen Herausgebern einzeln in der Reihe *Oxford Classical Texts* im Verlag Clarendon Press, Oxford, ediert worden. Zur Ergänzung kann man die griechisch-englischen Ausgaben der Reihe *Loeb Classical Library* im Verlag Harvard University Press, Cambridge (Mass.), und Heinemann, London, oder die fast vollständige griechische Ausgabe von I. Bekker, *Aristotelis Opera*, Berlin 1831, Nachdrucke Berlin und Darmstadt 1960, benutzen.

J. Barnes (Hg.), *The Complete Works of Aristotle*, Princeton [6]1995 [Übersetzung].

Deutsche Übersetzungen sind im *Aristoteles Handbuch*, hg. von Rapp/Corcilius (s. u.), S. 518–520, aufgeführt.

III. Wortlexikon

H. Bonitz, *Index Aristotelicus*, Berlin 1870 (Nachdr. Graz 1957 u. Darmstadt/Berlin 1961) [griechische Stichwörter].

IV. Darstellungen und Interpretationen des Gesamtwerkes

W. Detel, *Aristoteles*, Leipzig 2005 [knappe Darstellung].

H. Flashar, *Aristoteles. Lehrer des Abendlandes*, München 2013 [ausführliche Darstellung].

C. Rapp, K. Corcilius (Hg.), *Aristoteles Handbuch. Leben – Werk – Wirkung*, Stuttgart/Weimar 2011.

V. Kommentare zur Metaphysik [manche Kommentare setzen Griechischkenntnisse voraus]

Aristotle, *Metaphysics*, A revised text with introduction and commentary by W. D. Ross, Oxford 1924 [Kommentar zum griechischen Text, der bisweilen von dem von Jaeger konstituierten abweicht].

Kommentare zu einzelnen Büchern der *Metaphysik:*

C. Steel (Hg.), *Aristotle's* Metaphysics *Alpha* [= Buch I], Oxford 2012 [Sammelband].

A. Madigan, *Aristotle.* Metaphysics. *Books B and K 1–2* [= III u. XI, Kap. 1–2], Oxford 1999.

M. Crubellier, A. Laks (Hg.), *Aristotle's* Metaphysics *Beta* [= III], Oxford 2009 [Sammelband].

Aristotle, *Metaphysics. Books Γ, Δ, and E* [= IV, V, VI], transl. with notes by C. Kirwan, Oxford 1971, [2]1993.

M. Frede, G. Patzig, *Aristoteles.* Metaphysik Z [= VII], Text, Übersetzung und Kommentar, München 1988.

W. Detel, *Aristoteles.* Metaphysik VII und VIII, gr.-dt. mit Komm., Frankfurt/M 2009.

S. Makin, *Aristotle's* Metaphysics. *Book Theta* (= IX), Oxford 2006.

D. Charles, M. Frede (Hg.), *Aristotle's* Metaphysics *Lambda* (= XII), Oxford 2000 [Sammelband].

M. Bordt, *Aristoteles.* Metaphysik XII, Darmstadt 2006.

Aristotle, *Metaphysics.* Books M and N [= XIII, XIV], transl. with introd. and notes by J. Annas, Oxford 1976.

VI. Interpretationen der Metaphysik

W. Wieland, *Die aristotelische Physik*, Göttingen 1962 [behandelt Aristoteles' Prinzipienforschung im Allgemeinen].

K. Oehler, *Der Unbewegte Beweger des Aristoteles*, Frankfurt/M. 1984.

T. Irwin, *Aristotle's First Principles*, Oxford 1988.

M. L. Gill, *Aristotle on Substance. The Paradox of Unity*, Princeton 1989.

S. Menn, »The Origins of Aristotle's Concept of Energeia: Energeia and Dynamis«, in: *Ancient Philosophy* 14 (1994), S. 73–114.

M. Wedin, *Aristotle's Theory of Substance*, Oxford 2000.

I. Bell, *Metaphysics as an Aristotelian Science*, Sankt Augustin 2004 .

L. Castelli, *Problems and Paradigms of Unity: Aristotle's Accounts of the One*, Sankt Augustin 2010.

Siglenverzeichnis

An. post.	Aristoteles, *Zweite Analytiken*
Aph.	Aphorismus
DA	Aristoteles, Über die Seele
Def.	Definition
DK	Diels/Kranz, *Die Fragmente der Vorsokratiker*, 6. Aufl. Berlin 1951–1952
Eud.	Platon, *Euthydem*
EE	Aristoteles, *Eudemische Ethik*
Euphr.	Platon, *Euthyphron*
Frg.	Fragment
Gor.	Platon, *Gorgias*
Her.	Aristoteles, *Hermeneutik*
Hip. ma.	Platon, *Größerer Hippias* (*Hippias maior*)
HMS	Homo-mensura-Satz
IdG	Idee des Guten
Kat.	Aristoteles, *Kategorien*(*-schrift*)
KrV	Kant, Kritik der reinen Vernunft
Met.	Aristoteles, *Metaphysik*
Mn.	Platon, *Menon*
NE	Aristoteles, *Nikomachische Ethik*
Par.	Platon, *Parmenides*
Phd.	Platon, *Phaidon*
Phdr.	Platon, *Phaidros*
Phlb.	Platon, *Philebos*
Phys.	Aristoteles, *Physik*
Pltk.	Platon, *Staatsmann* (*Politikos*)
Pol.	Aristoteles, *Politik*
PWF	Prinzip der Widerspruchsfreiheit
SGP	Sachverhalt/Gegenstand/Person
Soph.	Platon, *Sophistes*
Soph. El.	Aristoteles, *Sophistische Widerlegungen*
Sym.	Platon, *Gastmahl* (*Symposion*)
Tht.	Platon, *Theaitet*
Tim.	Platon, *Timaios*
Top.	Aristoteles, *Topik*
ZT	Aristoteles, Über die Zeugung der Tiere

Personenregister

Agamemnon 98 *Anm. 62*
Alexander von Aphrodisias 147 *Anm. 105*, 166 *Anm. 116*
Anaxagoras 98 *Anm. 62*, 187
Anselm von Canterbury 61 *Anm. 35*, 217
Antiphon 74 *Anm. 46*
Antisthenes 72
Aristipp 72
Aristoteles 13 *Anm. 4*, 14, 15 *Anm. 6*, 16–18 mit *Anm. 9* f., 21, 26, 30, 35, 37 *Anm. 23*, 40, 44 *Anm. 25*, 46 *Anm. 28*, 51 f., 54, 56–58, 60 mit *Anm. 34*, 61 *Anm. 36*, 87 f., 94 f., 97–224

Basilius von Cäsarea 18
Brisson, Luc 18 *Anm. 9*

Demokrit 15
Descartes 61 *Anm. 35*, 77, 214, 216
Diogenes Laertius 136 *Anm. 95*, 167 *Anm. 117*
Diogenes von Sinope 166

Eichendorff 17 *Anm. 8*
Euthyphron 25 f.

Fichte 42
Frege 100 *Anm. 63*

Galilei 98, 176, 219
Goethe 17 Anm. 8, 214
Gorgias 81 *Anm. 50*

Hegel 16
Heidegger 16, 19
Heraklit 16, 102 f.
Homer 98 *Anm. 62*
Husserl 140 *Anm. 99*, 221, 225

Kallikles 74 *Anm. 46*
Kant 69, 118 *Anm. 76*, 133 *Anm. 93*, 143, 216
Kritias 14

Leibniz 118 *Anm. 76*
Leukipp 15

Megariker 52, 137 *Anm. 96*, 188–191, 198
Mittelplatoniker 49

Neuplatoniker 115
Newton 176
Nietzsche 11, 16, 19, 224

Parmenides 99–104, 115, 119, 123, 152, 157 f., 187, 191, 214
Platon 13 *Anm. 3*, 14 f. mit *Anm. 6*, 16–18 mit *Anm. 10*, 21, 22 *Anm. 12*, 23–95, 98 f., 101–105, 108, 111 f., 118 *Anm. 75*, 119, 123 mit *Anm. 82*; 129, 131, 136, 137 *Anm. 96*, 139 f., 150 *Anm. 107*, 152, 162–168 mit *Anm. 117* u. 119, 184, 188, 191, 194 *Anm. 135*, 198, 208, 212–217, 219–224
Plotin 49 mit *Anm. 30*, 67, 94, 214, 217

Protagoras 11, 13 *Anm.* 3, 19, 76–83 mit *Anm.* 52, 84–88, 91 mit *Anm.* 60, 92, 128 f., 132, 224

Russell 124 *Anm.* 83

Sextus Empiricus 77 f., 166 *Anm.* 116, 214
Simmias 40 f.
Sokrates 14, 21, 23, 25, 27–29 mit *Anm.* 17, 30–32, 39, 47, 51, 57, 66 *Anm.* 38, 71 *Anm.* 43, 72, 79–81, 83, 129, 163, 193, 217
Sophisten 24, 76, 107, 136, 138, 150 *Anm.* 107, 212–214
Spinoza 14 f.
Stilpo 136 *Anm.* 95
Stoa 14, 16–18, 44 *Anm.* 26

Theunissen, Michael 16
Thomas von Aquin 118 *Anm.* 76, 202 f., 211 *Anm.* 152
Thrasymachos 74 *Anm.* 46
Tugendhat 100 *Anm.* 63, 140 *Anm.* 99

Vorsokratiker 16

Wittgenstein 51 *Anm.* 32, 52, 138

Xenophanes 14

Sachregister

Abhängigkeit, einsinnige
- Platon 46 f.
- Aristoteles 106, 112 f., 154–157; s. a. Inhärenz
Abmagern 194, 196
Affektion 200
Affizierbarkeit 199 f.
Akt 202 f.
Aktivität s. Tätigkeit
Akzidenzien 134 f., 142–145, 148–155, 172; s. a. Prädikate, Eigenschaft, Definition
Allgemeines, Allgemeinheit 26, 123, 137, 161 f., 186; s. a. Definition, Kategorien
Analytizität 144 f.
Anamnesistheorie 35–41
Art s. Definition
Artefakte 108–111, 151, 176 f., 186
Arztanalogie 79 f., 84
Assoziation 36–38
Atomismus, semantischer 52
Aussage 99 f., 215
- Sophisten 136
- Megariker 137 *Anm. 96*
- Platon 26, 39, 53, 136 f.
- Aristoteles 137, 141, 146–148, 155, 170; s. a. Prädikate, Sein

Begehren 119 f.
Begründung
- Platon 25–27, 31
- Aristoteles 113 f., 163 f.; s. a. Beweis, Wissen
Behauptung 77, 99–101
Bestimmtheit 171, 181 f.
Bestimmung s. Eigenschaft, Einzelnes, Prädikate
Beweis 105 *Anm. 65*, 107, 130, s. a. Wissen
Bewertungen s. Wertkriterien
Böses s. Schlechtes
Brennpunktbedeutung 152 f., 199

Charakter 218
Chora 47

Definiens 163, 175 f., 178–180, 182–186
Definition 58, 104
- Platon 28–31, 33, 50, 52 f.; 30 *Anm. 18*, 54 f., 63 (Suche nach D.)
- Aristoteles 131 f. (Sinn der D.); 56–58, 131, 133–136 (von Einzelnen aussagbar); 60, 133, 135, 144, 154, 156 f., 164 f. (von Akzidenzien); 166–168 (Prüfung der D.); 106, 178, 180, 183, 185, 214 (ihr Gegenstand); 137 *Anm. 97*, 168 f. (D. nicht von Einzelnem); 177 (D. von Lebewesen); s. a. Wissen
Demiurg 47–49
Demonstratio per absurdum 82
Denk- und Sprachformen – objektive Strukturen 12 f., 31, 53 (beider Verhältnis); 148 (Kategorien); 154 f., 170 f., 205 (Grammatik – Ontologie); 180 f., 183 (Definiens – Kompositum); 220–222
Dialektik 52

Dialog 24 (literarische Form); 42, 52, 84, 168 (Methode)
Differenz, artbildende 139, 184
Dihairese 54 f., 139, 185 *Anm. 131*
Dritter Mensch, Argument des 51
Dualismus 95
Dynamis 198 f.

Egoismus 71
Eigenschaft 187 f. (Anaxagoras); 33 *Anm. 21* (Platon); 154, 156 f. (abhängig – unabhängig); 163 f., 173 (ableitbar); 219; s. a. Akzidenzien
Einzelne 220 (Platon – Aristoteles)
- Platon (SGP) 28 f., 31 f., 45, 48 (durch Ideen bedingt); 32–34, 37–39, 67, 103 (mangelhaft); 43 (von den Ideen getrennt); 33 *Anm. 21* u. 48 *Anm. 29* (ihre Bestimmungen)
- Aristoteles 57 f., 111 (E. als Ursachen); 133–136, 154 f. (wesentlich vs. akzidentell bestimmt); 135 f., 166–168, 220 (E. als Kriterien); 162, 168 f., 182, 219 (Erkennbarkeit der E.); 137, 220 (E. als letzte Subjekte); 161, 168, 174, 181 f. (E. als zusammengesetzte Substanzen); 175 f. (gemeinsame Form von E.); s. a. Substrat

Energeia 194, 204 *Anm. 142*, 208 f.
Entelecheia 204 *Anm. 142*
Entia rationis 88
Ergon 208 f.
Ereignisse 149 f., 189
Erfahrungsgegenstände s. Einzelnes
Erinnerung 36–38
Erkenntnis 62 f., 73 *Anm. 45*, 119, 121, 162, 195; s. a. Wissen, Ideen
Erkenntnisprozess 35, 37 *Anm. 23*, 40, 42, 117 *Anm. 74*; s. a. Definition
Erscheinen s. Vorstellungen
Erste Philosophie s. Metaphysik
Eudämonismus s. Glücksethik
Ewiges 101 f., 115, 117 f., 120, 211, 214 f.
Existenz
- Platon 34, 61 f.
- Aristoteles 146 f., 202 f.; s. a. Sein

Fähigkeit 190 f., 193, 199, 203, s. a. Möglichkeit
Fall, freier 179
Fangschlüsse 138
Fixsternhimmel 120 f.
Focal meaning 152 f.
Form
- Platon 28–32
- Aristoteles 109, 171, 173 f., 178, 184–186, 208 (F. als Ursache); 172 f., 175 f. (F. – Substanz); 179 f., 209–212 (Beschaffenheit der F.)

Formalisierung 140 *Anm. 99*
Formel s. Definiens

Gattung 184 f.; s. a. Definition, Kategorien, Transzendentalien
Gemeinsames 175 f., 186
Generalisierung 140 *Anm. 99*
Gerechtigkeit 217
Glück 69 f., 72, 73 *Anm. 45*, 121, 195 f.
Glücksethik 70 f.
Gott 105 f., 116, 118, 120–122, 210–212; s. a. Demiurg
Gottesbeweis 61 f., 117 f.
Grundbestimmung, Grundbezeichnung 132–135, 144, 156, 163, 166 f., 178, 182
Gutes 70, 74, 79, 81–85 (Nützliches); 71 f., 76, 92 f. (Vorstel-

lungen vom G.); 73, 88 f., 92 (theoretisches Prinzip); 89, 91 f. (G. – IdG)

Handwerkermodell 108, 171, 174 f., 182, 209 f., 218
Homo-mensura-Satz (HMS) 77–79, 81 f., 84–86, 107, 128 f.
Homonymie 153 *Anm. 109*
Hylemorphismus 174 *Anm. 22*

Ideen 28 f., 31 f., 45, 65 f. (Bedingungen bestimmter Einzelner); 29–31, 50 f., 63, 216 f. (Urteilskriterien); 32–34, 38, 165 (ihre Beschaffenheit); 34, 37–44, 50 f., 55 f., 94, 166 (Erkenntnis der I.); 62 f., 65 f. (I. von Unwerten); s. a. Idee des Guten, Selbstprädikation, Dihairese, Aussage, Teilhabe, Urbild-Abbild-Verhältnis, Kosmologie
Idee des Guten (IdG) 94 (reine Einheit); 90–95 (Prinzip der Ideen); 62, 64, 66–69, 93, 217 (universal oder werthaft?); 69 f., 73 *Anm. 45*, 76 (praktisches Prinzip); 72 f., 76, 93, 129 *Anm. 88*, 213 (theoretisches Prinzip); s. a. Gutes
Ideenlehre 24, 29–32, 57–59, 62–64; 67 (ihre Entwicklung); 176, 206, 208 (von Aristoteles ersetzt); s. a. Platonismus
Inhärenz 149, 151–156
Intellekt 121
Intuition 42

Kadaver 205 f.
Kategorien 125, 137 f., 145–148, 151 f., 159
Kategorienlehre 144 f., 151
Kausalität 104 f.
- Platon 28 f., 61, 64–66, 68, 93 f.; s. a. Teilhabe
- Aristoteles 110, 112–114, 116; s. a. Form
Kinèsis 195 f., 198, 207
Klasse 186; s. a. Allgemeinheit
Kompositum 171–174, 178, 181–184, 186, 205 f.
Kontingenz 207 f.
Kopula 141 f., 145 f., 155
Körper 179, 192, 207, 209 f.
Kosmologie 15, 47, 59
Kreisbewegung 120 f.
Kriterium 50 f.

Leben 70, 147, 174, 195 f., 210
Lebewesen 118, 177, 186, 209 f.
Lebloses 176 f.
Leistung 208 f.
Lernen 194, 196

Materie
- Platon 47, 67 (Platz)
- Plotin 67
- Aristoteles 109, 192, 210 f. (Ingrediens oder weibliches Element), 170 f., 181–184, 204–206 (unbestimmt, abhängig); 179, 182 f., 207 f. (als Prinzip)
Mathematik 115, 123, 164
Meinung 24 f., 41, 82 f., 212 f. (M. – Wissen); 73 (allgemeine M.); 79 f., 128 f. (Sophisten); s. a. Vorstellungen
Mensch 166, 177
Metaphysik 27, 60 (zum Begriff); 98 f., 104, 110 f., 214 (Platon – Aristoteles); 106, 114 f., 122 f. (Theorie des Seins); 12 f., 123, 148, 154 f.,

170 f., 180, 198, 220 f. (Theorie der Struktur des Wirklichen); 12 f., 99, 106 f., 163 f., 214–216, 219 (Theorie der Wissensbedingungen); 13 f., 105 f., 115–117, 122, 211 (rationale Theologie); 113, 119 f., 193–197, 205 f., 218 (normative M.); 113 f., 216–218 (M. – praktische Vernunft); 57 f., 177, 222 f. (Anspruch der M.)
Metaphysik (das Werk) 18, 97, 126
Missgeburt 208
Möglichkeit
– Megariker 188–190
– Aristoteles 190–192, 198, 201 (Fähigkeit vs. Materie); 195 f., 199 f. (aktives vs. passives Vermögen); 202 (zwei Stufen); 207 (M. des Versagens); s. a. Sein, Werden
Mythos 14 f., 47

Nachordnung s. Abhängigkeit
Naturtheorie 17, 187 f.
Nichtsein 99 f.; s. a. Werden
Nichtseiendes 146 *Anm. 103*, 187 f.
Normenkonflikt 25 f.
Notwendigkeit 189
Nützliches s. Gutes

Ontologie 115, 122 f.; s. a. Metaphysik

Paralogismus 85 f.
Petitio principii 72
Philosophie 104 (Platon – Aristoteles)
Physik 117, 123
Platonismus 49, 60
Potenz 202 f.
Potential 209
Prädikate
– Platon 26–28, 39
– Aristoteles 142, 162, 170; 56–60, 133 f., 156 f., 159 (substantielle – akzidentelle); 133, 146 *Anm. 103* (negative); s. a. Seiendes, Sein, Termini
Praxis 88, 194 f.
Principium individuationis 182
Prinzip der Widerspruchsfreiheit (PWF) 127–129, 131 f., 135, 213 (ontologisch, logisch); 129 f., 133 f. (unbestreitbar); 187 f. (Anwendung)
Prinzipien – Aristoteles 105–107, 120, 130, 161 f., 173 f.; zu Platon s. Idee des Guten
Prinzipientheorie (Platon zugeschrieben) 22 *Anm. 12*, 95
Pros-hen-Homonymie 152 f.
Prozesse 197 f., 202, 206

Quantität 138, 164

Rechtfertigung 25 f.
Regelmäßigkeit 176
Regress, unendlicher 50, 66 *Anm. 38*, 113
Religion 14
Rhetorik 24, 79–81

Schädliches s. Schlechtes
Schein 74–76, 81 f., 87, 103 f., 150 *Anm. 107*
Schlechtes (Böses) 61 f., 65–68, 70, 79, 86
Schlussfolgerung 94
Seele 118 f., 174, 177, 180 *Anm. 129*, 209–211
Seiendes 140 f.
– Parmenides 101 f., 157 f.

– Aristoteles 152 f., 157 f.; 125 f. (Dinge oder Tatsachen?); 141 f., 145 f. (Tatsachen oder Bestimmungen?)
Seiendes als solches (Aristoteles) 106, 116, 122 f., 216
Sein 12, 124, 213
– Parmenides 99–101
– Protagoras 77 f.
– Platon 34, 87
– Aristoteles 140 f. (ist); 87 f., 123 (universaler Horizont); 124 f., 191 (Sinne von S.); 124 f., 136, 141–144 (existieren vs. etwas s.); 125 f., 158–160 (an sich vs. akzidentell s.); 145 f. (etwas s.); 135, 143 f., 159 (an sich vs. akzidentell etwas s.); 146 f. (existieren); 147–151, 160 (an sich vs. zufällig e.); 152, 154 f., 160 (inhärierend vs. selbständig e.); 125 f., 187 f., 191, 197, 202, 204 f., 212 (möglich vs. wirklich sein)
Sein, veritatives 99 f., 125–127
Selbsterkenntnis 120–122, 195 *Anm. 136*
Selbständigkeit s. Unabhängigkeit
Selbstgenügsamkeit 121 f.
Selbstprädikation 49–51, 63, 65 (der Ideen); 52 (Megariker)
Sonnengleichnis 64, 90
Sprache 11, 161; s. a. Denk- und Sprachformen
Stabilität s. Veränderung
Strukturen, objektive s. Denk- und Sprachformen, Wirklichkeit
Subjekt, letztes s. Substrat
Substanz 161–163, 170–173, 176 f., 181, 186 (Begriff); 138 (S. vs. Quantität); 144 f., 151–158, 173 f., 197 f. (ontologisch vorrangig); 165 (einfach); 167 f. (Wissensbedingung); s. a. Wesensbestimmung, Form, Kompositum, Sein, Prädikate, Abhängigkeit
Substrat 152, 162 f., 170, 172 f.
Synonymie 153 *Anm. 109*
Tätigkeit 190, 193–196, 202 f., 208–212
Tauglichkeit 192, 198 f.
Teilhabe 31 f., 46 f., 53, 59, 65
Termini (konkrete vs. abstrakte) 153 f., 163, 211
Theologie 14 f., 115, 122
Theologik s. Metaphysik
Theorie – Praxis 88
Theorien, philosophische 20 f.
Tod 205 f.
Transzendentalien 123, 127 f., 139 f., 151, 162
Tugend 71

Unabhängigkeit 113, 154, 156, 171, 181
Unbestimmtes s. Schlechtes, Materie
Universalienstreit 169, 176, 186
Unveränderliches s. Ewiges
Unwertkriterien 86
Urbild-Abbild-Verhältnis 48
Ursache 105 *Anm. 65*, 117 f., 212, s. a. Kausalität
Ursachen, erste 118, 210–212, s. a. Prinzipien
Urteil 143–145, 160; s. a. Aussage
Usia s. Substanz

Veränderung (Aristoteles) 117 f., 219 (globale – besondere); 119–122 (ihr Prinzip); 178 f., 194–196, 199, 207 (aktive); s. a. Werden

Veränderung – Stabilität 11, 34, 119, 214 f.
Verb 26, 50, 140 f., 146
Vermögen 197–200; s. a. Möglichkeit
Vernunft 114, 121, 130, 216–218
Verwirklichung 192, 198, 201 f.
Vorrang 112 f.; s. a. Abhängigkeit
Vorstellungen, individuelle 76–78, 82, 87

Wahrheit 21 f. (in den Metaphysiken); 79, 82 (bei Protagoras); 64, 90 f., 127 (Authentizität); 126 f., 155, 215 (W. der Aussagen); s. a. Sein, veritatives
Wahrnehmung 24, 35–40, 78, 195 *Anm. 136*
Werden 101 f., 187–191 (Parmenides – Megariker – Aristoteles)
- Platon 34, 47
- Aristoteles 108, 152, 175, 191 f., 206
Werden, Theorie des 191–193, 197 f., 202 f., 205 f.
Wert 60, 66, 121, 194 *Anm. 135*, 197
Wertkriterien 73, 75 f., 80 f.
Wesen 92, 162 f.; s. a. Substanz, Form, Sein
Wesensbestimmung 132, 163–169, 174–176, 179, 185; s. a. Definition
Widerlegung 81 f., 84
Widerspruch, Zulassung des 133 f.
Widerspruchsprinzip s. Prinzip der Widerspruchsfreiheit
Wirklichkeit 189 f.
- Parmenides 103
- Megariker 188–190
- Platon 60 f. (werthaft); 74–76, 82, 213 (vs. Schein); 76, 78, 82, 87 (als Horizont); 88 (praxisbezogen); 34, 103, 208, 219 (erkennbar); 123 (Struktur jedes Wirklichen)
- Aristoteles 98 f. (ihre Einteilung), 158–160 (ihre Struktur); 198, 200–203 (Existenz); 104, 219 (ihre Erkennbarkeit); s. a. Sein, Transzendentalien, Werden
Wirksamkeit 190, 194–196, 198
Wirkursache 110 f., 176, 201
Wissen
- Parmenides 101 f.
- Platon, Aristoteles 28 f., 163, 167 f., 215
- Platon 24 f., 40 f. (W. vs. Meinung); 37 (vorgeburtliches W.); 43 f. (W. als Relatum); 82 f. (Protagoras); 91, 95 (W. von der IdG abgeleitet)
- Aristoteles 113 f., 117 *Anm. 74*, 131 f., 168 f. (Eigenschaften des W.); 106 f., 130, 202 (Differenzierung des W.); 163, 173, 179, 183 (Theoreme aus Definitionen ableiten); s. a. Definition, Erkenntnis, Erkenntnisprozess
Wissen, Theorie des 24–26, 106 f., 163 f.
Wissensgegenstände 24, 34, 43 f., 102–104, 126, 162, 176

Zerfall 205 f.
Zufall 126, 142, 149–151, 160, 208, 219
Zugrundeliegen s. Substrat
Zukommen 143 f., 148 f., 155, 160, 219
Zustände, individuelle 78 f.
Zweck 69 f., 111, 174, 210